KB265156

BKC 강해 주석 1
창세기

The Bible Knowledge Commentary

Copyright © 1985 by SP Publications, Inc.
David C. Cook, 4050 Lee Vance View, Colorado Springs, Colorado 80918
All rights reserved.

Korean edition copyright ©1988, 2011 by Duranno Press
95 Seobinggo-dong, Yongsan-gu, Seoul, Korea

This Korean edition is published by arrangement with David C. Cook

본 저작물의 한국어판 저작권은 David C. Cook과 독점 계약한 두란노서원이 소유합니다.
신 저작권법에 의거하여 한국 내에서 보호를 받는 저작물이므로 무단 전재와 무단 복제를 금합니다.

BKC 강해주석 1

창세기

지은이 | 앨런 로스   옮긴이 | 강성렬
개정2판 1쇄 발행 | 2011. 5. 16.
개정2판 4쇄 발행 | 2019. 12. 24.
등록번호 | 제1988-000080호
등록된 곳 | 서울특별시 용산구 서빙고로 65길 38
발행처 | 사단법인 두란노서원
영업부 | 2078-3352 FAX 080-749-3705
출판부 | 2078-3332

▌책 값은 뒤표지에 있습니다.
ISBN 978-89-531-1596-5 04230

(set) 978-89-531-2540-7 04230

▌독자의 의견을 기다립니다.
tpress@duranno.com http://www.Duranno.com

▌이 책의 성경 본문은 개역개정판을 사용했습니다.

두란노서원은 바울 사도가 3차 전도여행 때 에베소에서 성령 받은 제자들을 따로 세워 하나님의 말씀으로 양육하던 장소입니다. 사도행전 19장 8-20절의 정신에 따라 첫째, 목회자를 돕는 사역과 평신도를 훈련시키는 사역, 둘째, 세계선교(TIM)와 문서선교(단행본·잡지) 사역, 셋째, 예수문화 및 경배와 찬양 사역, 그리고 가정·상담 사역 등을 감당하고 있습니다. 1980년 12월 22일에 창립된 두란노서원은 주님 오실 때까지 이 사역들을 계속할 것입니다.

BKC 강해 주석 1

창세기

앨런 로스 **지음** | 강성렬 **옮김**

두란노

CONTENTS

창 세 기

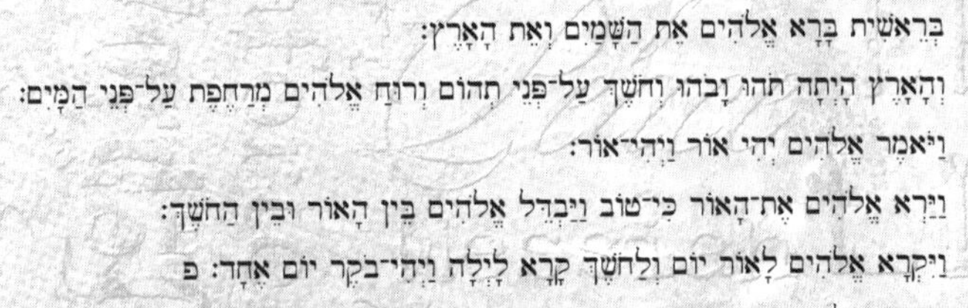

בְּרֵאשִׁית בָּרָא אֱלֹהִים אֵת הַשָּׁמַיִם וְאֵת הָאָרֶץ:

וְהָאָרֶץ הָיְתָה תֹהוּ וָבֹהוּ וְחֹשֶׁךְ עַל־פְּנֵי תְהוֹם וְרוּחַ אֱלֹהִים מְרַחֶפֶת עַל־פְּנֵי הַמָּיִם:

וַיֹּאמֶר אֱלֹהִים יְהִי אוֹר וַיְהִי־אוֹר:

וַיַּרְא אֱלֹהִים אֶת־הָאוֹר כִּי־טוֹב וַיַּבְדֵּל אֱלֹהִים בֵּין הָאוֹר וּבֵין הַחֹשֶׁךְ:

וַיִּקְרָא אֱלֹהִים לָאוֹר יוֹם וְלַחֹשֶׁךְ קָרָא לָיְלָה וַיְהִי־בֹקֶר יוֹם אֶחָד: פ

וַיֹּאמֶר אֱלֹהִים יְהִי רָקִיעַ בְּתוֹךְ הַמָּיִם וִיהִי מַבְדִּיל בֵּין מַיִם לָמָיִם: פ

וַיַּעַשׂ אֱלֹהִים אֶת־הָרָקִיעַ וַיַּבְדֵּל בֵּין הַמַּיִם אֲשֶׁר מִתַּחַת לָרָקִיעַ וּבֵין הַמַּיִם אֲשֶׁר מֵעַל לָרָקִיעַ וַיְהִי־כֵן:

The Bible Knowledge Commentary 1

Genesis
서론

서론

창세기는 시작에 관한 책으로서 인간과 우주의 기원, 죄의 세상 침투, 죄로 인해 인류에게 미친 재난, 약속의 씨를 통해 열방에게 복을 주시려는 하나님의 계획의 시작 등을 극적으로 서술하고 있다.

대부분의 신구약 성경은 어떤 방식으로든 창세기의 내용에 의존하고 있다. 그러나 이와는 별도로 창세기의 주제와 꾸밈없는 서술 방식은 여러 세기 동안 성경학자들의 관심의 대상이 되어 왔다.

일반적인 성경 진리에 있어서와 마찬가지로 이 책은 어떤 선입견이나 반초자연적인 편견들을 가지고서 그것을 대하는 많은 사람들에게 거침돌이 되어 왔다. 그러나 창세기는, 그것을 자신들이 섬기기를 원하는 하나님의 말씀으로 인식하는 자들에게 위로와 교화의 근원이 된다. 그리고 그들은 창세기의 문제점들과 어려움들을 다른 방식으로 이해한다.

1. 창세기의 표제

이 책의 히브리어 표제는 첫 단어인 베레쉬트(בְּרֵאשִׁית)로서 '태초에'(in the beginning)라는 뜻을 가지고 있다. 영어 성경의 표제인 'Genesis'는 이

책의 핵심 단어인 톨레도트(תּוֹלְדוֹת : 세대[generations], 역사[history]라는 뜻이다)에 대한 헬라어 역으로부터 유래했다. 70인 역은 창세기 2장 4절의 앞부분을 "이것은 하늘과 땅의 '출생'(헬라어로 게네세오스[γενέσεως])에 관한 책이다"라고 번역하고 있다.

2. 창세기의 저자

성경과 교회 전통은 오경(Pentateuch)을 모세의 저작으로 돌린다. 이것은 여러 세기 동안 회당과 교회에 속한 대부분의 사람들에게 오경의 첫 번째 책인 창세기가 별다른 어려움 없이 모세의 저작으로 돌려질 수 있다고 인식시키기에 충분했다.

참으로 이 책을 쓰기에 더 적합한 사람은 아무 데도 없었을 것이다. "모세가 애굽 사람의 모든 지혜를 배웠기"(행 7:22) 때문에 그의 문학적인 능력은 그로 하여금 이스라엘의 여러 전승들과 기록들을 수집하고 편집할 수 있게 했을 것이다. 호렙 산을 비롯해 그의 삶 전체에서 하나님과 가졌던 교제는 이러한 작업의 방향을 그에게 제시해 주었을 것이다.

구약 역사 개관

창세기

창조
창세기

야곱이
애굽으로 이주함
BC 1876
출애굽기
(430년)

출애굽, 광야 방랑
BC 1446
레위기, 민수기, 신명기
(40년)

요단 강
도하
BC 1406
(7년)

가나안
정복 완료
BC 1399
여호수아
(약 49년)

사사 시대
시작
약 BC 1350
사사기, 룻기
(약 299년)

사울 왕
BC 1051
사무엘상
(40년)

다윗 왕
BC 1011
사무엘하
역대상
(40년)

솔로몬 왕
BC 971
열왕기상
1~11장
(40년)
역대하
1~9장

왕국 분열
BC 931

열왕기상 12장
~열왕기하 17장
(209년)
이스라엘

BC 722년

앗수르의
이스라엘 정복

유다
열왕기상 12장~열왕기하 24장
역대하 10~36장
(340년)

바벨론의
유다 정복
BC 586년
바벨론
포로기
(70년)

성전 재건
BC 515년
(85년)

구약 시대 끝
약 BC 430년

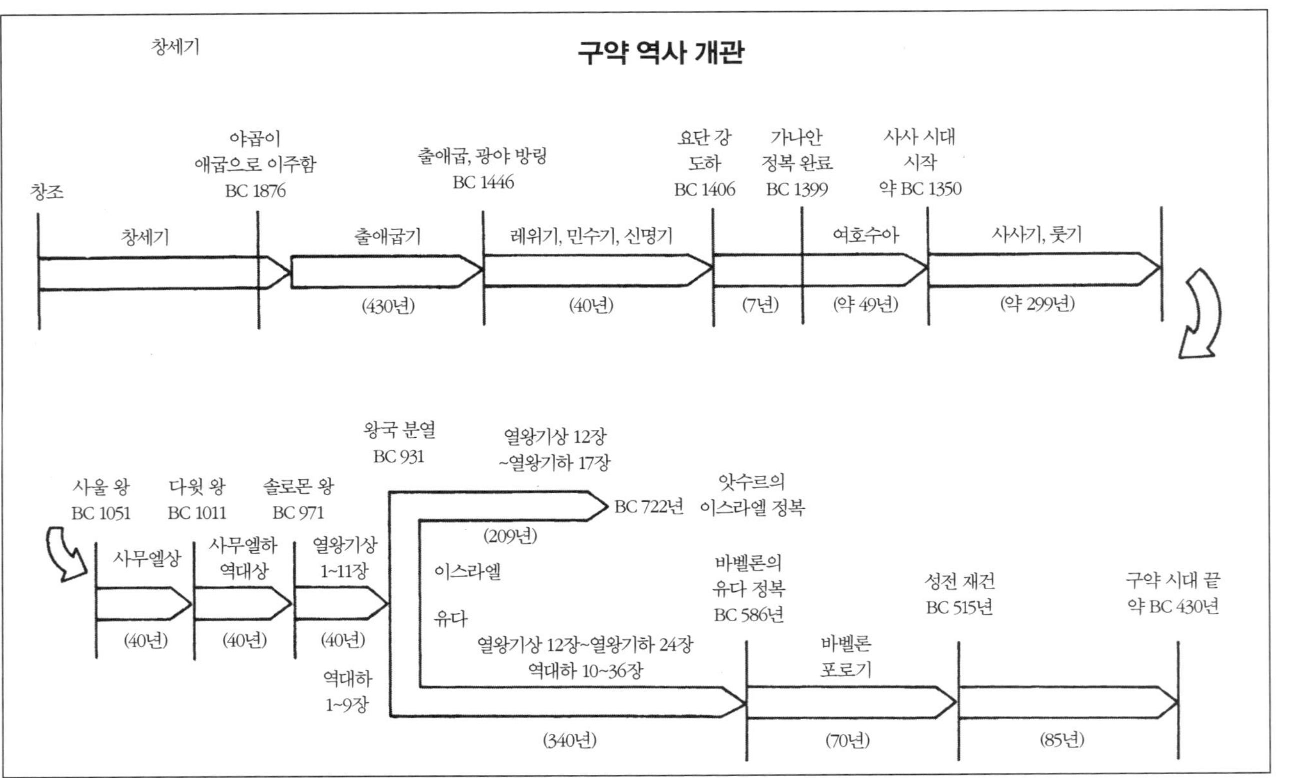

창세기는 출애굽과 시내 산 언약의 신학적이고 역사적인 기초를 제공해 주었다.

그러나 비평적인 학자들은 창세기와 오경의 다른 책들에 대한 모세의 저작권을 부인한다. 이것이 처음으로 제시된 견해는 아니다. 기독교 초기에 이미 신학자들은 오경의 저자가 모세인가 아니면 에스라인가에 대해 견해의 차이를 보였다. 그러나 오경이 여러 가지 자료들로부터 편집된 것이라는 오늘날의 견해는 합리주의적인 회의주의의 산물인 듯하다. 스피노자(Benedict Spinoza, 1632~1677)는 오경이 에스라에 의해 기록되었는데, 에스라는 당대의 여러 전승들(모세에 의한 전승들도 포함)을 사용했다고 믿었다.

오경의 기원에 대한 문서설의 첫 시도는 1753년 장 아스트룩(Jean Astruc, 1684~1766)에 의해 이루어졌다. 그는 창세기가 두 개의 주요 문서와 몇몇의 군소 문서들로부터 편집된 것이라는 견해를 발표했다. 그 후 124년 동안 학자들은 이러한 견해에 대한 논의를 계속했으며 마침내 1877년에 벨하우젠(Julius Wellhausen, 1844~1918)이라는 독일 학자가 문서설을 설득력 있게 상세히 정리해 발표했다.

벨하우젠은 오경을 J, E, D, P라는 네 가지의 문서 자료로 구분했다. J자료(야웨[여호와]라는 이름을 즐겨 사용하기 때문)는 BC 850년경에 남 왕국에서 기록된 것으로 추정되었다. 그것은 개인적이요 전기적이요 신인동형론적(神人同形論的)인 것이었다. 그것은 또한 예언자적인 윤리와 신학적인 반성을 포함했다. E자료(엘로힘[하나님]을 즐겨 사용하기 때문)는 BC 750년경에 북 왕국에서 기록되었다. 그것은 보다 객관적이어서 윤리적이고 신학적인 반성에 대한 관심이 덜하며 구체적인 사항들을 상세하게 설명하는 경향을 가지고 있다.

후속되는 학자들에 의해 발전된 이러한 견해에 따르면 이 두 문서는 BC 650년경에 익명의 편집자에 의해 결합되었다. 그 결과 생겨난 것이 'JE'였다. 이러한 저술 작업은 D자료와 P자료에 의해 완료되었다. D는 BC 621년경에 요시야(Josiah) 종교개혁의 일부로서 힐기야(Hilkiah)의 지도 아래 책들로 재구성되었다. P자료(에스라와 H로 알려진 성결 법전)는 BC 570년에서 445년 사이의 것으로서 신정론(theocracy)과 족보, 제의, 희생 제사 등의 기원과 제도들에 관심을 가지고 있는 것으로 알려져 있다.

이러한 연구 방법이 가져온 결과는 본문에 대한 분석적인 연구였는데 이는 외견상 조화되기 어려운 많은 난점들을 지적해 냈다. 비평학적인 학자들은 신명(神名)에 있어서의 차이점(야웨와 엘로힘)을 발견했다. 그들은 평행되는 이야기들(예, 창세기 12장 10~20절과 20장에 나타나는 사라의 위기)을 양립시킬 수 없었다. 뿐만 아니라 언어학적인 차이점들은 상이한 자료들의 다른 특징들과 일치되는 것처럼 보였다(예를 들면, J는 시내 산이라는 표현을 쓰고 E는 호렙 산이라는 표현을 쓰는 것). 마지막으로 다양한 신학적인 관점들이 나타나는 자료들과 조화를 이루는 것처럼 보였다.

고도로 발전되어 그럴듯해 보이는 이러한 문서 가설은 수십 년 동안 학계를 현혹시켜 왔다(더 상세한 자료를 위해서는 R. K. Harrison, *Introduction to the Old Testament*, Grand Rapids: Wm. B. Eerdmans Publishing Co., 1966; Umberto Cassuto, *The Documentary Hypothesis*; H. Wouk, *This is My God*, Garden City, N.Y.: Doubleday & Co., 1959, pp. 312~320 등을 참조하라. J. Skinner의 *Genesis* [International Critical Commentary, Edinburgh: T & T. Clark, 1910]라는 책은 이러한 이론이 어떻게 창세기 주석에 잘못된 영향을 주었는가를 보여 주는 대표적인 책이다).

문서 가설에 대한 비판은 확실히 그것의 반초자연주의적인 기초와 더불어 시작하지 않으면 안 된다. 이러한 견해의 주창자들은 성경을 마치 단순한 인간의 작품이요 따라서 신뢰할 수 없는 것인 양 취급했다. 문서 가설의 방법론은 신인동형론적(anthropomorphic)이며 진화론적이다(예, 창세기에 나타나는 유일신 사상이 인간이 만들어 낸 것으로서 원시적인 상태로부터 점차 진화되어 갔다는 설명이 그렇다). 그들은 성서의 교훈들이 '진리'의 마지막 형태에 이르기까지 어떻게 발전되어 갔는가를 보여 주기 위해 헤겔의 변증법(dialecticism)을 사용했다.

계시를 손상시키는 문서 가설의 기본 전제들은 그만두고라도 문서 가설의 방법론은 문제점들로 가득 차 있다. 그중의 하나는 네 가지 자료들(J, E, D, P)에 관해서, 그리고 각각의 본문들이 이들 중 어디에 속하는가에 관해서 통일된 견해가 없다는 점이다. 또 하나의 문제점은 거기에 내포되어 있는 주관주의이다. 너무 자주 순환논법이 나타난다. 예로 어느 한 본문은 히브리어 동사 얄라드(יָלַד: 낳다, 생산하다)를 자주 사용한다는 것 때문에 J에 속한 것으로 여겨진다. 그리하여 얄라드는 J에게 특수한 것이라는 주장이 생겨난다. 이러한 방법은 분석적임을 강조하고 있음에도 불구하고 자신의 체계와 어긋나는 본문을 지나치게 자주 회피하거나 수정 내지는 생략해 버린다.

고고학적인 발견은 문서 가설의 기준들에 의문을 제기할 뿐만 아니라 오경 문학의 초기 배경을 밝혀 주는 자료들을 제공해 주었다. 가나안 지역의 우가릿(Ugarit) 문헌(BC 1400년경)은 제의적인 용어들(P에 속한 것으로 간주됨), 시적인 상투어, 본래 후기 아람 사상(aramaism)을 표현하는 것으로 간주되던 드문 어휘들, 다양한 신명(神名)들과 합성어로 된 이름 및 문체상의 반복 등이 폭넓게 사용되고 있었음을 보여 준다. 최근에 시리아 지역에서 발견된 에블라(Ebla) 문서 역시 오경 안에 나타난 이름과 장소 및 사상들이 매우 초기의 것임을 고증해 주고 있다(Giovanni Pettinato, *The Archives of Ebla,* Garden City, N.Y.: Doubleday & Co., 1981).

이보다 동쪽 지역에서는 1925년에 발견된 누지(Nuzi) 문서와 1933년에 발견된 마리(Mari) 문서가 창세기의 족장 기사에 반영되어 있는 것들과 비교될 만한 관습들과 규범들을 많이 기록하고 있다.

이상과 그 밖에 다른 고고학적인 발견은 족장들의 존재나 족장 기사의 초기 연대를 '입증'하지는 못한다 할지라도, 오경의 자료와 창세기의 서술 방식과 어느 정도 일치한다. 고고학적인 발굴이 점차 증가함에 따라 오경 자료들을 후기에 속하는 것으로 보는 견해는 점차 그 근거를 잃어 가고 있다.

헤르만 궁켈(Hermann Gunkel)이 제창한 양식비평(form criticism)은 전승들의 고대성을 인식했다(예, 창세기 1~11장이 BC 3~2천 년대의 수메르와 아카드의 문학과 비교되어야 한다는 점이나 족장들을 BC 1천 년대 전반기의 아시리아 배경에서 이해하는 것이 적절치 못하다는 점을 들 수 있다). 양식비평은 현존하는 자료의 배후에 있는 각 문학 단위의 장르, 구조, 배경, 의도 등을 결정함으로써 원래적인 단위를 재구성하고 본문을 고대 이스라엘 백성에게 관련시키려고 노력했다.

이러한 방법은 종종 JEDP 자료들의 배열을 따르면서 개개 문학 단위들을 분리시킨다. 그러고 나서 개개 단위들(예, 축복, 서약, 찬송, 전설 등)의 형식(또는 장르)을 판별하고 공통된 주제들과 공통된 어휘 및 공통된 구조 등을 비교한다. 그 다음에는 그것들이 고대 이스라엘의 삶 속에서 갖는 삶의 자리를 진술함으로써 그것들의 원래 의도를 파악한다. 이러한 작업을 하기 위해서 양식비평가는 종종 개개 단위들이 어떻게 전승되었는가를 결정하려고 노력하지 않으면 안 된다.

궁켈은 창세기 자료의 초기의 구전 단계를 반영하는 설화들(narratives)을 여섯 가지로 구별했다(Hermann Gunkel, *Genesis,* Gottingen: Vandenhoeck und Ruprecht, 1922). 그것들은 다음과 같다. (a) 원인론적인(etiological) 설화(예, 인간이 왜 죄인인가를 설명하는 설화), (b) 민족학적인(ethnological) 설화(예, 가나안이 왜 노예가 되었는가를 설명하는 설화), (c) 어원론적인(etymological) 설화(예, 바벨과 같이 잘 알려진 이름을 설명하는 설화), (d) 의례적인(ceremonial) 설화(예, 안식일에 대해서 설명하는 설화), (e) 지리학적인(geological) 설화(예, 소돔 부근의 소금에 대해 설명하는 설화), (f) 분류되지 않은 유형들의 설화군(群).

양식비평은 구약연구 분야에서 귀중한 업적을 많이 남겼다. 일반적으로 그것은 본문에 대해 보다 신중한 태도를 취했으며, 종종 본문의 최종적으로 고정된 형태를 연구의 대상으로 삼았다. 문학 유형들과 고대의 구전에 대한 강조는 이스라엘의 초기에 있어서 문학적인 발전이 있었음을 지적해 주었다.

그러나 양식비평적인 연구는 종종 문서 가설과 유사한 약점들을 가지고 있다. 문학 양식이 초자연적으로가 아니라 자연적으로 발전했다는 전제는 다음과 같은 잘못된 결론들, 즉 이스라엘의 유일신론이 다신론에서 발전했다거나, 기적들은 초기의 사건들에 대한 후기의 설명이라는 결론, 그리고 현재 남겨진 기록들이 실제 역사를 말하지 않을지도 모른다는 결론 등을 용인하게 된다.

사담(saga)들이 수집되기 전에 이미 독립적인 구전의 문학 단위들로서 존재했다고 보는 견해는 어떤 점에서는 타당할지 모르나 그것을 입증하는 것은 쉽지 않을 것이다. 이러한 구두 전승들이 편집되고 윤색되어 최종적인 형식을 갖추게 되었다는 견해는 문제점을 안고 있다. 너무도 자주 비평적인 해석은 이러한 윤색을 기존 전승에 대한 광범한 재형성과 재해석으로 간주한다. 그 결과 양식비평적인 주석의 상당 부분이 본래적인 전승의 재구성(종종 매우 주관적이고 아마도 불가능한 방법이다)에 관심을 갖게 된다.

그러나 양식비평에서 문학적인 단위들과 문학 유형들, 구조, 고대 이스라엘의 삶의 배경 등을 강조하는 것은 주석을 하는 데 있어서 중요한 작업이다. 주석은 전승들이 문서로 기록되기 전 단계가 아닌 성경 본문의 최종적인 형태에 관심을 갖는다(보다 상세한 안내에 관해서는 Gene Tucker, *Form Criticism of the Old Testament*, Philadelphia: Fortress Press, 1971을 참조).

이러한 양식비평으로부터 오경 연구에 대한 많은 강조점들이 발생하게 되었다. 그중에서 가장 주목할 만한 것이 바로 전승사비평(traditio-historical criticism)이다. 몇몇 학자들은 과거의 문서비평적인 방법(JEDP)을 여러 가지 각도에서 비판했다. 그들은 초기 단계에 있어서 이스라엘 전승의 형성과 계승에 관해 알기 위해서는 완전한 분석적 방법(구전과 비교신화론 및 히브리적인 심성의 연구 등을 참작하는 방법)이 필요하다고 믿었다.

그러한 방법론에 의해 조성된 주관주의가 학자들 사이에 다양한 견해의 차이를 만들어 놓았음에도 불구하고 이 이론의 본질적인 요소들은 다음과 같이 정리될 수 있다. 초기 단계에서는 이야기(story)가 기억을 통해 전달되었으며 거기에 해석이 첨가되고 나중에는 여러 가지 매개 변수(예를 들면 가나안의 원인론이나 왕정 시대의 구속사적인 주제)를 통해

재형성되었다. 그 다음에는 일군(一群)의 이야기들이 창의적인 편집자에 의해 하나의 문학적인 단위로 편집되었으며, 이러한 이야기들의 수집은 포로기 이후에 이르러 신앙의 규범으로 정착했다.

전승사 비평이 가정하는 기나긴 전승 수집에는 P와 D자료가 있다. 전자는 보통 창세기에서 민수기까지이며 역사화 된 유월절에 초점을 맞추고 있다. 후자의 자료는 신명기에서 열왕기하까지이다. 따라서 과거의 문서설적인 자료들이 거부되고 있긴 하지만 그와 유사한 자료 분석(source analysis)은 유지되고 있다. 너무도 자주 전승의 역사는 전승 자체보다 더 중요한 것으로 간주되고 있다.

전승사비평은 구전을 지나치게 강조하고 있다. 구전이 존재하는 것은 분명하지만 보통은 기록된 문서들도 수반되어 나타났다(Kenneth A. Kitchen, *Ancient Orient and Old Testament*, p. 136). 팔레스타인과 관련된 고고학적인 증거(예, E. Nielsen은 힌두족과 고대 아이슬란드의 자료들까지도 언급한다[*Oral Tradition*, London: SCM Press, 1954]). 이는 고대 세계에 있어서 각종 문서들을 필사하는 데 신경을 많이 썼음을 보여 주고 있다(W. F. Albright, *From the Stone Age to Christianity*, Garden City, N.Y.: Doubleday & Co., 1957).

비교신화론에 대한 강조는 이스라엘의 종교가 이방 종교들과 비교될 수 있음을 전제하고 있다. 유사점들이 존재하기는 하지만 본질적으로 야웨 신앙(참 하나님이신 야웨[Yahweh]에 대한 이스라엘의 신앙)은 이방 종교들과 구별된다. 비교신화론의 방법을 따르다 보면 히브리 신앙의 기원에 대한 설명을 들을 수가 없다.

마지막으로, 전승들의 재형성에 관한 과학적인 정확성을 결여하고 있어서 재구성 작업에 대한 의견의 일치가 이루어지지 못하고 있다. 재구성

작업들은 종종 비평가들의 선입견의 결과로서 나타난다.

이상의 방법들이 구약성경 연구에 상당한 기여를 했음에도 불구하고 그것들은 모두 본문의 최종적인 형태, 즉 성경 자료의 경전적인 형성에 대한 적절한 강조점을 상실하고 있다. 설령 우리가 그러한 발전의 과정들을 확실하게 추적할 수 있고(그렇게 하지는 못한다) 어려운 문제점들을 설명하기 위한 자료들을 사용한다 해도, 우리는 여전히 왜 성경의 자료들이 현재의 형태로 기록되었는지에 대한 의문을 지우지 못할 것이다.

따라서 이제는 본문의 현재적인 형태를 보다 강조할 필요가 있다. 반복, 다양한 문체, 다양한 어휘 등은 때때로 수정된 구조주의(structuralism) 또는 수사비평(rhetorical criticism)을 따르는 학자들에 의해 본문의 통일성에 대한 증거로 간주되고 있다.

창세기(혹은 오경)가 통일성을 가지고 있으며 모세의 작품이라는 전통적인 견해는 완전히 사라진 것이 아니다. 그 반대로 창세기의 고대성과 통일성을 지지하는 증거가 점점 많아지고 있다. 그렇다고 해서 창세기의 현재 형태가 성령의 영감을 받은 후속 편집자들에 의해 편집된 것이 아니라고 말하는 것은 아니다. 그러한 증거는 성경 기사들의 폭넓은 재구성이 근거가 없고 불필요하다는 점을 확언하고 있다. 창세기 전승들의 어떠한 재구성도 모세에 의해 하나님의 영감 아래 이루어졌을 것이며, 따라서 창세기의 기록은 실제 사건들을 보도하고 그것들에 대한 올바른 신학적 해석들을 제공해 주고 있다.

3. 창세기의 본질

창세기의 역사성과 기원에 관한 논의의 상당 부분은 창세기의 내용들, 특히 1~11장에 기록된 원시 사건들(primordial events)의 본질에 대한 고찰과 관련되어 있다.

(1) 창세기는 신화인가?

많은 저술가들이 창세기의 내용을 신화로 기술하거나 창세기의 기원을 신화에 돌리고 있다. 신화적인 문학은 개개 사물들의 기원을 상징적인 형식으로 설명하려고 노력한다. 신화는 실제 역사보다는 소위 '거룩한 역사'(sacred history)를 기록한다. 그것은 실재(reality)가 신들과 초자연적인 피조물들을 통해 어떻게 존재하게 되었는가를 보도한다. 그것은 실재, 우주의 본성, 국가의 기능, 삶의 가치 등을 확립하는 것을 목표로 한다(J. W. Rogerson, *Myth in Old Testament Interpretation*, N.Y.: Walter de Gruyter, 1974).

창조와 홍수 및 인간 세계에 있어서의 신적인 개입과 같은 초자연적인 행동들을 기록하고 있는 이교 문학은 종종 창세기와 비교된다. 어떤 학자들은 이스라엘이 그러한 신화들을 전적으로 빌려 와서 야웨 신앙에 맞게끔 비신화화(이교적인 요소들을 제거함)했다고 생각한다. 그러나 셈족의 신화 세계를 올바로 이해한다면 이것이 불가능한 일임이 분명해진다.

신화는 단순히 상징적인 언어이거나 원시적인 심성의 반영이 아니다. 그것은 대인의 현실 이해에 대한 표현이다. 신화의 중심부에는 상응(correspondence)의 원리(예, 신이 죽으면 초목도 죽는다는 식의 상응)가 있다. 그 결과 생명과 풍요의 힘들을 확보하기 위해 교감적(交感的)인 마술에 입각한 의례가 실시되었다.

구약성경은 고대 세계의 이러한 사상으로부터 단호하게 결별하고 있다. 이스라엘이 자신의 신앙을 표현하기 위해 신화를 빌려 왔다거나 신화적인 언어를 사용했다고 말하는 것은 구약성경을 제대로 이해한 것이 아니다. 히브리인들에게 있어서 그들이 하나의 국가로 존재하게 된 것은 하나님의 절대 주권에 의한 것이었다. 그들의 시간 개념은 순환론적인 것이 아니라 종말론적인 것이었다. 그들의 성전 예식은 우주적이고 마술적인 것이 아니라 그들의 구속을 극화한 것이었으며, 그들의 공간 개념은 원시 세계에 국한된 것이 아니라 역사 안에서 현실화되었다. 한마디로 말해서 이스라엘에게 있어서 실재(reality)라는 것은 자신의 역사 개념 안에 있었다(Brevard S. Childs, *Myth and Reality in the Old Testament,* Nashville, Ⅲ.: Alec R. Allenson, 1960, p. 13).

따라서 창세기는 신화가 아니다. 히브리 신앙은 이교도들의 신화적인 사고로부터 철저하게 결별했다. 제임스 바(James Barr)는 "히브리 신앙의 주요 투쟁은 인간적인 것과 신적인 것의 혼동 및 하나님과 자연 사이의 혼동에 대한 것이었는데, 이러한 혼동은 이교 신화에서 널리 행해지고 있었다"고 말했다("The Meaning of 'Mythology' in Relation to the Old Testament," *Vetus Testamentum,* 1959, p. 3). 설령 구약성경이 신화의 흔적들을 가지고 있다 해도 그것은 신화적인 요소들이 야웨 신앙에서는 제거되어 있었다는 것을 보여 주는 증거가 된다. 하젤(Gerhard Hasel)은 창세기가 부분적으로는 신학적으로 양립할 수 없는 근원들로부터 취해졌거나 고대 근동의 개념들과의 비교 속에서 선택된 용어들과 주제들을 사용하고 있으며, 그것들을 야웨 신앙과 일치하고 야웨 신앙을 표현하는 의미로 사용하고 있다고 말한다.

창세기는 당시에 지배적이던 신화적인 세계관을 침식하는 반신화적 논리로서 영적인 여행을 떠나는 것과도 같았다("The Polemic Nature of the Genesis Cosmology," *Evangelical Quarterly 46,* 1974, pp. 81~102). 이처럼 넓게는 구약성경이, 그리고 좁게는 창세기가 생명력 없는 신화들과 신들의 묘지와도 같은 역할을 수행한다.

(2) 창세기는 원인론을 설명한 책인가?

창세기의 설화들은 또한 원인론들, 즉 지형학적이거나 인종학적인, 또는 제의적이거나 관습적인 현실과 같은 어떤 주어진 현상을 설명하는 이야기들로 분류되어 왔다(S. Mowinckel. *Tetrateuch - Pentateuch - Hexateuch,* Berlin: Verlag Alfred Töpelmann, 1964, p. 81. Brevard S. Childs, "The Etiological Tale Re − examined," *Vetus Testamentum 24,* 1974, pp. 387~397).

만일에 원인론적인 설화가 단순히 하나의 주제가 아니라 전승이라면, 즉 그것이 주요한 원인론이라면 그 사건의 역사성에 대한 의문이 제기된다. 존 브라이트(John Bright)는 원인론이 창조적인 전승의 힘이라는 사실을 입증하는 것이 불가능함을 올바르게 지적했다(*Early Israel in Recent History Writing,* London: SCM Press, 1956, p. 90). 의심할 여지없이 그 설화들은 실제 일어난 사건들을 기록하고 있다. 만일 전승을 사용하는 데 있어서 원인론적인 요소가 추가되어 있다면 그것은 보통 하나의 단일한 항목 또는 그 이야기의 적용에 관계되는 것이다. 하나의 이야기가 어떤 것이 왜 존재하게 되었는가를 설명한다고 말하는 것과 하나의 이야기가 그 전승을 형성하기 위해 어떤 신화적인 사건을 사용한다고 말하는 것은 전혀 별개의 문제이다.

원인론적인 주제들은 성경에서 전반적으로 나타나며, 특히 만물의 시작을 설명하는 창세기에서 그러하다. 그러나 이러한 설화들은 몇몇 의

문점들에 대답하기 위해 생겨난 원인론적인 이야기라고 말할 수는 없다.

(3) 창세기는 역사인가?

이 모든 것은 창세기 기록들의 역사성에 대한 문제를 제기한다. 학자들은 그것이 현대의 역사 철학들로부터 분명하게 분리되는 것이 아닌 한 '역사'(history)라는 용어를 사용하기를 꺼린다. 포티어스(Norman Porteous)는 "이스라엘의 종교적인 전승들이 하나님의 초자연적인 개입들에 관해 많이 언급하고 있다는 사실은 충분히 일반 역사가로 하여금 그것들을 회의적인 시선으로 바라보게 하고 사건들의 실제적인 과정은 매우 달랐을 것이라고 가정하게 만든다"("The Old Testament and History," *Annual of the Swedish Theological Institute 8,* 1972, p. 22)라고 설명하고 있다.

창세기에 기록된 사건들에 대한 증거는 많은 사람에게 역사로서 신뢰할 만한 것이 되지 못한다. 그 사건들을 입증해 주는 외부 자료들이 없는 한, 역사가들은 성경 기록 자체에 의존하기 마련이다. 심지어는 그 사건들의 문화적인 배경들을 확증하는 많은 고고학적인 유물조차도 아브라함이나 요셉이라는 인물이 존재했다는 것을 증명하지는 못한다. 따라서 비평적인 학자들은 창세기를 실제 역사에 대한 기록으로 인정하기를 주저한다.

그러나 우리는 창세기의 **독특한 책임**을 기억하지 않으면 안 된다. 창세기는 단순한 사건들의 연대기나 역사를 위한 역사, 또는 완결된 민족 전기로서 기록된 것이 아니다. 그것은 이스라엘의 조상들의 선별된 기록들에 대한 신학적인 해석이다. 모든 역사들과 마찬가지로 창세기는 각 사건들의 배후에 있는 원인들을 설명한다. 그러나 그 원인들은 인간적이면서 동시에 신적인 것이다. 그것은 계시된 하나님의 말씀의 한 부분이기 때문에, 그리고 고대의 이교 신화들과 비교될 만한 단순한 인간 역사가 아니기 때문에 사건들과 설명들은 공히 진실에 속한다고 말할 수 있다.

이스라엘 사람들에 있어서 삶에 관한 기본적인 의문들 중의 일부가 그들 자신의 역사적인 사건들에 대한 신학적인 해석의 테두리 안에서 답변되었다. 이 사건들은 창조에서 종말에 이르기까지 계속되는 하나님의 역사 운행의 필요 불가결한 부분들로 인식되었다. 이러한 출발점과 종결점 사이에 바로 성경의 역사가 있다. 따라서 신앙은 국가적이고 국제적인 사건들을 이해하는 본질적인 부분이었다.

이러한 성경 역사의 중심부에는 하나님의 언약이 있었다. 그것은 선택으로부터 시작된다. 하나님은 아브람을 통해 이스라엘을 선택하셨다. 하나님의 백성은 역사적인 반성을 통해서 하나님이 행하신 일들을 볼 수가 있었으며, 이에 근거해서 약속의 성취를 기대할 수 있었다. 약속과 성취가 성경 역사의 지배적인 주제이긴 했지만 설화자(narrator)의 마음속에서는 언약에 대한 순종이 가장 중요한 주제였다. 그리하여 과거의 사건들은 변증적이고 논증적이며 교훈적인 목적들을 위해 자세히 기록되었다. 창세기가 과거의 사건들에 대한 신학적인 해석이라는 사실은 그것의 역사성을 파괴하지 않는다. 포티어스가 말한 바와 같이 "해석이라는 것은 해석을 요구하는 어떤 것에 대한 응답이라고 보는 것이 타당할 듯하다"("The Old Testament and History," p. 107). 슈파이저(E. A. Speiser)는 다음과 같이 말했다. "성경의 자료들이 전통적인 의미에서의 역사가 아닐는지는 모르지만 그것들은 공상으로 간주될 수 없는 성질의 것이다. 저자는 사건들을 모방할 수 없는 자신의 독특한 방식으로 재진술하고 있다. 그는 그것들을 고안해 낸 것이 아니다. 따라서 기록에 소용된 것은 문학적인 천재의 경건한 관심 속에 있었던 전승(tradition)이라는 것이었다. 전승이 독자적으로 점검될 수 있는 곳에서는 그 전승의 권위가 인정된다. 이것은 다수의 부수적인 사항들과 관련해 어느 정도 분명해졌다. 이제는 족장들에 관한 기록의 기본 골격이 정확하게 짜인 것임이 드러났다"("The Biblical Idea of History in the Common Near Eastern Setting," *Israel Exploration Journal 7*, 1957, p. 202). 물론 복음주의자들에게 있어서 성경의 설화들이 권위를 가진 것으로 판명되었다는 것은 전혀 놀랄 만한 일이 아니다.

(4) 창세기는 전승인가?

많은 성경학자들이 창세기의 설화들을 '전승'(traditions), 또는 '사담'(sagas: *The Legends of Genesis*라는 궁켈의 책을 번역함에 있어서 'legends' 대신에 사용되어야 하는 용어)이라고 묘사하기를 즐긴다. 이러한 용어로써 그들은 이스라엘 백성이 역사적인 사건들을 회상했음을 의도하고 있다. 이러한 견해에서는 역사성이 위험시되지 않지만 그것이 확보되는 것도 아니다. 폰 라트(Gerhard von Rad)는 "사람이 아니라 하나님이 주체이기 때문에 사담이 역사 이상의 것"이라고 말한다(*Genesis*, Philadelphia: Westminster Press, 1961, p. 31).

보수적인 학자들은 창세기의 설화들을 사실로 받아들이기를 주저하는 이러한 태도에 찬성하지 않는다. 확실히 역사의 시초에 관한 기록들과 족보들은 조상들에 의해 메소포타미아 지역에서 옮겨 왔을 것이다. 이러한 자료들에 족장들의 가족에 관한 기록들이 추가되었을 것이다. 구전과 기록된 전승(written tradition)을 포함한 모든 전승들은 애굽에서 요셉에 의해 그 자신의 기록들과 더불어 보존되었을 것이다. 그리하여 모세는 그것들을 현재의 형태로 편집할 수 있었을 것이다. 성령의 영감은 모세의 편집 작업을 오류로부터 보호해 주고 진리 안에서 인도해 주었을 것이다(Kenneth A. Kitchen, "The Old Testament in Its Context: 1." *Theological Students Fellowship Bulletin 59*, 1971, pp. 1~9). 그러므로 창세기의 설화들이 전승이라 불리건 역사라 불리건 간에 그것들은 하나님의 참된 계시를 기록하고 있으며 실제로 일어난 일들과 일치한다.

창세기는 토라(Torah), 곧 다섯 권으로 된 율법서의 첫 번째 책이다. 이 다섯 권의 작품은 '토라 문학'(Torah Literature)으로 분류하는 것이 가장 좋을 것이다. 그것은 율법들과 규례들로 이루어진 법률 문학(legal literature)은 아니지만 율법의 기초를 형성하고 있다. 그것은 시내 산 언약 형성의 배후에 놓여 있는 역사적인 전승들에 대한 신학적인 해석이다. 창세기를 통해 우리는 모세가 그의 독자들에게 율법의 계시에 대해 준비하게 만들고 있음을 분별할 수 있을 것이다. 창세기가 교훈적인 성격을 갖는 것은 바로 이 점에 있어서이다.

그러나 창세기의 자료들, 특히 요셉 설화는 지혜 문학과 밀접하게 관련되어 있다. 순종 속에서 신실하게 사는 자들에게 하나님이 복을 주신다는 점에 대한 강조는 지혜 문학과 많이 평행되고 있음을 암시한다. 이처럼 창세기는 독특한 책이면서 동시에 성경의 나머지 책들이 제각기 그러하듯이 한 권의 책이기도 하다. 신학과 역사가 시작되는 곳이 바로 여기이다.

4. 창세기의 문학적인 구성

창세기는 과거의 전승들을 복과 저주라는 주제들을 발전시켜 나가고 있는 '족보'(히브리어로는 톨레도트[תולדות])에 따라 배열함으로써 문학적인 통일성을 이루고 있다. 그것은 또한 아브라함과 그의 후손의 선택 및 언약에 대한 역사적인 전승의 기초를 제공하고 있다.

(1) 창세기의 목적

창세기는 하나님이 그의 백성과 맺으신 언약의 역사적인 기초를 제공하고 있다. 이것은 오경 전체를 통해 확인될 수 있다. 시걸(Moses Segal)은 다음과 같이 말했다. "오경의 참된 주제는 하나님이 열방 중에서 이스라엘을 선택하신 것이요, 하나님이 지정하신 땅에서 이스라엘이 하나님과 그의 법에 헌신하는 것이기 때문이다. 이 주제가 전개되는 과정에서 중심 되는 사건은 하나님이 아브라함과 맺으신 언약이요, 그의 후손을 하나님의 백성으로 만들고 가나안 땅을 그들에게 영원한 기업으로 주시리라는 약속이다"(*The Pentateuch: Its Composition and Its Authorship and Other Biblical Studies*, p. 23).

이 주제의 전개 속에서 창세기는 출애굽기에서 펼쳐지는 드라마의 필요 불가결한 서론 역할을 수행한다. 창세기는 애굽로부터 약속의 땅으로 가라는 명령에 대한 문학적인 해설서와도 같은 것으로서, 그러한 명령이 하나님이 아브라함과 이삭과 야곱과 맺으신 언약을 성취하는 것이었다는 점을 보여 주고 있다. 드 베테(Wilhelm M. L. De Wette)는 하나님 백성의 전체 역사가 개개의 역사적인 상황들을 포함하고 있는 하나님의 세계 통치에 대한 분명하고도 지속적인 계획 속에서 이루어지고 있기 때문에 그들이 다른 민족들로부터 점차적으로 분리되어 갔다는 점을 보여 줌으로써 창세기가 신정(神政)의 기초를 이루게 되었다고 주장했다(*A Critical and Historical Introduction to the Canonical Scripture of the Old Testament*, trans., Theodore Parker. 2 vols., Boston: Charles C. Little & James Brown,

1850, pp. 1~22).

하나님의 계획의 실행은 주권적인 창조와 더불어 시작하며 아브라함 안에서의 이스라엘 선택을 향해 나아간다. 창세기 1~11장은 '특별한 백성 이스라엘의 세계와 특별한 땅 가나안에서의 예배를 구별시키는 이유'를 설명하려는 의도를 가지고 있는 것으로 나타난다(Segal, *The Pentateuch*, p. 28).

이 서론 부분에서는 두 가지의 반대되는 결과가 나타난다. 그 하나는 하나님이 질서 있는 우주를 창조하시고 인간에게 복을 주시는 데에서 절정에 도달한다. 다른 하나는 전적인 파멸을 불러일으키는 죄의 활동과 홍수와 바벨탑 사건에서 나타난 죄의 가장 큰 결과들로 나타난다(Derek Kidner, *Genesis*, p. 13). 첫 번째 것은 독자가 인간의 경험에 대해서 알고 있을 듯한 것과는 무관하게 태초부터 완전한 질서를 만드시려는 하나님의 계획을 보여 주고 있다. 두 번째의 것은 타락한 인류를 위한 해결책을 마련함에 있어 하나님의 개입이 크게 요구되고 있음을 보여 준다.

인류의 도덕적인 타락은 문명의 진보와 관련되어 있었다. 따라서 문명이 회복될 수 없을 정도로 타락했을 때 홍수에 의해 파괴되지 않을 수 없었다. 그러나 새로운 시작 이후에도 악은 계속 증가했으며 인간의 오만함은 광범위한 영향력을 가지고 있었다. 인간의 교만과 야심은 전면적인 분열을 초래했다.

창세기는 이러한 사건들을 가지고서 창조주에 대한 인간의 반역과 그것의 끔찍한 결과들에 대해 신학적인 설명을 가했다. 창세기의 서두에 배열된 이 사건들은 시간적으로 아브라함에 선행하며, 독자들로 하여금 아브라함의 출현에 준비하게 만들고 있다. 하나님을 거역한 인간은 자신의 곤경에 대한 해결책을 모색해야만 하는 입장에 처해 있다.

원시 역사(primeval history) 전체는 계속적인 심판과 은혜로운 준비로 요약될 수 있을 것이다. 그러나 세계 전역에 흩어지는 저주를 받은 반항적인 인류와 더불어 독자들은 저주받은 인류와 하나님 사이의 관계에 대해서 의구심을 갖게 된다. 바벨에 대한 심판 이후 사람들이 여러 지역에 흩어졌을 때에 과연 인류와 하나님 사이의 관계도 파괴되었는가?

이것은 원시 역사의 전체적인 차원에서 제기되는 물음이다. 여기에서 비로소 독자는 아브라함을 통한 선택과 축복의 계획에 직면하게 된다(창 12~50장). 지면에 흩어질 수밖에 없었던 인류의 도덕적 타락은 모든 인류에게 복의 근원으로 봉사할 한 민족의 선택으로 연결되었다. 이것은 한 인간과 그의 후손에 관심을 집중시킴으로써 이루어졌다. 하나님의 구원 의지는 자신의 혈연과 지연을 떠나 새로운 한 민족의 건설자가 되고 이스라엘까지도 넘어서는 약속들을 받은 한 사람을 통해 뿔뿔이 흩어져 버린 열방에게 확장되었다. 오직 창세기 12장 1~3절을 통해서만 우리는 포괄적인 구속사 서론의 의미를 이해할 수 있으며, 오직 원시 역사를 통해서만 12장 1~3절이 완전히 분명해지게 된다(von Rad, *Genesis*, p. 148).

(2) 창세기의 주제

창세기 전체는 복과 저주라는 주제로 귀결된다. 복의 약속은 족장들에게 후손을 줄 것이며 그 후손들에게는 땅을 줄 것이라는 약속이다. 반면에 저주는 후손을 불화하게 하며 빼앗으며 상속권을 박탈할 것이라는 내용이다. 나중에 예언자들과 역사가들은 이 주제를 확장시켜 미래의 사건들에까지 적용했다. 성경 전체에 나타나는 이러한 주제가 시작들에 관한 책인 창세기에 의존하고 있다는 것은 전혀 놀라운 일이 아니다. 복과 저주는 처음부터 인간을 둘러싸고 있다.

구약성경에서 '저주하다'(to curse)라는 동사는 어떤 움직임이나 다른 능력들에게 금제나 장애물 또는 활동금지령을 내리는 것을 의미한다(H. C. Brichto, *The Problem of "Curse" in the Hebrew bible*, Philadelphia: Society of Biblical Literature and Exegesis, 1963, p. 217). 그러한 능력은 하나님이나 그에 의해 특별한 힘을 부여받은 하나님의 사자에게만 속한다. 누구나 남을 저주할 수는 있겠지만 그것이 가장 강력해지는 것은 그것이 초자연적인 힘을 불러일으키는 경우이다. 저주는 복의 장소, 심지어 복을 받은 사람들로부터의 단절을 포함한다. 창세기의 서막(1~11장)은 처음 범죄로부터 비롯된 저주에서 가나안에 대한 저주에 이르기까지 모든 저주를 매우 탁월하게 묘사하고 있다.

반면에 '복을 주다'(to bless)라는 동사(성경에서 축복을 나타내는 단어이기도 함)는 기본적으로 '부요하게 하다'(to enrich)라는 뜻을 가지고 있다. 여기에서도 역시 하나님이 복의 근원이신 바, 인간에게 그것을 줄 때에도 마찬가지이다. 창세기에서 사용된 복의 약속은 크게 가나안 땅에서 얻을 후손과 관계가 있다(Claus Westermann, *Blessing in the Bible and the Life of the Church,* Philadelphia: Fortress Press, 1978, pp. 18~23). 복의 약속은 땅과 족장의 다산(fertility, 多産)과 관련된 풍요를 포함했다. 복은 하나님의 인정하심을 반영했다. 따라서 그것은 궁극적으로 영적인 것이었다. 복과 저주의 대조는 인간의 신앙에 의한 순종이나 불신앙에 의한 불순종을 반영하며 하나님의 승인이나 부정을 생생하게 묘사한다.

(3) 창세기의 구조

창세기의 구조는 첫 번째 부분과 각각의 표제를 가진 나머지 11개의 부분으로 구별된다. 창세기의 구조를 특징짓는 주요 어휘는 **톨레도트**

(תּוֹלְדוֹת : "~의 계보가 이러하니라")이다. 이 단어는 얄라드(יָלַד : 낳다, 생산하다)라는 동사의 사역형으로부터 유래한 여성 명사이다. 이 명사는 종종 '족보, 역사' 또는 '자손' 등으로 번역된다. 브라운(Francis Brown)과 드라이버(S. R. Driver) 및 브릭스(Charles A. Briggs)는 그것을 "인간과 그의 자손들에 관한 기록"이라고 설명한다(*A Hebrew and English Lexicon of the Old Testament*, Oxford: Clarendon Press, 1972, p. 410). NIV 성경은 그것을 '보고'(account)라고 번역하고 있다.

이 단어는 전통적으로 각 부분의 표제어로 간주되었다. 이러한 견해에 따르면 창세기는 다음과 같은 구조를 가지고 있다.

1. 창조(1:1~2:3)

2. 하늘과 땅의 계보(2:4~4:26)

3. 아담의 계보(5:1~6:8)

4. 노아의 계보(6:9~9:29)

5. 셈, 함, 야벳의 계보(10:1~11:9)

6. 셈의 계보(11:10~26)

7. 데라의 계보(11:27~25:11)

8. 이스마엘의 계보(25:12~18)

9. 이삭의 계보(25:19~35:29)

10. 에서의 계보(36:1~8)

11. 에돔 족속의 조상, 에서의 계보(36:9~37:1)

12. 야곱의 계보(37:2~50:26)

이러한 배열에 대한 견해는 학자마다 다르다. 예로 슈파이저(Speiser)

는 톨레도트가 2장 4절, 25장 19절, 37장 2절을 제외한 모든 곳에서 표제어 역할을 하고 있다고 본다. 2장 4절, 25장 19절, 37장 2절에서는 그것이 '이야기' 또는 '역사'를 의미하며, 후속하는 설화가 아닌 선행하는 설화를 지칭한다고 본다(*Genesis*, p. XXiV). 그러나 스키너(Skinner)는 이 단어가 선행하는 것을 지칭하는 데 사용될 수 있다는 것을 의심한다. 그는 그것이 하나의 표제어 구실을 하고 있다고 말한다(*Genesis*, pp. 39~40).

앞서 언급한 바와 같이 톨레도트는 동사 얄라드(낳다, 생산하다)에서 파생한 것이기 때문에 그것은 '산출'된 것을 의미한다. 따라서 창세기의 이러한 관용어는 하나의 출발점을 이루며 설화와 족보를 결합시켜 어느 한 지점(톨레도트)에서 끝 지점(다음의 톨레도트)으로 움직여 나아간다. 모세는 여기에서 역사적인 순서를 따라 시작으로부터 끝까지 움직여 가는 방법을 사용하고 있다. 드라이버는 그 단어가 "어느 한 사람과 그의 후손들에 관한 상세한 보고"를 지칭한다고 설명했다(*The Book of Genesis*, London: Methuen & Co., 1904, p. 19).

어떤 사람들은 각 톨레도트를 표제어로 보는 전통적인 견해에 찬성하지 않는다. 와이즈먼(P. J. Wiseman)과 해리슨(R. K. Harrison)은 이 단어가 진흙 토판의 간기(刊記, colophon)와 유사한 것으로서, 선행하는(preceding) 설화 자료를 지칭한다고 본다(Wiseman, *New Discoveries in Babylonia about Genesis*, London: Marshall, Morgan & Scott, 1937, p. 8; Harrison, *Introduction to the Old Testament*, p. 548). 그들은 창세기의 전승들이 진흙 토판에 기록되었으며 마침내는 지금의 형태로 수집되었다고 생각한다.

와이즈먼은 창세기의 톨레도트가 제각기 하나의 제목과 기록 날짜, 일련번호, 연속물의 완결에 대한 언급(그것이 하나의 연속물을 완결짓는 경우), 서기관이나 소유자의 이름을 포함하고 있는 바벨론 토판의 간기와 같은 것이라고 주장한다(*Creation Revealed in Six Days*, London: Marshall, Morgan & Scott, 1949, p. 46).

그러나 이러한 견해는 설득력이 약하다. 토판의 간기는 창세기의 **톨레도트**와 같은 것이 아니다(Alexander Heidel, *The Babylonian Genesis*, 2nd ed, Chicago: University of Chicago Press, 1963, pp. 25, 30; A. L. Oppenheim, *Ancient Mesopotamia*, Chicago: University of Chicago Press, 1963, pp. 240~241). 쐐기문자 토판에서는 각 토판의 내용에 대한 묘사가 아닌 각 토판의 첫 행의 반복이 곧 그 토판의 제목이다. 또한 소유자가 아닌 현재의 소유자를 지칭하는 듯하다. 더 나아가서 **톨레도트**에 해당하는 아카드어가 진흙 토판에서는 사용되지 않았다.

만일에 창세기의 **톨레도트**가 그 구절 직전에 선행하는 것이라면 창세기 5장 1절은 4장 17~26절의 중간 자료 뒤가 아닌 곧 아담 이야기의 끝부분에 와야 한다. 결론적인 어구로 볼 수 없는 또 하나의 구절은 10장 1절에 있는 노아의 아들들의 **톨레도트**이다. 특히 10장 32절에 비추어 볼 때 그것이 홍수와 저주를 종결짓는 것은 아닌 듯하다. 뿐만 아니라 이러한 조화의 문제는 아브라함의 이야기를 이스마엘에 의해 보존되게 하고 (이스마엘의 **톨레도트**는 앞선 이야기를 결론짓는 간기가 될 것이다) 이삭으로 하여금 이스마엘의 자료를, 에서로 하여금 야곱의 자료를, 그리고 요셉으로 하여금 야곱의 자료를 보존하게 하는 어려움을 안고 있다. 구약성경 어디에도 **톨레도트**가 명백하게 선행하는 내용을 지칭하고 있지는 않다. 어느 곳에서든 우리는 그것의 후속하는 내용을 지칭하는 것으로 볼 수 있으며 또 종종 그렇게 하지 않으면 안 된다(예, 룻기 4장 18절에서 이 단어는 베레스의 족보를 기대하고 있으며, 민수기 3장 1절에서 아론과 모세의 **톨레도트**는 민수기 1~2장의 선행하는 인구 조사를 지칭하고 있는 것으로 볼 수 없다). 창세기에서 **톨레도트**를 후속하는 부분을 지칭하는 것으로 이해할 경우 그 **톨레도트**는 정확한 의미를 갖게 된다.

또한 창세기 2장 4절은 후속하는 내용의 표제어를 포함하고 있다. 와이즈먼 자신은 2장 1~3절이 창조 기사의 자연스러운 결론을 형성하고 있다고 단언한다. 따라서 창세기 2장 4절의 상반절은 표제 문장이 될 것이고, 하반절은 시작하는 문장의 종속절이 될 것이다(바벨론의 창조신화 에누마 엘리쉬[Enuma Elish]의 시작 부분과 매우 유사함). 이러한 구조는 5장 1절에서도 유사하게 나타난다.

"이것은 하늘과 땅이 창조되었을 때의 **톨레도트**이다. 야웨 하나님이 땅과 하늘을 만드셨을 때에…"(2:4, 저자의 사역). "이것은 아담의 **톨레도트**의 책이다. 하나님이 인간을 창조하셨을 때에…"(5:1, 저자의 사역).

2장 4절~3장 24절에서 '야웨 하나님'이라는 표현이 사용되고 있다는 사실은 또한 우리로 하여금 이 표현의 내용을 2장 4절의 제목과 연결시키게 해 준다(그러나 창세기에서는 실제로 간기에 해당하는 **톨레도트** 이외의 표현들이 10장 5, 20, 31~32절 등에서 결론적인 끝 부분으로 나타난다. 또한 25장 16절은 12~16절을 결론짓고 있으며, 36장 19절은 1~19절을, 36장 30절은 20~30절을, 그리고 36장 43절은 36장 전체를 결론짓고 있다). **톨레도트** 표제는 어느 한 조상의 역사적인 결말을 시작하고 있으며 완곡하게 번역될 수도 있을 것이다. "이것은 ~하게 된 것이다" 또는 "이것은 그것이 ~로부터 시작한 곳이다"(M. H. Woudstra, "The Toledot of the Book of Genesis and Their Redemptive - Historical Significance," *Calvin Theological Journal 5*, 1970. p, 187). 따라서 창세기 2장 4절에서 **톨레도트**는 우주의 역사적인 결말을 시작하고 있으며 2장 4절~4장 26절은 하늘과 땅이 어떻게 되었는지를 보여 주고 있다. 물론 그 뒤에 계속되는 내용은 타락 이야기, 아벨의 피살, 문명 속에서의 죄의 증가 등이다. 이 이야기는 또 다른 창조 기사를 예기하고 있는 것이 아니라 창조의 정점(定點)으로부터 죄에 의한 피조계의 타락까지를 기록하고 있다.

구약성경의 핵심적인 구절들을 이러한 방법으로 이해할 경우 이러한 정의가 가장 만족스러운 것임을 알게 된다. **톨레도트**라는 용어는 '족보'를 의미하는 것으로 국한될 수가 없다. 왜냐하면 그것과 관련된 문맥은 빈번하게 족보 이상의 많은 것들을 담고 있기 때문이다. 또한 이 단어는 단지 전기나 역사만을 묘사하는 것도 아니다. 왜냐하면 창세기의 설화들은 전기나 역사만으로 구성되어 있지 않기 때문이다. 그 설화들은 창세기의 목적과 관련해 그 결말이 어떠한가를 상세히 묘사한다. 데라의 **톨레도트**는 데라에 관한 것이 아니라 주로 데라 이후의 상황, 즉 아브라함과 그의 친족과 관련되어 있다. 이삭의 **톨레도트**는 야곱을 중심적인 인물로 취급하며 간간이 에서와 관련된 부분들을 포함하고 있다. 야곱의 **톨레도트**는 야곱으로부터 요셉의 생애에 이르기까지의 가족 역사를 추적하고 있다. **톨레도트** 이후에 언급되는 이름은 보통 그 설화에서 중심 인물이 아니라 출발점이다. 따라서 이 주석서는 **톨레도트** 표제를 "이것은 ~로부터 연속되는 것이다"로 번역할 것이다.

각각의 연속(succession) 부분에 있는 자료에 관해서 두 가지의 사항을 추가로 지적할 수 있을 것이다. 그 하나는 각각의 역사적인 결말을 추적하는 것 속에는 점차적으로 폭을 좁혀 나가는 방법이 있다는 점이다. 노아에서 비롯된 새로운 시작 이후에 창세기 기록자는 셈과 함과 야벳의 **톨레도트**를 적용했다. 그러나 그런 직후에는 셈의 **톨레도트**가 선택되었다. 그 다음의 **톨레도트**는 셈의 후손인 데라의 **톨레도트**이다. 이 기록은 아브라함의 생애와 관련되어 있다. 그 계보는 이제 아브라함의 아들 이삭에게로 좁혀지지만 그 계보가 선택되지 않은 이스마엘의 **톨레도트**가 먼저 주어지고 있다. 그 다음 세대에도 이와 동일한 과정이 이루어지고 있는 바, 야곱의 **톨레도트**가 전개되기 전에 에서의 톨레도트가 먼저 소개되고 있다.

두 번째 사항은 각 **톨레도트** 안에 있는 자료가 복과 저주의 주요 주제를 가지고 있는 창세기 자체의 축소판이라는 점이다. 처음 몇 개의 **톨레도트** 안에는 12장 1~2절에 이르기까지 저주로의 타락이 있으며, 12장 1~2절에서는 메시지가 복의 약속으로 옮겨 가고 있다. 여기서부터 복의 자리에 서기 위한 끊임없는 노력이 이루어지고 있으나 각각의 계속되는 설화는 여전히 타락과 관련되어 있다. 왜냐하면 이삭과 야곱이 아브라함에 미치지 못했기 때문이다. 그 결과 창세기의 마지막 부분에 가면 그의 가족이 복이 약속된 땅에 있는 것이 아니라 애굽에 있는 것을 보게 된다. 키드너(Kidner)는 이러한 과정을 "인간은 에덴으로부터 무덤으로까지 멀어졌으며, 선택받은 가족은 가나안으로부터 애굽까지 멀어져 버렸다"고 표현했다(*Genesis*, p. 224).

5. 창세기 메시지의 전개 과정

톨레도트 표제들은 "창세기 전체를 구성하고 있는 핵심"이다(Woudstra, "The Toledot of the Book of Genesis," pp. 188~189). 한 계보가 어떻게 되어 가는가를 설명하는 각 **톨레도트**는 복의 신학을 전개하는 과정 속에서 축소와 타락의 경향을 보이고 있다.

(1) 창조

첫 번째 부분(1:1~2:3)은 **톨레도트**를 표제로 갖고 있지 않으며 논리적으로도 그러하다. 처음 시작에 관한 것이기 때문에 창조가 어떻게 되어 갔는가를 추적할 필요가 없다. 오히려 1장 1절에 있는 표제가 1장의 내용을 묘사하고 있다. 이 부분의 중요성은 창조 작업이 계획 실행에 대한 하나님의 승인과 복 주심에 둘러싸여 있다는 데에 있다. 동물의 생명(22~25절)과 인간의 생명(27절) 및 일곱째 날(2:3) 등 모두가 복을 받았다. 이 세 가지는 다음과 같은 논의 전개에 중요하다. 곧 하나님의 형상대로 만들어진 인간은 지상의 피조물들에 대한 주권을 행사하고 하나님의 안식일을 지키는 복된 시작을 가졌다.

(2) 하늘과 땅의 계보

이 부분(2:4~4:26)에서 창세기는 우주가 어떻게 흘러갔는지를 보고하고 있다. 이 부분은 아담과 하와의 창조에 대한 묘사로 시작해 그들의 죄와 죄에 대한 하나님의 저주 및 그들의 후손이 저지른 죄의 증가 등을 추적하고 있다. 더 이상 안식의 상태에 있지 않은 인간은 도피와 두려움을 경험했으며 세상에서 자기 길을 찾아 나섰으며 생존을 위해 노력하면서 문명을 발전시켜 나갔다. 이 부분은 마치 창조의 복에 대해 답변하는 듯이 세 가지의 저주(사탄에 대해[3:14], 땅에 대해[3:17], 가인에 대해[4:11])를 보여 주고 있다. 그러나 이처럼 타락하는 삶 속에도 은혜(3:15)의 표(4:15)와 희망의 빛(사람들이 야웨를 부르기 시작했다)이 있다.

(3) 아담의 계보

아담으로부터 노아에 이르는 계보 속에도 역시 인간의 타락 성향이 나타난다(5:1~6:8). 이 부분은 창조 기사의 되풀이로 시작해 인간의 실존에 대한 하나님의 강렬한 불쾌감으로 끝난다. 창세기 5장 1~2절은 바라크(בָּרַךְ : 복을 주다)를 사용함으로써 창조를 회상한다. 29절은 아라르(אָרַר : 저주하다)와 관련된 저주에 대해 위로를 위한 은총의 표로서 노아의 출생을 기록하고 있다. 인류를 시작하게 했던 복이 모든 후손들의 죽음에 대한 인식에 의해 가려져 있었다. 사망의 저주에 대한 하나의 예외(에녹)는 저주가 궁극적인 것이 아니라는 희망의 빛을 보여 준다.

(4) 노아의 계보

이 부분(6:9~9:29)은 하나님이 땅을 다시는 이처럼 저주하지 않겠다고 약속하셨다는 점에서 심판(저주)과 복의 범주에 속한다. 그럼에도 불구하고 노아의 이야기는 그가 은총을 받은 것으로 시작해 가나안을 저주하는 것으로 끝난다.

그러나 이 부분에는 물에 잠긴 세계로부터의 새로운 시작이 있는 바, 이는 여러 가지 점에서 1장과 평행된다. 강포하여 혼돈에 빠진 세계의 파멸, 인간으로 하여금 새로운 세계를 향해 항해할 수 있게 하기 위한 구속의 예비, 새로운 시작을 위한 마른땅의 출현, 노아와 맺은 언약, 노아와 그의 아들들에 대한 복(아담에 대한 복과 평행됨) 등이 그러하다. 여기에서 인류는 새롭게 시작했으며 이러한 출발점으로부터 복의 주제는 저주에 대한 반정립(反定立) 속에서 보다 두드러지게 된다. 셈은 복을 받은 사람이었다.

(5) 노아의 아들들의 계보

노아에 대한 포괄적인 신탁과 더불어 인구가 팽창하게 되자 창세기의 방향이 열방으로 이동했다. 기록자는 인간이 파멸과 혼돈을 지향하는 성향이 있다는 메시지를 일관성 있게 발전시켰다. 이 부분은 셈과 함과 야벳으로부터의 인구 확산으로 시작하지만 열방의 기원을 바벨에서의 분열에 의해 설명함으로써 끝난다(10:1~11:9). 그러한 절정에 달하는 이야기를 마지막 부분에 배치해 놓고 열방의 기원을 바벨탑 사건보다 연대적으로 앞선 위치에 놓은 것은 기록자의 천재적인 필치를 짐작하게 한다. 이것은 독자로 하여금 인간의 계속적인 타락에 대한 답변을 발견하게 해 준다. 그것은 그로 하여금 복의 약속에 대해 준비하게 해 준다.

(6) 셈의 계보

이 부분(11:10~26)은 앞선 부분에 소개된 인류의 증가라는 세계관에 입각해 선택의 폭을 셈의 계보로부터 아브람에게로 좁힘으로써 창세기에서의 또 다른 변화를 이룩하고 있다. 이 목록은 번영과 후손의 복 속에서 노아로부터 아브람에 이르는 계보를 추적하고 있다(반면에 제5장은 아담으로부터 노아와 홍수에 이르는 계보를 추적하고 있다). 하나님은 세상이 아무런 희망도 없이 저주 아래 계속 확장되고 분열되도록 내버려 두지 않으실 것이다. 어떠한 사람을 선택하셔서 땅을 위한 복을 마련해 줄 민족을 세우실 것이다. 아브라함에 대해서 아는 사람이라면 누구나 인류의 분열과 복의 약속 사이를 연결해 주는 이 **톨레도트**(11:10~26)의 의미를 금방 알 수 있을 것이다.

(7) 데라의 계보

1~11장이 전반적으로 인류의 반역을 묘사하고 있는 반면에 12~50장은 인간을 복의 자리로 이끄시는 하나님의 행동을 상세하게 보도한다. 이

부분(11:27~25:11)은 계보 목록의 마지막 인물인 데라(11:32) 이후에 어떤 일이 일어났는가를 말해 주고 있다. 이 이야기는 그의 아들의 생애를 추적하며 창세기뿐만 아니라 구약성경에서 복을 주려는 하나님의 계획에 대한 열쇠가 된다. 하나님은 특별하게 복을 받은 아브라함에게 민족과 땅과 이름의 약속을 주셨다. 이 설화는 순종하는 그의 믿음과 성장 과정을 기록하고 있다.

(8) 이스마엘의 계보

이 부분(25:12~18)은 하나님이 선택하신 계보가 아닌 이스마엘이 어떻게 되었는가를 설명한다. 기록자는 선택받은 계보로 나아가기 전에 이스마엘의 계보를 취급했다.

(9) 이삭의 계보

약속의 자손 이삭이 어떻게 되었는가를 설명함에 있어서 그의 아들 야곱의 이야기와 가정 안에서의 투쟁, 이스라엘 백성의 출현(25:19~35:29) 등을 기록하고 있다. 12장 2절의 약속이 펼쳐지기 시작한다. 아브람에게 주어진 복이 이제 야곱에게 이전되었다(27장). 야곱 역시 신앙 안에서 성장했지만 그 과정에서 절름발이가 되어야 했다. 그는 그의 조부에 필적하지는 못했다. 그러나 마침내 이스라엘이 '탄생'했다.

(10) 에서의 계보

다시 한번 창세기는 이삭으로부터의 발전 과정을 계속 다룬다. 그러나 이 부분(36:1~8)은 아들의 **톨레도트**를 논하기 전에 야곱에게서 장자권과 복을 빼앗긴 에서를 논하고 있다. 야곱으로부터 유래한 민족은 에서로부

터 생겨난 그들의 친족 에돔 족속과 빈번하게 마주칠 것이다. 이 부분은
에서의 세 아내와 다섯 아들에 관해 설명하고 있다.

(11) 에돔 족속의 조상인 에서의 계보

에돔 족속과 아말렉 족속 및 호리 족속의 족장들이 갖는 중요성
으로 인해 에서로부터의 발전에 대한 또 다른 이야기가 추가되어 있다
(36:9~37:1).

(12) 야곱의 계보

야곱은 어떻게 되었는가? 그의 아들들은 이스라엘 지파들의 조상이
되었다(37:2~50:26). 이 설화는 요셉의 생애와 야곱 가족의 애굽 이주
와 관련되어 있다. 본질적으로 이 설화는 왜 하나님의 백성이 애굽에 있
게 되었으며 그들이 어떻게 해서 복의 약속과 관계를 갖게 되었는가를
설명하고 있다. 가나안 땅에서 그의 가족은 가나안 족속과 혼합될 지경
까지 타락했다. 복을 약속받은 계보를 보존하기 위해 하나님은 놀랍게도
요셉의 형들의 악의(惡意)를 통해 요셉을 애굽의 권력층에 옮겨 놓으셨
다. 약속의 땅이 기근으로 저주받았을 때 요셉의 권세와 지혜로 복이 마
련되었다. 그러나 창세기는 하나님의 또 다른 복의 강림을 기대하면서 끝
맺는다.

(13) 결론

창세기는 오경의 나머지 책들의 기초를 형성하고 있기 때문에 출애굽
기는 하나님이 아브라함과 맺은 언약을 기억하시는 것으로 되돌아간다.
"하나님이 그들의 고통 소리를 들으시고 하나님이 아브라함과 이삭과 야

곱에게 세운 그의 언약을 기억하사 하나님이 이스라엘 자손을 돌보셨고 하나님이 그들을 기억하셨더라"(출 2:24~25). 실제로 창세기의 마지막 사건들과 종결 어구는 출애굽을 기대하고 있다. "하나님이 당신들을 돌보시고 당신들을 이 땅에서 인도해 내사 아브라함과 이삭과 야곱에게 맹세하신 땅에 이르게 하시리라"(창 50:24). 이 진술은 모세가 족장 요셉의 해골들을 애굽에서 가지고 나올 때에 되풀이했다(출 13:19).

따라서 창세기는 이스라엘에게 하나님의 선택받은 백성의 실존에 대한 신학적이고 역사적인 기초를 주고 있다. 이스라엘은 자신의 기원을 족장 아브라함까지 추적할 수 있는 데, 하나님은 아브라함을 선택하시고 후손과 땅에 대한 약속을 그에게 주셨다. 직계 자손(첫 번째 복의 약속)의 중요성 때문에 족장들의 가족 사항, 곧 그들의 아내와 아들들, 상속인들, 장자권, 복 등에 많은 공간이 할애되고 있다. 야곱의 의탁(창 49장) 이후에 오경은 4세기 정도를 건너뛰고 있다. 이처럼 창세기는 애굽에서 강제 노역에 종사하다가 그곳을 떠나라는 부름을 받은 이스라엘 족속의 장자 상속권에 대한 진술이라고 할 수 있다.

그들이 참으로 아브라함에게 주어진 복을 통해 약속된 위대한 민족이 되었음을 인식했다면, 그들은 애굽이나 소돔 또는 바벨론에 어떠한 미래도 보장되어 있지 않다는 사실을 인식했을 것이다. 그들의 미래는 하나님이 약속하신 땅 가나안에 있었다.

창세기의 내용은 이스라엘 자손들에게 하나님이 그들에게 그러한 미래를 약속하셨으며 그 약속들을 성취하실 수 있다는 점을 확신시켜 주었을 것이다. 창세기는 거듭 되풀이해서 하나님이 이스라엘을 이러한 지점에 이르기까지 그 조상들의 삶 속에 초자연적으로 개입하셨음을 말하고 있다. 확실히 선한 일을 시작하신 하나님은 그것을 반드시 이루실 것이다

(빌 1:6). 만일 이스라엘 백성이 그들의 실존이 하나님의 주권적인 선택과 복에 기인하고 있음을 인식한다면 그들은 순종으로 응답하게 될 것이다. 결과적으로 창세기는 모세가 이스라엘을 애굽에서 인도해낸 것과 잘 어울린다.

6. 창세기의 신학

창세기는 하나님이 존재하며 이스라엘의 조상들에게 말씀과 행동으로 그분 자신을 계시하셨다는 사실을 전제로 기록되었다. 창세기는 하나님의 존재를 논증하기보다는 단순히 만물이 하나님으로 말미암아 존재하게 되었다고 선언한다.

창세기 신학의 핵심은 확실히 하나님이 지상의 모든 족속에게 복을 주기 위한 수단으로 이스라엘을 세우신 일이다. 이 책은 신정(神政), 곧 모든 피조물에 대한 하나님의 통치권 확립이라는 오경의 주요 주제에 대한 서론을 이루고 있다. 그것은 신정 확립의 배후에 있는 기원(origin), 특히 아브라함의 후손이 가나안 땅에 거하리라는 복의 약속을 보여 준다. 출애굽기는 이스라엘 자손이 속박으로부터 구출되어 그들에게 언약이 수여되는 것을 보여 준다. 레위기는 거룩하신 하나님이 그분의 백성을 거룩하게 하심으로써 그들 중에 거하실 수 있게 하는 규범집이다. 민수기는 군사적인 배열과 광야에서의 인구 조사를 기록하고 있으며 하나님이 복의 약속을 내외적인 위협 속에서 어떻게 보존하시는가를 보여 주고 있다. 신명기는 언약의 갱신을 보여 준다.

이처럼 웅장한 하나님의 계획을 전개함에 있어 창세기는 하늘과 땅을 움직여 자신의 뜻을 이루실 우주의 대주재이신 하나님의 속성으로 독자를 이끈다. 그분은 인류에게 복 주시기를 원하나 불순종과 불신앙을 용납하지는 않으신다. 이러한 계시를 통해 독자는 "믿음이 없이는 하나님을 기쁘시게 하지 못한다"(히 11:6)는 사실을 배운다.

개요

II. 족장 설화(11:27∼50:26)

A. 데라의 계보(11:27∼25:11)

1. 아브람과의 언약 체결(11:27∼15:21)
2. 약속의 자손과 시험에 의한 신앙 성숙(16:1∼22:19)
3. 이삭으로의 약속 이전(22:20∼25:11)

B. 이스마엘의 계보(25:12∼18)

C. 이삭의 계보(25:19∼35:29)

1. 야곱으로의 약속 이전(25:19∼28:22)
2. 야곱이 하란에서 받은 복(29∼32장)
3. 야곱의 귀향과 타락의 위험(33∼35장)

D. 에서의 계보(36:1∼8)

E. 에돔 족속의 조상, 에서의 계보(36:9∼37:1)

F. 야곱의 계보(37:2∼50:26)

1. 요셉이 애굽으로 팔림(37:2∼36)
2. 유다 가족의 타락과 하나님의 선택의 확정(38장)
3. 요셉의 입신 출세(39∼41장)
4. 애굽으로의 이주(42:1∼47:27)
5. 약속된 복의 연속을 위한 준비(47:28∼50:26)

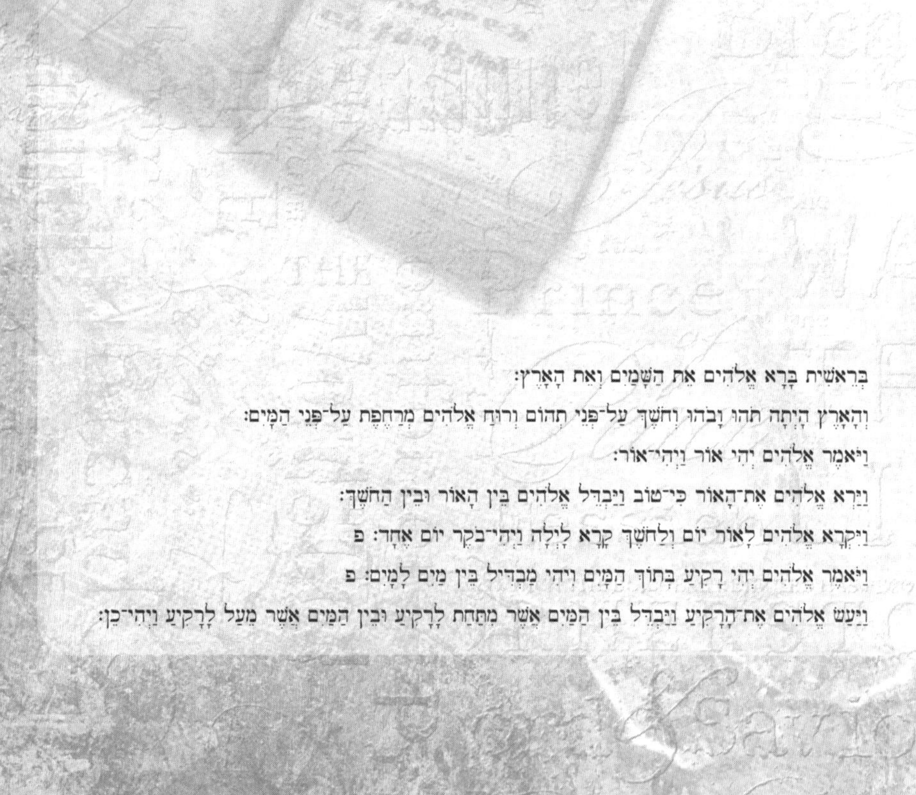

בְּרֵאשִׁית בָּרָא אֱלֹהִים אֵת הַשָּׁמַיִם וְאֵת הָאָרֶץ:

וְהָאָרֶץ הָיְתָה תֹהוּ וָבֹהוּ וְחֹשֶׁךְ עַל־פְּנֵי תְהוֹם וְרוּחַ אֱלֹהִים מְרַחֶפֶת עַל־פְּנֵי הַמָּיִם:

וַיֹּאמֶר אֱלֹהִים יְהִי אוֹר וַיְהִי־אוֹר:

וַיַּרְא אֱלֹהִים אֶת־הָאוֹר כִּי־טוֹב וַיַּבְדֵּל אֱלֹהִים בֵּין הָאוֹר וּבֵין הַחֹשֶׁךְ:

וַיִּקְרָא אֱלֹהִים לָאוֹר יוֹם וְלַחֹשֶׁךְ קָרָא לָיְלָה וַיְהִי־בֹקֶר יוֹם אֶחָד: פ

וַיֹּאמֶר אֱלֹהִים יְהִי רָקִיעַ בְּתוֹךְ הַמָּיִם וִיהִי מַבְדִּיל בֵּין מַיִם לָמָיִם: פ

וַיַּעַשׂ אֱלֹהִים אֶת־הָרָקִיעַ וַיַּבְדֵּל בֵּין הַמַּיִם אֲשֶׁר מִתַּחַת לָרָקִיעַ וּבֵין הַמַּיִם אֲשֶׁר מֵעַל לָרָקִיעַ וַיְהִי־כֵן:

The Bible Knowledge
Commentary 1
Genesis
주해

주해

Ⅰ. 태고의 사건들(1:1~11:26)

A. 창조(1:1~2:3)

창조 기사는 창세기의 논리적인 출발점이다. 왜냐하면 우주의 시작을 설명하고 있기 때문이다. 이 부분은 과학과 관련해 많은 주목을 받아 왔으며 지금도 그러하다. 그러나 본문은 무엇보다도 오경의 나머지 부분의 기초를 형성하고 있기 때문에 신학적인 보고서라고 할 수 있다.

모세는 이스라엘을 위해 이 부분을 쓸 때 하나님을 모든 생명의 기초자요 창조자로 묘사하기를 원했다. 창조 기사는 이스라엘을 창조하신 하나님이 곧 세상과 그 안에 있는 만물을 창조하신 하나님이심을 보여 주고 있다. 그리하여 주권자이신 창조주 하나님 위에 신정 질서가 기초해 있다. 이스라엘과 이스라엘의 율법, 관습, 신앙 등은 모두 다 하나님께로 귀속된다. 이스라엘은 여기에서 그들을 하나의 민족으로 만드신 하나님이 어떤 분인지를 배울 것이다.

　이러한 사실은 여러 가지를 암시해 주고 있다. 첫째로 그것은 존재하는 모든 것이 하나님의 통제하에 있어야 함을 의미한다. 피조물은 창조주에게 복종하지 않으면 안 된다. 여러 자연력들과 원수들, 피조물들 및 이교 신들이 된 것들, 이들 중 그 어느 것도 살아 계신 하나님의 종들을 위협하지 못할 것이다.

　둘째로 창조 기사는 또한 율법의 기초를 드러내 준다. 하나님이 참으로 만물에 앞서 존재하셨고 만물을 창조하셨다면 하나님 외에 다른 신들을 섬긴다는 것은 얼마나 어리석은 일인가! 하나님 외에 다른 신들은 전혀 존재하지 않았다. 하나님이 참으로 인간을 그의 형상을 따라 그를 대신하도록 만드셨다면·하나님의 형상을 만든다는 것은 얼마나 어리석은 일인가! 참으로 하나님이 안식을 위한 날을 마련하셨다면 하나님과 동행하는 인간은 누구나 그를 따라야 하지 않겠는가? 계명들의 이론적 근거가 바로 여기에 있다.

　셋째로 창조 기사는 하나님이 곧 구속하시는 하나님이심을 나타낸다. 그것은 하나님이 어떻게 혼돈(chaos)으로부터 질서(혹은 우주, cosmos)를 만드셨으며, 어두움을 빛으로 바꾸시고 그들 사이를 나누시고, 저주가 변해 복이 되게 하시며, 악한 것과 어두움을 거룩한 것으로 만드셨는가를 기록하고 있다. 이것은 하나님이 이집트의 혼돈의 세력들을 멸하심으로써 이스라엘을 구속하셨음을 기록한 출애굽기의 하나님의 활동과 평행된다. 예언자들과 사도들은 여기에서 하나님의 구속 행동들의 모형을 보았다. 어두움에 빛이 비치게 하시는 하나님은 궁극적으로 신자들의 마음속에 그의 빛을 비추심으로써(고후 4:6) 그들로 하여금 새로운 피조물이 되게 하신다(고후 5:17).

1:1~2 이 구절은 전통적으로 물질의 실제적인 시작, 즉 무로부터의 창조(creation out of nothing)를 선언하는 말씀으로서 첫째 날에 속하는 것으로 이해되어 왔다. 그러나 이 부분의 어휘와 문법은 보다 긴밀한 관찰을 요한다. 이 첫 두 구절에는 창조 기사의 주제들과 구조가 소개되어 있다. 우주가 하나님이 창조하신 것이라는 사실은 "하나님이 **천지를 창조하시니라**"는 진술 속에 완벽하게 표현되어 있다. 바라(בָּרָא : 창조하다)라는 동사는 무로부터의 창조를 의미할 수도 있으나 그것에만 한정될 수는 없다(참조, 2:7). 오히려 그것은 만들어진 것이 새롭고 완전하다는 것을 강조한다. 이 단어는 성경 속에서 오직 하나님이 주어로 등장하는 문장에만 사용되고 있다.

그러나 1장 2절은 혼돈을 묘사하고 있다. 혼돈과 공허가 있었으며 흑암이 깊음 위에 있었다. 2절은 분명히 3절에 종속되는 구절로서 하나님이 세상을 새롭게 하기 시작하실 때의 상태를 말하고 있다. 그것은 황량함과 텅 빔과 어두움의 혼돈이었다. 그러한 상태는 하나님의 창조 사역으로부터 생겨난 것이 아니었을 것이다. 오히려 그것은 성경에서 죄의 징후를 나타내며 심판과 대등한 것으로 볼 수 있다. 하나님의 점차적인 창조 행위는 3절에서 시작되며, 2절에서 발견되는 요소들이 어두움을 몰아내기 위한 빛의 창조로부터 비롯되는 창조 사역에 의해 바로잡히고 있다. "혼돈하고 공허하며"(formless and empty, 토후 와보후[תֹהוּ וָבֹהוּ])라는 표현 역시 1장에 대한 개요 역할을 하고 있다고 볼 수 있다. 1장은 무형적이고 텅 빈 땅 위에 형태와 충만함을 부여하시는 하나님의 행동을 묘사하고 있다.

어떤 이들은 여기서 창조의 중간 단계, 즉 나중에(3~25절) 지금의 형태로 발전된 완성되지 않은 창조 사역(2절)이 나타나고 있다고 보았다. 그러나 이것은 구문론이나 어휘에 비추어 볼 때 받아들이기 어렵다.

다른 사람들은 첫 두 절 사이에 '간격'(gap)이 있어서 사탄의 타락과 혼돈을 초래한 죄의 세상 침투가 그 사이에 발생했다고 주장한다. 1절이 절대적인 시작보다는 상대적인 시작을 지칭한다고 보는 견해가 더 그럴듯하다(Merrill F. Unger, *Uner's Commentary on the Old Testament*, 2 vols., Chicago: Moody Press, 1981, 1:5). 그렇다면 1장은 만물의 시작이 아닌 인간이 알고 있는 우주의 창조에 대한 설명이 될 것이고, 1~2절은 그것의 서론적인 역할을 하게 될 것이다. 사탄의 타락과 하나님의 피조계 안으로의 죄의 침투는 이것에 선행할 것이다.

여호와 하나님이 존재하는 모든 것을 주권적으로 창조하신 것은 성령에 의해서였다(2절하). 혼돈의 어두움 속에서 하나님의 영이 효과적인 하나님의 창조 사역을 준비하기 위해 움직이고 있었다."

1:3~5 창조의 각 날이 갖는 기본 양식이 여기에 나타나 있다. (1) 창조의 말씀, (2) 그 결과에 대한 보고, (3) "보시기에 좋다"는 하나님의 평가, (4) 이름 짓는 일, (5) 각 날의 계산 등이 그것이다. '날'(욤[יוֹם])이라는 단어와 관련해 몇 가지 해석이 주장되어 왔다. (6) 창조의 날은 인간이 땅 위에 거

주하기 이전의 확장된 지질학적인 시간을 지칭한다. (2) 창조의 날은 하나님이 자신의 창조 행위들을 계시하신 24시간의 기간(period)이다. (3) 창조의 날은 하나님의 행동에 대한 문자적인 24시간의 날이다. 서수 형용사(첫째, 둘째 등)를 가진 욤(םוֹי)이라는 단어가 구약성경 어디에서든 24시간의 날을 의미한다는 사실은 세 번째의 해석을 뒷받침해 준다. 또한 제4계명(출 20:11)에 대한 통상적인 이해도 이러한 해석을 암시한다고 볼 수 있다.

하나님의 첫 번째 창조의 말씀은 빛을 만들었다. 명령에 의한 창조의 고상함과 장엄함은 기괴한 이교 창조신화들과 현저하게 대조된다. 여기에는 하나님의 말씀의 권능이 나타나 있다. 이스라엘로 하여금 그를 신뢰하고 순종하게 한 것은 바로 이러한 말씀이었다.

빛은 자연적이고 물질적인 것이다. 그것은 어둠을 몰아냈기 때문에 빛의 창조는 즉각적인 승리를 의미했다. 빛과 어둠은 또한 성경에서 선과 악을 상징하기도 한다. 어둠이 전혀 없을(계 22:5) 장차 올 세대에 절정을 이룰 하나님의 사역이 여기서부터 시작된 것이다. 이스라엘은 하나님이 곧 빛이시고 진리와 길이 그에게 있다는 것을 알았을 것이다. 이집트의 어둠 속에서(출 10:21~24) 그들은 빛을 가졌으며 출애굽 해방 속에서 그 빛을 따랐다(출 13:21).

1:6~8 둘째 날에 하나님은 궁창, 곧 하늘로써 대기의 물과 땅의 물을 분리시켰다. 이것은 그 전에 짙은 수분이 땅을 뒤덮고 있었음을 의미한다. 하나님의 사역은 분리와 구별을 포함한다.

1:9~13 셋째 날에는 마른땅(뭍)과 초목이 창조되었다. 초목은 참되신 하

나님이 질서정연하게 만드신 우주의 한 부분이다. 그것을 설명할 수 있는 주기적이고 계절적인 신화는 없다. 하나님이 한 번에 영원히 그것을 이루셨다. 뿐만 아니라 이교도들이 깊음(the deep)의 신들을 숭배해야 할 세력들로 믿고 있던 반면, 이 기사는 하나님이 바다의 경계를 지키고 계신다는 것을 보여 준다(욥 38:8~11).

1:14~19 넷째 날은 낮을 지배할 해와 밤을 지배할 달과 별들을 포함했다. 이것들은 분명한 연대를 가진 것으로 창조되었거나 그 전에 이미 창조되었다가 하나님이 빛을 어둠으로부터 분리하시고 위의 물과 아래의 물을 나누셨을 때 차례대로 눈에 띄게 되었을 것이다.

이러한 천체들은 **징조와 계절과 날과 해**를 이루도록 창조되었다(14절). 이러한 용어들은 5절의 '낮'과 '밤'이라는 말과 마찬가지로 태양의 존재와 다른 항성들의 운행이 없이는 무의미하다.

점성술을 신봉하는 불신자들은 별과 항성들을 통해 도움을 받는다. 그러나 성경은 그것들이 단순히 하나님이 하신 일을 나타낼 뿐이라고 말한다(시 19:1). 바벨론 사람들의 점성술 도표를 따르거나 이집트의 태양신을 섬긴다는 것은 얼마나 어리석은 일인가! 오히려 인간은 누구나 그러한 천체들을 만드신 하나님을 신뢰해야만 한다. 그러나 많은 사람들이 반복적으로 창조주 하나님을 거부하고 피조물을 숭배하고 있다(롬 1:25).

1:20~23 다섯째 날에는 바다와 궁창에 거대한 생물체들이 창조되었다. 이 부분(21절)에서 바라(בָּרָא : 창조하다. 참조, 1절) 동사가 두 번째로 사용되고 있다. 고대 세계에서 용과 괴물로 숭배되었던 거대한 생물체들은 전능하신 하나님의 피조물에 불과했다. 뿐만 아니라 삶의 풍요는 참되신

하나님의 복으로부터 비롯된다(22절).

1:24~31 여섯째 날은 창조의 절정으로서 인류를 포함하고 있다. 비록 인간이 창조 기사에서 맨 마지막에 언급되는 피조물이기는 하지만, 진화한 것이 아니라 **창조되었다.**

인간의 생명은 하나님의 형상 안에서(문자적으로는 '~을 따라서, ~처럼') 창조되었다. 이 형상은 인간에게만 부여되었다(2:7). '형상'(첼렘[צֶלֶם]) 은 여기서 비유적으로 사용되고 있다. 왜냐하면 하나님은 인간의 모습을 가지고 계시지 않기 때문이다. 하나님의 형상 안에 있다는 것은 인간이 불완전하고 한정적이긴 하지만, 전달 가능한 하나님의 속성(생명, 인격, 진리, 지혜, 사랑, 거룩함, 공의)을 공유하고 있으며, 하나님과 영적인 교제를 가질 수 있다는 것을 의미한다.

하나님이 인간을 자신의 형상대로 만드신 목적은 기능적인 것이었다. 인간은 다스리거나 지배하도록 창조되었다(1:26, 28). 하나님의 지배권이 어느 한 '대표'(representative)에 의해 표현되었다. (우상 숭배의 대상이 되었던 이집트의 왕들이 후에 이와 비슷한 일을 했다. 그들은 그들 자신의 상[像]을 만들어서 자신의 통치권을 표현했다.) 그러나 죄로 말미암아 만물이 인간의 지배 아래 놓여 있지만은 않게 되었다(히 2:8). 하지만 예수 그리스도께서는 재림의 때에 지상의 모든 것에 대한 지배권을 확립시키실 것이다(히 2:5~8).

하나님은 남자와 여자에게 **생육하고 번성하라**는 복을 주셨다. 창세기에서 복을 받는다는 것은 부요하게 되고 번영하게 됨을 의미한다. 이러한 경이로운 하나님의 선언은 하나님의 지상 대표자인 이스라엘에게 중요한 의미를 갖게 되었을 것이다. 이스라엘은 약속의 땅에 들어가서 하나님의 연속적인 복을 기대하게 되었을 것이다.

2:1~3 일곱째 날은 안식의 날, 곧 안식일(Sabbath)이었다. 2절과 3절의 히브리어 문장은 **일곱째**라는 형용사를 평행되게 강조하는 가운데 질서 있는 구조를 가지고 있다. '일곱'이라는 숫자는 종종 언약을 대표한다('맹세하다'라는 동사와 어원론적으로 연결되어 있다). 따라서 안식일이 하나님의 시내 산 언약의 표징이 되었다는 것은 전혀 놀라운 일이 아니다(출 31:13, 17).

"하나님이 그 일곱째 날을 복되게 하사 거룩하게 하셨으니." 이는 그것이 그의 창조 **사역**(work)의 완성 또는 휴지(休止)를 기념하는 날이기 때문이었다. 하나님의 안식은 성경의 주요한 주제가 되었다. 타락 이전에 그것은 특별히 성별되었고, 안식에 도달한 완전한 창조를 대표했다. 타락 이후에 이 안식은 추구해야 할 목표가 되었다. 가나안 땅에서의 신정사회적인 안식의 확립은 모세에 의한 것이든 아니면 정복 당시의 여호수아에 의한 것이든 간에 신앙과 순종을 요구했다. 오늘날의 신자들은 영적인 안식에 참여하며(히 4:8~11) 그것의 완전한 회복을 확실히 나누어 가지게 될 것이다.

모세 당시에 이스라엘이라는 새 국가의 관점에서 볼 때에 창조 기사는 커다란 신학적인 의미를 가지고 있었다. 하나님이 이교 세계의 혼돈과 어둠으로부터 그의 백성을 이끌어 내시고 그들에게 진리를 가르치시며 하늘과 땅의 모든 권세에 대한 승리를 그들에게 보장하시고 그들을 그의 대표자로 명하시고 그들에게 신정사회적인 안식을 약속하셨다. 그것은 또한 모든 시대의 신자들에게 용기를 줄 것이다.

B. 천지 창조의 계보(2:4~4:26)

1. 남자와 여자의 창조(2:4~25)

2:4상 이 부분(4~25절)은 4절에 언급된 바와 같이 천지의 창조된 내력을 추적하고 있다. 창조 이후에는 죄가 세상에 들어와서 하나님의 피조계를 타락시켰다.

2:4하~7 아담을 창조하신 일에는 현저한 대조가 이루어져 있다. 아무런 생명도, 성장도, 비도, 땅을 경작할 사람도 없던 때에 하나님이 심혈을 기울여 인간을 만드셨다. 이 부분은 제목(4절)과 '~할 때'라는 히브리어로 시작하는 세 개의 종속절(초목이 아직 없던 '때'에, 땅을 갈 사람이 없던 '때'에, 안개만 … 온 땅을 적시던 '때'에) 및 본 설화를 시작하는 동사(그리고 그가 지으셨다) 등을 포함하고 있다. 이것은 1장(제목, 1:1; 종속절, 1:2; 설화 부분의 첫 동사, 1:3)을 그대로 반영하고 있다.

여호와 하나님에 대한 반복적인 강조(2:4~5, 7~9, 15~16, 18~21, 21~22)가 여기서는 중요하다. 1장의 창조주(하나님)는 언약을 체결하시는 여호와(주)이기도 하다. 그리하여 이스라엘은 자신의 주(主)가 만물을 창조하셨으며 그가 특별한 계획하에 인간을 만드셨다는 것을 알게 되었을 것이다.

인간의 생명을 창조하신 여호와의 사역은 흙으로부터의 조형과 숨을 불어넣는 일을 포함했다. '지으셨다'(야차르[יָצַר], 2:7)는 동사는 예술가의 활동을 묘사하는 단어이다. 토기장이가 진흙으로부터 토기를 빚는 것과 같이 하나님은 인간을 진흙으로부터 빚으셨다. 인간은 하나님의 계획에 의해 만들어졌으며, 또한 땅으로부터 만들어졌다. 그는 하나님처럼 되려는 욕구(3:5)를 가지고 있음에도 불구하고 '땅에 속해' 있다. '인간'을 의미하는 히브리어(아담[אָדָם])는 '땅'을 의미하는 히브리어(아다마[אֲדָמָה]. 참조, 3:17)와 관련되어 있다.

하나님이 인간에게 **생기를 불어넣으심**으로써 그는 살아 있는 존재(문자적으로는 '생령')로 변화했다. 이것은 인간을 하나님께 예배하고 하나님과 교제할 수 있는 영적인 존재로 만들어 주었다. 이러한 특별한 창조를 염두에 둘 때 독자는 타락의 의미를 이해할 수 있다. 타락 이후로는 성령의 '숨을 불어넣으심'에 의한 중생이 하나님과 교제를 즐길 수 있게 하는 본질적인 방법이 되었다.

2:8~10 인간은 완전한 환경 속에 놓였다. 동산은 인간의 순종을 시험할 수 있는 장소를 제공해 주었다. 풍요한 동산(8절)과 나무들(9절) 및 강(10절) 등에 관한 묘사에 뒤이어 하나님의 명령이 나타난다. 인간은 동산의 모든 것을 즐길 수는 있으나 금지된 나무의 실과를 먹어서는 안 되었다(17절).

하나님은 아마도 나무들을 얼마만큼의 세월을 지낸 상태로 창조하셨겠지만(1:12), 동산에 있는 나무들은 나중에 자라난 다른 것들이었다(2:9). 동산에 있던 그 나무들 중의 하나는 생명을 주는 나무(생명나무)였으며, 다른 하나는 지식을 주는, 또는 그것을 먹음으로써 지식을 얻는 나무(선악을 알게 하는 나무)였다. 이 지식은 '경험적인' 것이었다. '선과 악'은 삶을 보호하거나 파괴하는 것들의 척도로서 금지된 열매를 먹을 경우 경험되는 것이었다(17절). 만일 그들이 자만심에 빠져 넘어서는 안 될 경계선을 넘어서서 스스로의 삶을 구축하려고 한다면 그들에게 예비된 재난이 크게 임할 수밖에 없었다. 반면에 생명나무는 행복한 상태 속에 있는 아담과 이브의 생명을 보존하고 촉진시키는 수단이었음이 분명하다. 이 나무들은 **동산 중앙**에 서로 가까이 놓여 있었다. 이들은 장차 임할 시험의 근거를 제공해 주었다.

나무들(9절)과 강(10절), 값비싼 금과 보석들(11~12절)은 영원한 새 땅에도 있게 될 것이다. 새 창조는 이 모든 것들을 갖출 것이며(계 21:10~11, 21; 22:1~2), 그럼으로써 새 땅에서 낙원이 회복되리라는 사실을 보여 줄 것이다.

2:11~14 이 부분은 긴 삽입절로서 당시에 알려진 세계의 풍요함을 묘사하고 있다. 아마도 에덴동산은 본문의 지명들에 비추어 보건대 페르시아 만 지역에 있었을 것이다. 만일 그 지역의 지리가 홍수 이후에도 예전과 동일했다면 세 번째와 네 번째 강인 **티그리스**(문자적으로는 **힛데켈** [חִדֶּקֶל])와 **유프라테스**가 확인될 수 있다. 네 강들 중의 첫 번째인 비손은 팔레스타인 동쪽의 북부 중앙 아라비아 **하윌라**에 있었다. 두 번째 강인 **기혼**은 아마도 에티오피아가 아닌 메소포타미아 동부 산악지역의 카시트족(Cassites)의 땅에 위치한 **구스**에 있었을 것이다.

2:15~17 인간의 목적은 조심스럽게 선택된 단어들이 보여 주는 바와 같이 영적인 봉사를 제공함에 있었다. 하나님은 그를 에덴동산에 두시고 (누아흐[נוּחַ] : 안식하게 하다) 그것을 경작하며(아바드[עָבַד] : 섬기다) 지키게 하셨다. 따라서 그가 하는 일은 무엇이든 후에 하나님께 대한 봉사로 묘사되었다.

16절에서는 구약성경에서 처음으로 '명령하다'라는 뜻의 주요 동사인 차바(צָוָה)가 사용되고 있다. 인간에게 주어진 하나님의 첫 번째 명령은 삶과 죽음, 선과 악에 관한 것이었다. 하나님의 모든 다른 계명들에 있어서와 마찬가지로 이 명령에도 적극적인 복과 부정적인 금지가 있었다. 지상의 모든 좋은 것들과 즐거움들은 금지된 한 그루의 **나무**만을 제외하고는 인간 마음대로 할 수 있었다. 16~17절의 히브리어 어휘들은 그 명령을 강한 어조로 표현한다. 인간은 모든 다른 과실은 마음대로 **먹을** 수 있지만 만일 금지된 나무의 실과를 먹을 경우에는 **반드시 죽을** 것이다.

이러한 중심적인 교훈은 모세의 인도하에 있던 하나님의 백성에게 다시 한번 적용되고 있다. 하나님은 인류를 위해 특별한 계획을 마련하시고 그들에게 도덕적으로 책임질 수 있는 능력을 주셨다. 그는 그들을 순종하는 종들이 되게 하기 위해 그들을 에덴동산에 두시고, 그들이 하나님의 명령에 순종하느냐 그렇지 않느냐에 따라 생명과 죽음이 결정된다고 경고하셨다. 신명기 30장 11~20절은 창세기 2장 8~17절의 주제들과 평행되는 모든 교훈들을 이스라엘을 위해 기록했다. 하나님의 계명들에 순종하는 것은 생명과 복을 가져다준다.

2:18~25 이 부분은 첫 여자의 창조와 결혼 제도에 관해 기록하고 있다. 이것은 이스라엘 사회의 기본 구조에 대해서 많은 것들을 얘기하고 있는 셈이다. 하나님은 남편과 아내가 영적이고 기능적인 일체가 되어 온전하게 행하며 하나님을 섬기며 함께 그의 계명들을 지키는 것을 원하셨다. 이러한 조화가 이루어질 때 사회는 하나님의 인도하심 속에서 번영한다.

아담은 **혼자**였고 이러한 현실은 보기에 **좋지 않았다**. 다른 모든 피조물은 보기에 좋았다(1:4, 10, 12, 18, 21, 25 등 참조). 인간은 하나님의 대표자로서 기능하기 시작하면서(2장 19~20절에서 동물들의 이름을 짓는 것은 그들에 대한 그의 지배권을 대표했다. 참조, 1:28) 자신의 외로움을 의식하게 되었다(2:20). 그리하여 하나님은 그를 **잠들게** 하시고(21절) 그의 살과 **뼈**로부터 하와를 창조하셨다(21~23절).

하나님은 남자에게 적합한 돕는 자(문자적으로는 '그에게 상응하는 돕는 자' 또는 '상응하는 돕는 자')를 만들기로 결정하셨다(18절). '돕는 자'라는 말은 천박한 용어가 아니다. 그것은 종종 성경에서 전능하신 하나님을 묘사하는 데 사용되고 있다(예, 시 33:20; 70:5; 115:9. NIV 성경에서는 '도움'으로 번역됨). 여자를 '그에게 상응하는 자'로 묘사한 것은 기본적으로 창세기 2장 7절에서 남자에 관해 말한 것이 여자에게도 타당했다는 것을 의미한다. 그들은 공히 동일한 본성을 가지고 있었다. 그러나 남자에게 부족한 것("사람이 혼자 사는 것이 좋지 않았다")은 여자가 채워 주었고 여자에게 부족한 것은 남자가 채워 주었다. 여기에서 절정은 그들이 한 몸(결혼 관계 속에서 남녀의 완전한 연합)이 되었다는 데에 있었다(24절). 아담과 하와는 영적인 하나를 이루어 죄 없는 온전함 속에서 살았기 때문에 여기에서는 지배권에 대한 교육이 전혀 필요 없었다. 바울은 후에 창조 질서와 관련해 이 점을 논했다(고전 11:3; 딤전 2:13).

알-켄(עַל־כֵּן: 이러므로. 창 2:24)이라는 어휘는 창세기에서 빈번하게 사용되고 있다. 만일 24절의 이 어휘가 하나님이 직접 아담에게 말씀하신 것이라면 '떠나'라는 동사는 미래 시제인 '떠날 것이다'(NIV에서와 같이)로 번역되어야 한다. 그러나 만일 이 말이 하나님이 모세를 통해 말씀하신 것이라면 현재 시제로 번역되어야 한다. 이것은 결혼이라는 것이 한 쌍의 남녀가 '한 몸'이 됨을 포함한다는 것을 뜻한다. 그들의 벌거벗음(25절)은 그들이 억압에 대한 두려움이나 잠재적인 악의가 없이 서로 부담 없는 관계 속에 있었다는 것을 암시한다. 이러한 교제는 나중에 타락을 통해 파괴되었으며, 오직 한 쌍의 남녀가 서로 간에 편안함을 느끼기 시작하는 결혼의 때에만 부분적으로 남아 있다. 여기서 벌거벗음은 문자적이긴 하지만 죄 없음을 의미하기도 하다.

2. 유혹과 타락(3장)

3:1~7 이 구절들은 인간의 역사적인 타락과 원형적인 유혹에 대한 기록을 간직하고 있다. 이 부분은 유혹에 대한 완전한 사례 연구이다. 왜냐하면 죄의 책임을 환경이나 유전으로 돌릴 수 없는 상황이기 때문이다.

창세기 1~2장은 하나님이 하신 말씀들을 기록했으나 이제는 뱀(마귀. 계 20:2)이 말을 했다. 하나님의 말씀은 생명과 질서를 가져왔지만 뱀의 말은 혼돈과 죽음을 가져왔다. 진실은 거짓 이전에 있었다. 그래서 하나님의 말씀이 사탄의 거짓말보다 먼저 있었던 것이다.

창세기 3장 1절은 히브리어 언어유희(word play)에 의해 2장 25절과 관련되어 있다. 아담과 하와는 '벌거벗고'(아루밈[עֲרוּמִּים]) 있었으며, 뱀은 모든 다른 피조물보다 간교(아룸[עָרוּם] : 약삭빠른)했다. 그들의 벌거벗음은 그들이 악에 대해서 무지했기 때문에 어디에 함정이 놓여 있는지를 알지 못했다는 사실을 의미한다. 반면에 사탄은 자신의 간교함을 통해 그들의 순진무구함을 악용했다. 그러한 간사함이나 교묘함은 그 자체로서는 죄가 아니다(참으로 성경이 가진 여러 목적들 중의 하나는 신자들로 하여금 그렇게 믿게 하는 데에 있다. 잠언 1장 4절에 따르면 '약삭빠름'(아르마[עָרְמָה])은 '근신함'으로도 번역된다). 그러나 여기서는 악한 뜻으로 사용되었다.

유혹자가 뱀(뱀의 형태를 가진 사탄)이었다는 것은 유혹이라는 것이 전혀 예기치 못하게 위장한 채로 나타나며, 그것이 종종 열등한 자(누군가의 지배를 받는 자. 참조, 창 1:38)로부터 온다는 것을 암시한다. 또한 여기에는 논증적인 요소도 있다. 왜냐하면 이교도들은 뱀을 숭배의 대상으로 삼고 있었기 때문이다. 그들의 생명의 상징은 사실상 죽음의 원인이었다. 하나님처럼 되는 것은 이교적인 신앙과 상징을 좇음으로써(여기서는 사탄의 약속. 3:5) 성취되는 것이 아니다. 그것은 죽음의 길이지 생명의 길이 아니다.

하와는 하나님의 명령을 잘 알지 못했거나 그것을 기억하고 싶지 않았을 것이다. 이와는 반대로 그리스도는 하나님의 말씀에 대한 정확한 지식을 통해서 사탄에게 승리를 거두었다(마 4:7, 10). 하와는 금지 명령에 덧붙여진 특권들을 무시하고 징벌을 약화시켰다. 그녀의 모든 말(창 3:3)이 하나님의 원래 명령(2:16~17)과 대조되어 있다. 그녀의 말을 들은 사탄은 뻔뻔스럽게도 하나님이 말씀하신 사망의 형벌을 부정했다(창 3:4). 사탄은 처음부터 거짓말쟁이인 바(요 8:44), 누구든 죄를 지어도 무죄 방면된다는 것이 그의 거짓말이다. 그러나 죄에 대한 형벌은 죽음일 수밖에 없다(창 2:17).

유혹자는 또한 하나님이 질투하시는 분이기 때문에 그들의 운명을 제약하신다고 설명함으로써 하나님의 성품을 의심하게 만들었다(3:5). 사탄의 말에 의하면 선악과를 먹을 경우 그들은 하나님처럼 될 것이고, 그것을 하나님이 아셨다는 것이다. 그리하여 사탄은 선악을 아는 것, 곧 신성에 대한 약속을 내보여 주었다.

이로써 사탄의 활동은 종결되었다. 여자는 이제 자신의 자연적인 욕망과 신체적인 욕구에 직면하게 되었다. '탐스럽다'(네흐마드[נֶחְמָד]. 6절)

라는 단어는 나중에 십계명의 "탐내지 말지니라"(타흐모드[תַחְמֹד]. 출 20:17)에서 나타나는 단어와 관련되어 있다. 신체적인 실용성('먹음직도 하고')과 심미적인 아름다움('보암직도 하고') 및 지혜롭게 할 만한 것(앎의 상태에 있는 것)들은, 일단 징벌의 장벽이 없다고 여겨지기만 하면 사람으로 하여금 넘어서는 안 될 경계선을 넘어가게 만든다.

물론 그 결과는 밑으로 곤두박질하는 것과도 같은 것이었다. 신처럼 눈이 밝아지게 된다는 약속은 이루어지지 않았다. 그들은 같이 먹고 같이 보았지만 그렇게 함으로써 스스로를 망치게 되었다. 그들은 서로 간에 불편함(불신과 소외)을 느꼈으며 하나님과도 불편한 관계에 놓이게 되었다(두려워서 그에게서 몸을 숨겼다). 사탄의 약속들은 결코 이루어지는 법이 없다. 하나님의 말씀에 불순종하면 결코 지혜를 얻을 수 없다. 반면에 여호와를 경외하는 것은 곧 지혜의 시작이다(잠 1:7).

3:8~13 3장의 마지막 내용은 세 부분으로 구분된다. (1) 하나님과의 상면을 통해서 그들은 하나님의 음성을 듣고 두려워하여 **나무 사이에 숨었**다(8~13절). (2) 여호와의 말씀을 통해 뱀과 여자와 남자에게 새로운 조치가 취해졌다(14~19절). (3) 새로운 질서를 예비하기 위해 여호와께서 옷을 지어 입혀 주셨다(20~24절). 죄의 결과는 심판과 예비하심이다. 남자와 여자는 원래 생명을 가지고 있었으나 이제는 죽음을 갖게 되었고, 즐거움 대신에 고통을, 풍요 대신에 수고에 의한 빈약한 생존을, 그리고 완전한 친교 대신에 소외와 투쟁을 갖게 되었다.

3장의 주제들(사망, 수고, 땀, 엉겅퀴, 나무, 투쟁, 후손 등)은 후에 모두 다 그리스도에게 이전되었다. 그는 두 번째 아담으로서 저주를 받고 쓰라린 고통 속에서 굵은 핏방울을 흘렸으며, 가시 면류관을 쓰고서 나무

위에 못 박힌 후 죽으시고 무덤 속에 장사되었다.

3:14~19 하나님이 뱀(14~15절)과 하와(16절)와 아담(17~19절)에게 말씀하셨다. 뱀에게 주어진 하나님의 말씀은 (1) 배로 기어 다니고 **흙**을 먹으면서 인류에게 영원토록 유혹과 타락을 상기시킬 것이라는 선포와 (2) 뱀의 배후에 놓여 있는 권세에 대한 신탁을 포함한다. 하나님은 사탄의 세력들과 인류 사이에 영원한 투쟁이 있을 것이라고 말씀하셨다. 그 투쟁은 사탄과 **여자** 사이에, 그리고 그들의 **후손** 또는 '씨'(seeds) 사이에 있게 될 것이다. 여자의 '후손'은 가인이었고, 크게는 온 인류요 그리스도와 그 안에 있는 자들이었다. 뱀의 '후손'은 귀신들과 그의 어둠의 왕국을 섬기는 자들, 곧 마귀를 '아버지'로 둔 자들(요 8:44)을 포함한다. 사탄은 인류를 절름발이로 만들 것이다("너는 그의 **발꿈치**를 상하게 할 것이니라"). 그러나 여자의 후손인 그리스도께서는 그러한 치명적인 상처를 치유하실 것이다("그는 네 머리를 상하게" 할 것이요).

그 다음에 하나님은 여자에게 임신하는 고통을 갖게 될 것이라고 말씀하셨다. 그녀는 또한 그녀가 범죄에 함께 끌어들인 그녀의 남편의 다스림을 받을 것이다("너는 남편을 원하고"라는 말은 여자가 자기 남편으로 하여금 죄를 범하게 할 것임을 의미한다. 참조, 4장 6~7절에 대한 주해).

그러고 나서 하나님은 아담에게 커다란 고통을 경험하면서 근근이 생계를 꾸려 나갈 것이라고 말씀하셨다(3:17~19. '수고'라는 단어는 16절에서 여자의 고통을 묘사하는 단어와 동일한 단어이다. 이 단어는 구약성경에서 창세기 3장 16~17절과 5장 29절, 모두 세 번밖에 나타나지 않는다). 죽음이 그의 마지막일 것이다. 그는 **흙**(아다마[אֲדָמָה]. 그가 받는 고통을 생각할 때 이것은 예비된 은총이다)으로 돌아갈 것이며 흙이 되어 다시금 뱀의 먹이가 될 것이다(참조, 3:14). 하나님처럼 되려는 야망은 이제 그만 두라! 인간은 하나님처럼 되려고 노력할지 모르나 그는 땅에서 취한 존재 이다.

이상의 심판은 보복적인 정의를 나타낸다. 아담과 하와는 먹는 것에 의해 범죄했으므로 먹기 위해 고통을 겪어야 할 것이다. 하와는 자기 남 편을 유혹했기 때문에 남편의 다스림을 받게 될 것이다. 뱀은 인류를 파 멸시켰으므로 그 스스로가 파멸을 받을 것이다.

하지만 하나님은 심판 뒤에 있을 은혜도 예비하셨다. 인류는 이러한 혼돈의 상태 속에서 영원히 살지 못하고 죽을 것이지만, 자녀들이 탄생하 므로(16절) 인류는 계속 존속할 것이다. 또한 여인의 후손인 그리스도(갈 3:16)를 통해 궁극적인 승리가 이루어질 것이다(참조, "여자에게서 나게 하시고"[갈 4:4]).

사람들이 아무리 남자의 지배권과 고통스러운 노동, 잉태하는 고통, 사망 등을 없애려고 노력한다 해도 이러한 악들은 죄가 현존하는 한 계 속될 것이다. 그것들은 죄의 열매이다.

3:20~24 이 부분에서는 아담의 신앙과 하나님의 예비하심이 강조되어 있다. 하나님은 그들을 구원하시고 그들이 이 상태 속에서 영원히 살지 않으리라는 것을 보장해 주고자 하셨다. 아담의 신앙은 그 아내를 하와 (문자적으로는 '살아 있는'이라는 뜻)라고 이름 짓는 데에서 드러난다. 이 처럼 아담은 죽음보다는 미래를 희망했다. 하와의 신앙은 자신의 첫아들 을 주께로부터 얻었다 하여 가인이라 이름 지은 때에 나타난다(4:1).

하나님이 죄인들을 다루시는 모든 방법은 아담과 하와의 불순종의 행 동을 다루시는 것으로 소급될 수 있다. 하나님은 구속하시는 하나님이다.

그분이 아담과 하와를 위해 옷을 지어 입히셨다는 사실이 그것을 증명하고 있다. 가죽옷을 만드는 과정에서 동물 한 마리가 희생되었으며, 후에 이스라엘의 모든 동물 제사는 저주를 치유하려는 하나님의 방법, 곧 생명으로 생명을 대신하는 방법의 주요 부분이 되었을 것이다. 범죄한 자는 죽을 것이다(겔 18:20; 롬 6:23). 그러나 만일 그가 대속물을 예비하신 하나님을 믿는다면 살게 될 것이다. 하나님이 아담과 하와에게 입히신 가죽옷은 그들에게 영원토록 하나님의 예비하심을 기억하게 했다. 마찬가지로 때가 차매 하나님은 예수 그리스도의 희생 제사를 용납하셨고, 그러한 속죄에 근거해 신자들을 의로 옷 입히신다(롬 3:21~26).

3. 가인의 아벨 살해에서 나타난 죄의 증가(4:1~16)

4장의 주제는 불경건한 사회의 확산이다. 여기에서 인간은 하나님을 거역하고 있다. 그는 순종하지 않았으며 경건한 자들을 파멸시키고 자신의 책임과 유죄성을 부인했다. 여기에서 불경건한 자들은 구원받지 못한 채 세상 속에서(은총의 보호표를 가지고서. 참조, 15절에 관한 주해) 살고 있는 것으로 묘사되어 있다. 그들의 죄의식은 문화적인 발전과 지리적인 확장으로 인해 둔화되었다.

모세의 인도하에 이스라엘은 커다란 문화의 세계 안으로 들어갔다. 음악, 미술, 공업, 기업 등을 가진 각종 문명이 도처에 있었다. 이것들은 이스라엘을 대적하는 것들이었고, 하나님의 백성으로 하여금 제사 제도를 버리고 저주받은 백성으로 살게 하려는 것들이었다. 이스라엘은 그러한 거만한 도전에 대해서 경고받을 필요가 있었다.

가인과 아벨의 이야기에서 여인의 자손은 뱀의 자손을 만났다(3:15).

가인은 잠복하고 기다리던 악의 희생물이 되어 마침내 불경건한 사회를 형성하고서 하나님의 길을 거역했다. '가인의 길'(유 1:11)은 의로운 자들을 대하시는 하나님의 방법을 시기해 살인을 저지르고 책임감을 부정하며 하나님의 징계를 받아들이려고 하지 않는 불신앙을 의미한다.

4:1~5 가인과 아벨은 서로를 적대하는 역할을 수행하고 있으며, 각 절에 따라 주어도 바뀌고 있다. 실제로 4장 전체가 그들을 대조시키고 있다. 가인은 1~16절에서 13번 언급되고 있다. 아벨은 7번 언급되고 있으며 '아우'라는 별칭이 3번 사용되고 있다. 사도 요한은 살인이 자기 형제에 대한 죄임을 정확하게 지적했다(요일 1:12, 15).

하나님께 거역하는 인간의 본성은 희망의 아들로서 순조롭게 출발했던 가인의 인격 속에 나타나 있다. 그러나 이 설화는 그를 저주의 계열에 놓고 있다. 그는 땅(아다마[אֲדָמָה])을 경작했다(참조, 창 4:2, 3:17). 그러나 아벨은 생명에 대한 지배권을 갖고 있는(참조, 1:28) 인간의 원래 목적의 계열에 서 있는 듯하다. 그는 양을 치는 자였다. 이처럼 상호 일치되는 표현은 그들의 예배 행위와 그 궤를 같이한다. 아벨이 하나님을 기쁘게 해 드리는 길을 택한 반면에(그가 하나님께 대한 믿음을 가졌다는 뜻이다, 히 11:6), 가인은 단순히 의무를 이행했을 뿐이었다. 아벨의 행위는 의로웠지만 가인의 행위는 악했다(요일 3:12). 이 두 가지의 인간 유형은 오늘날에도 존재한다.

가인의 불신앙은 하나님이 그의 제물을 열납하지 않으신 것에 대한 그의 반응에서 나타난다(4:5). 자신이 처한 상황을 개선해 하나님을 기쁘게 해 드리는 데 온갖 정성을 기울이려 하지 않고, 오히려 그는 크게 분노했다.

4:6~7 가인은 너무 노했기 때문에 죄로부터(하나님에 의해서도) 건짐 받지 못했다. 하와는 사탄에 의해 죄 안으로 이끌림 받았지만 가인은 '악한 자에게 속해'(요일 3:12) 있었다. 그것은 마치 가인이 자신의 아우를 파멸시키는 것을 더 이상 기다릴 수 없었다는 것과도 같은 의미인데, 이는 자연인이면 누구나 자신의 실패를 해결하기 위해 취하는 방법이다.

하나님은 만일 가인이 올바른 것을 행함으로써 하나님을 기쁘게 해 드린다면 모든 것이 잘될 것이라고 충고하셨다. 그러나 만일 그렇게 하지 않는다면 죄가 그를 정복하려고 준비한 채로 문 앞에 엎드릴 것이다(로베츠[רבץ]라는 말은 여기에서 웅크린 동물의 형상으로 사용되고 있다). 죄가 가인을 소유하기를 원하지만(이 말은 '욕구'에 대한 하나님의 해석을 보여 준다. 3장 16절에서도 동일한 단어가 사용됨) 가인은 그것을 다스릴 수 있었다. 선과 악 사이의 영원한 투쟁이 바로 여기에 있다. 시기심과 경쟁심에 사로잡힌 사람은 누구나 악한 자의 희생물이 된다.

4:8~16 아우를 죽인 후에(8절) 가인은 그에 대한 책임을 회피했으며(9절), 하나님의 심판(생산을 못하는 땅과 방랑하는 생활, 10~12절)이 너무 심하다고 주장했다(13절). 하나님은 복수자를 저지할 **보호표**(15절. 이 '표'의 성격에 대해서는 어디에서도 자세히 설명하지 않고 있다)를 주심으로써 그에게 은혜를 베푸셨다. 하지만 그를 정죄하시고 그에게 끊임없는 방랑의 삶을 선고하셨다(12절). 이것은 그가 받은 저주로, 하나님의 면전에서 추방당하는 것이었다(14절). 그러나 가인은 에덴의 동쪽에 있는 놋(Nod, '방랑'이라는 뜻) 땅에서 성읍을 쌓고 거기 거함으로써 자신에게 임한 저주에 대항했다(16절).

여기에서 몇몇 율법의 주제들이 발견된다. (1) 희생 제사는 신앙으로

하나님께 드려야 하며 가축 중 가장 좋은 것, 곧 첫 새끼를 드려야 한다(4
절). (2) 이스라엘 자손은 형제에 대한 책임을 가지고 있었다. 그들은 서로
를 지켜 주었으며 상대방을 죽여서는 안 되었다. (3) 죽임 당한 자의 피가
땅을 더럽히면서 복수를 부르짖는다. 흘린 피가 호소의 음성을 발한다
(10절). (4) 하나님은 보호표를 통해 피의 복수를 금지하셨는데, 이는 후
에 도피성을 마련해 복수자를 피하게 하신 것과 마찬가지였다. (5) 죄에
대한 징벌은 이스라엘의 신정(神政) 수립 시에 있었다. (6) 하나님 없는 삶
은 보호가 없는 위험한 삶이다. (7) 때때로 주위의 통상적인 사회 관습과
는 달리 연소한 자가 연장자보다 더 사랑을 받았다.

4. 불경건한 문명의 확산(4:17~26)

이 설화는 이제 가인의 계보를 끝까지 추적하고 있다. 하나님께 대항
하고 분노함으로써 하나님의 법과 제사를 거역해 복의 땅을 떠나는 사회
는 어찌 되겠는가? 이 경우에 그 사회는 번영을 추구한다. 그러나 의로운
자들은 악한 자들을 부러워하지도 않고 그들의 생활 방식을 좇지도 않는
다(시 49, 73편). 하나님은 땅에 매인 그들의 삶이 번영하도록 놔누신다.
그들은 음악과 무기, 농업, 기구, 성읍 등의 문화를 건설한다. 그것은 저주
받은 괴로운 세계 안에서 그들이 유일하게 의존할 수 있는 것이다.

의로운 자들은 그렇지 않다. 아벨 대신에 주어진 셋(Seth)의 계보에 속
한 자들 중 어떤 이들은 여호와의 이름을 부르기 시작했다. 이들―그리고
노아 및 아브람 ― 은 자신의 세대에게 진리를 선포했다. 어떤 사람들은 ―
비록 남은 자이긴 하지만―풍요로운 삶에 연연하지 않고 영적인 일에 관
심을 가졌다. 이스라엘은 자신의 기원을 영적으로나 실제적으로 에노스

(창 4:26)에게서 찾아야만 한다.

4:17~18 가인의 가정은 놋에서 시작했다(16절). '놋'이라는 이름은 '끊임없는 방랑자'(나 바나드[נָע וָנָד])라는 구절과 관련되어 있다(14절). 놋은 하나님에게서 피신한 사람들의 땅이었다. 여기에서 가인은 에녹이라는 자식을 낳았으며 한 성읍을 쌓아 그 아들의 이름으로 명명했다(의심할 여지없이 가인의 아내는 아담의 딸이었다. 참조, 5:4).

4:19~24 아담으로부터 가인을 거친 일곱 번째의 자식은 라멕(아담으로부터 일곱 번째 자식인 의인 에녹과 동시대의 사람으로 추정된다, 5:3~21)이었다. 라멕은 하나님의 계획을 바꾸어 두 여자와 결혼했다. 그의 가정은 삶을 즐기게 하는 악기들(수금과 퉁소)과 각종 기구들(동철 기계들)을 만들어 냈다.

그러나 이러한 풍요로운 삶에도 불구하고 악은 점점 증가하고 있었다. 라멕은 자신에게 상처를 입힌 젊은 전사를 죽였으며 어떠한 복수에서든 가인에게 임한 관대함보다 더 큰 관대함을 요구했다(4:24). 라멕은 자신의 살인을 자랑했다(23절의 '죽이다'라는 단어는 '하라그'[הָרַג]로서 '도살하다, 살해하다'라는 뜻을 가지고 있으며, 가인이 아벨을 죽인 행위에도 동일하게 사용되고 있다. 8, 25절). 따라서 여기서는 하나님과 그의 법에 대항하면서 쾌락과 방종을 추구하는 풍요한 사회의 한 모습이 나타나 있다. 이스라엘과 교회는 바로 이러한 세계 속에서 하나님의 의를 선포하는 제사장 나라로 나서야만 했다.

4:25~26 이러한 불경건한 사회의 정반대 편에는 의로운 자들이 있었

다. 셋의 계보에는 신앙이 있었다. 셋 자신이 바로 하와의 신앙 고백에 따른 하나님의 예비하신 은총이었다. 셋의 아들 에노스의 시대에 사람들이 비로소 여호와의 이름을 부르기(더 정확하게는 '선포하기') 시작했다.

C. 아담의 계보(5:1~6:8)

새로운 **톨레도트**(תּוֹלֵדוֹת : 계보)가 여기에서 시작되는데, 그것은 초기 사람들의 역사를 노아의 이야기에 연결시키고 죄의 결과를 보여 주려는 이중적인 목적을 가지고 있다. 실제로 그것은 선행하는 부분에서 제기된 문제에 대답하고 있다. 만일 죄가 있음에도 불구하고 발전과 문명 및 번영이 있다면 그 저주는 과연 어떠한 것인가? 이에 대한 대답은 사람들의 열망에도 아랑곳없이 그들은 죽는다는 사실에 있다.

1. 아담에서 노아까지의 계보(5장)

5장의 계보는 '수직적인' 목록으로서 아담에서 셋을 거쳐 노아에 이르기까지의 가계를 보여 준다. 4장에 있는 가인 자손의 계보는 일곱 세대를 가지고 있으나(가인으로부터 유발까지) 이 계보는 열 세대를 가지고 있다(아담으로부터 노아까지). 두 목록은 공히 그 목록의 마지막 이름으로부터 유래하는 세 아들로 끝이 난다(야발, 유발, 두발 – 가인[4:20~22]; 셈, 함, 야벳[5:32]), 어느 목록에서든 오직 한 사람, 곧 가인 족보의 라멕(4:23~24)과 셋 족보의 동명이인 라멕(5:29)만이 말을 했다. 가인 계열의 라멕이 저주를 조롱한 반면에(4:24) 셋 계열의 라멕은 저주 아래에서 한탄하면서 자신의 아들 노아로부터 안위함을 기대했다(5:29).

성경의 기록과 메소포타미아에서 발굴된 수메르의 왕 목록은 공히 고대 사람들의 고령 현상을 증거하고 있다. 명백하게도 홍수 이전의 환경은 사람들을 장수할 수 있게 해 주었다. 이것은 분명히 땅을 가득 채우시려는 하나님의 계획에 속해 있었을 것이다(참조, 1:28).

5:1~2 5장은 인간이 하나님의 **모양대로** 지음 받았다는 사실을 되풀이함으로써 시작한다. 우리는 창조에 있어서 형상의 복에 주어진 강조점을 간과할 수 없다(하나님이 그들에게 복을 주셨다, 1:28). 그러나 5장은 이 점을 염두에 두고서 죄의 결과인 죽음을 추적하고 있다.

5:3~32 아담 안에 있던 하나님의 형상은 아담의 아들 셋(Seth)에게서 재생되었다. 부모 중 한 사람의 능력과 성향은 자연적인 재생산에 의해 자녀에게 전달된다.

뿐만 아니라 본 장은 아담과 그의 시대 및 노아와 그의 시대를 연결하면서 간과될 수 없는 주제, 곧 "그리고 그가 죽었더라"(5, 8, 11, 14, 17, 20, 27, 31절 등)는 주제를 표현하고 있다. 만일 누군가가 죄의 삯이 사망임(롬 6:23)을 의심한다면 그는 인류의 역사를 바라볼 필요가 있다.

에녹의 경우에는 이 족보의 다른 남자들과는 달리 오랜 세월을 살다가 죽었다는 진술이 나타나 있지 않다. 대신에 그는 **하나님과 동행했다**(창 5:22, 24). '동행'이라는 말은 하나님의 은총으로 귀결되는 교제와 순종에 대한 성경적인 표현이다. 에녹의 동행하는 삶은 300년 동안 지속되었다. 의심할 여지없이 그의 동행함은 더 계속될 수 있었겠지만 하나님이 그를 데려가심으로써 그는 죽음을 맛보지 않았다(24절). 그러한 동행은 이스라엘(레 26:3, 12)과 교회에도 요구되었다.

창세기 5장은 노아라는 이름의 원인론을 표함하고 있다. 그의 삶은 다음에 이어질 부분들에서 중요한 역할을 수행했다. 라멕은 그의 아들을 노아라 이름 지으면서 그가 그들에게 저주의 상황 속에서 안위함을 가져다주기를 희망했다(29절. 참조, 3장 17절의 '수고'와 땅이 받은 저주). '안위함'은 '노아'의 의미는 아니나 이 두 단어는 그 음가가 비슷하다. 라멕은 하나님이 이러한 단어들을 어떻게 사용하셔서 하나님 자신의 방식으로 그 소원을 이루어 주실지 알지는 못했지만(참조, 6장 5~8절의 주해), 자신의 아들에 대한 커다란 희망을 가지고 있었다. 그리하여 이 죽음의 장 안에서 두 번째 희망의 불빛이 가물거리고 있다. 에녹은 죽음의 저주를 벗어났으며, 노아는 저주 아래 있는 자들을 위로할 것이다.

2. 인류의 타락(6:1~8)

이 부분의 세부적인 사항들은 끊임없는 논의의 대상이 되어 왔으며 종종 분명한 것들조차도 언급되지 않은 채로 남아 있었다. 우리는 이 부분이 5장 1절에서 시작되는 **톨레도트**의 중요한 부분임을 기억하지 않으면 안 된다. 이 부분의 내용에 대해서 우리가 어떠한 견해를 취하든 간에, 이 구절들이 인류가 얼마나 악하게 되었는가와 죽음이 그에 대한 계속적인 심판임을 보여 주고 있는 것만은 분명하다.

6:1~4 많은 사람들이 하나님의 아들들은 셋 계열의 경건한 자들이며 사람의 딸들은 가인 계열의 사람들이라고 주장했다. 그러나 이것은 본문의

용어나 문맥에 충실한 해석이 아니다. 다른 사람들은 '하나님의 아들들'을 지상에서 여자들과 함께 거하던 천사들(욥 1:6)로 본다. 그러나 이것은 마태복음 22장 30절과 상충된다.

이 사건은 자신의 한계를 넘어서려는 인간의 교만(hubris)이다. 여기에서 그것은 '하나님의 아들들,' 곧 명성과 풍요를 추구하는 탐욕스럽고 권세 있는 무리에게 적용되고 있다. 그들은 아마도 타락한 천사들의 지배를 받던 강력한 지도자들이었을 것이다. 타락한 천사들은 그들의 거주지를 떠나 지상의 전제 군주와 전사들 및 지상의 강한 자들의 몸 안에 거했을 것이다.

지상의 강대한 왕들은 배후에서 그들을 다스리는 '군장들'을 가지고 있었는데, 그들의 힘은 악마적인 것이다(겔 28:11~19; 단 10:13) . 우가릿(Ugarit: BC 14~13세기경의 가나안 지역) 문헌, 그리고 다른 민족들의 문헌 속에서 왕들이 신적인 존재나 반신적(半神的)인 존재 또는 반신반인적(半神半人的)인 존재 등으로 묘사되어 있다는 것은 전혀 놀라운 일이 아니다. 이교도들은 이러한 강대한 지도자들을 숭배했다. 많은 신화 전승들은 그들을 신들의 자손으로 묘사한다. 실제로 우가릿에서 '신의 아들들'은 만신전(pantheon)의 구성원들을 의미하기도 하지만 지상의 강대한 왕들을 의미하기도 한다. 우가릿의 새벽의 전설에서 만신전의 최고신 엘(El)은 두 명의 여자들을 유혹한다. 신과 여자들과의 이러한 결합으로부터 비너스(Venus)에 해당하는 여신들이 된 듯한 '새벽'과 '황혼'이 탄생한다. 이처럼 이교도들에게 있어서 신들은 신들과 인간 사이의 결합에 그 기원을 두고 있다. 신화 속의 어떠한 초인간적인 개인도 또는 어떠한 신화적이거나 실제적인 거인도 이교도들에게 있어서는 신적인 기원을 갖는 것으로 나타난다.

　창세기 6장 1~4절은 이러한 위반 행위가 만연하게 됨으로써 세상이 어떻게 타락해 갔는가를 묘사하고 있다. 그것은 거인들(네피림. 참조, 민 13:32~33)과 유명한 사람들(창 6:4)이 신적인 기원을 가지고 있고 부도덕성에 의해 불사성(不死性)이 성취된다는 이교도들의 종교관에 대한 논증이기도 하다. 가나안의 제의(그리고 고대 근동의 대부분의 제의들)는 교감적(交感的)인 마술을 포함하는 풍요 의식들을 가지고 있는데, 이것들은 초자연적인 것들을 대변하는 한 대상을 통해 사람들이 초자연적인 영향을 받는다고 하는 가정에 기초해 있다. 이것이 전적으로 부정하고 잘못된 것이었기 때문에 이스라엘은 그것을 대적하라는 주의를 받았다.

　따라서 이 본문은 진리를 선포함으로써 이교 신앙을 논박하고 있다. 하나님의 아들들은 신적인 존재가 아니라 마귀의 지배를 받는 존재이다. 그들이 원하는 바를 따라 마음대로 여자들과 결혼한 것은(아마도 이것은 후궁 제도의 기원일 것이다) 그들의 저열한 본능을 만족시키기 위함이었다. 그들은 권세가 있고 마귀의 영향을 받고 있음에도 불구하고 여전히 또 다른 하류의 피조물들이었다. 이들의 결합 이후에 탄생한 **자식들**은, 이교적인 개념에도 불구하고, 신적인 왕들이 아니었다. 그들은 용사들이요 '유명한 사람들'이었지만 육체에 불과했다. 따라서 때가 되면 모든 인간과 마찬가지로 죽어야만 했다. 하나님이 세상을 심판하실 때 — 실제로 하나님은 그렇게 하실 계획이었다 — 어떠한 거인이나 신이나 인간도 하나님을 대적할 힘을 갖고 있지 못하다. 하나님은 각자의 연수를 정하시고 그의 마지막 때에 그를 취하신다.

6:5~8 인류에 관한 하나님의 말씀은 정념(pathos)으로 가득 차 있다. 사람들의 죄악이 세상에 가득하였고 그 마음으로 생각하는 모든 계획이 항

상 악할 뿐이었다(참조, "사람의 마음이 계획하는 바가 어려서부터 악함이라"[창 8:21]). 하나님은 인간을 세심하게 빚어서 만드셨지만(야차르[יצר], 2:7) 인간은 자신에게 주어진 능력으로 오직 악한 것만을 행했다. 성경에서 인류의 죄악에 대해 이보다 더 강하게 진술한 곳은 거의 없을 것이다. 이 구절은 예수께서 "홍수 전에 노아가 방주에 들어가던 날까지 사람들이 먹고 마시고 장가들고 시집가고 있으면서"(마 24:38)라고 말씀하신 것을 이해할 수 있게 해 준다. 예수님의 이 말씀은 그 문맥을 잘 연구하지 않으면 해로운 설명으로 보이게 된다. 더 나아가서 인간은 '부패'하고 '포악함이 가득 차' 있었다(창 6:11, 13).

5~8절에서는 히브리적인 언어유희가 두드러지게 나타나 있다. 인류의 죄악이 하나님을 **고통스럽게** 한 까닭에 하나님은 인간을 만드신 것을 '후회하셨다'(repented, KJV). '고통'과 '만들다' 및 '후회' 등의 단어는 3장과 5장에서도 나타난다. 라멕은 저주 아래에서 고통스러운 수고로부터 위로(나함[נחם])를 갈구했다(5:29). 이제 하나님은 인간의 죄악이 그를 고통스럽게 했기 때문에 인간을 만드신 것을 '후회하셨다'(나함[נחם]: 슬퍼하셨다, 창 6:6, NIV). 하나님이 죄에 대해서 슬퍼하신 것은 바로 이것 때문에 세상에 고통이 들어왔기 때문이다. 그러나 이제 하나님은 인간을 위로하시기보다는 그를 만드신 것을 '후회하셨다.' 이것은 라멕의 말을 반어적으로 표현한 것이다. 하나님은 그들 모두를 멸절시키기로 결정하셨다. ('후회하셨다'는 말은 하나님이 그의 마음을 바꾸셨다는 것을 의미하지 않는다. 그는 변하지 않는 분이시기 때문이다[말 3:6]. 오히려 그것은 하나님이 슬퍼하셨다는 것을 의미한다.)

하나님의 영이 항상 인간을 보호(둔[דין]. NIV의 '경쟁하다'보다는 '보호하다'가 더 적절하다, 창 6:3)하지는 않을 것이기 때문에, 신속한 심판이 있을 것임에도 불구하고 그 심판은 120년 동안이나 지연되었다(3절). 이 기간 동안에 노아는 '의를 전파'(벧후 2:5)했다.

노아는 하나님의 은총을 받은 사람이었으며, 따라서 심판에서 건짐을 받았다(불사성을 갈망했던 자들과는 대조됨). 모세의 시대에 이스라엘은 그들이 하나님께 선택받았으며 의를 행해야 한다는 것을 알고 있었을 것이다. 그들은 하나님의 백성으로서 네피림, 곧 아낙 자손들을 만났으며(민 13:33), 가나안 땅에 들어가서는 르바임 족속을 만났다(신 2:11; 3:13; 수 12:4). 그러나 이스라엘은 그들을 반신반인적인 존재로 두려워하지 말아야 했다. 하나님은 우상 숭배와 간음으로 타락한 세상을 심판하신다. 마지막 날, 곧 하나님이 그의 복된 신정 왕국을 건설하실 때 악한 자들은 홀연히 심판에 휩쓸릴 것이다.

D. 노아의 계보(6:9~9:29)

1. 홍수 심판(6:9~8:22)

하나님은 인간의 삶을 다시금 경건한 언약과 더불어 시작하게 하기 위해 악한 자들을 극심한 재난으로 심판하셨다. 창조주 하나님이 세상을 파멸시킨 홍수의 와중에서 하나님의 종이요 하나님의 은총을 받은 자였던 노아는 '새 창조'를 향해 나아갔으며 하나님을 예배했다.

하나님이 왜 그러한 홍수를 내리셨는가? 거기에는 몇 가지의 이유가 있다. (1) 하나님은 모든 피조물들을 지배하고 계시며 자주 자연을 이용해 인류를 심판하신다. (2) 홍수는 세상을 정결케 하는 데 가장 효과적인 방법이었다. 그것은 세상을 깨끗하게 쓸어버림으로써 악의 흔적이 전혀 발견되지 못하게 할 수 있었다. 비둘기가 발붙일 곳을 찾지 못할 정도였다(8:6~9). (3) 하나님은 홍수를 이용해 '새 창조'를 시작하셨다. 아담 때의 첫 창조는 여기에서 노아 때의 두 번째 창조와 평행된다. 물이 물러가고 마른땅이 드러난 것과 마찬가지로(1:26~28) 여기에서도 방주가 아라랏 산에 이를 때까지 물이 감소했다(8:4). 노아가 방주에서 나온 이후 하나님은 아담에게 말씀하신 것과 마찬가지로(1:26, 28) 노아에게도 생육하고 번성하여 땅을 다스리라고 명하셨다(9:1~2). 하나님이 아담과 하와를 위해 동산을 만드신 반면에(2:8) 노아는 자신이 직접 동산을 만들었다(9:20). 그러나 죄가 인류를 더럽힌 까닭에 아담과 노아는 대조적인 면도 존재했다. 아담의 벌거벗음은 의의 표식이었던 반면에(2:25) 노아의 벌거벗음은 타락의 표식이었으며(9:21), 마침내는 자신의 자손을 저주하기에 이르렀다(9:25~27).

6장 9절~8장 22절에 있는 주제들은 중요하다. 첫째, 하나님은 온 세상의 심판자로 나타나신다. 다시 말해서 하나님은 의로운 자들과 불의한 자들, 그리고 정한 것과 부정한 것 사이를 구별하셨다. 정한 것은 하나님 편에 서 있는 것이었다.

두 번째 주제는 하나님이 은혜를 입은 자들을 예비하셨다는 점이다. 여기에서 우리는 은총을 받았다고 주장하는 사람들은 죄인들로부터 분리된 의인으로서 하나님과 동행해야 한다는 교훈을 얻을 수 있다.

세 번째 주제는 이스라엘에게 중요한 의미를 가지고 있었다. 하나님이 노아 시대에 세상을 심판하시고 홍수로부터 노아를 건져 내신 것처럼, 사악한 애굽인들을 심판하시고 홍해에서 이스라엘을 건져 내심으로써 그들로 하여금 그분을 예배하고 섬기게 하셨다. 그러한 예배에 대한 가르침들이 레위기에 상세하게 설명되어 있다. 여기에(6:9~8:22) 사용된 많은 용어들이 레위기에도 나타난다는 사실은 전혀 놀라운 일이 아니다. 노아 시대의 죄인들이 다 죽음으로써 다른 모든 사람들이 하나님의 임박한 진노에 대해서 경고받는다는 것은 마땅한 일이다. 그러나 노아는 심판을 피해 새로운 시대를 개척했다. 이로써 알 수 있는 것은 어떠한 재난도 하나님의 계획을 방해하지 못한다는 점이다.

홍수 기사는 피조물에 대한 하나님의 권능과 자유를 강조하고 있다. 홍수는 죄에 대한 하나님의 극심한 진노를 보여 주고 있다. 홍수는 또한 하나님의 은혜로우신 구속의 심판에 비추어 볼 때 의미가 있으며, 그의 은혜를 경솔하게 받아들여서는 안 된다는 사실을 보여 준다. 심판의 원인, 곧 인간이 습관적으로 저지르는 엄청난 죄의 행동들 역시 강조되어 있다. 이 점에 있어서 창세기의 홍수는 이교적인 홍수 이야기들로부터 구별된다(예, **아트라하시스와 길가메쉬**). 바벨론의 홍수 설화인 **길가메쉬 서사시**(Epic of Gilgamesh)는 인간 세계의 소음 때문에 신들이 홍수를 일으켰다고 설명한다.

6~9장은 인간의 마지막은 무엇이냐는 질문에 기본적인 해답을 주고 있다. 인간은 아무런 벌을 받지 않고서도 부도덕한 삶을 추구할 수 있으며 자기 멋대로 이 세상의 즐거움을 향유할 수 있는가? 이 생의 삶은 궁극적인 것인가? 아니면 과도적인 것인가? 하나님의 심판은 대답을 분명하게 해 준다. 그러나 그 대가는 매우 큰 것 같다. 이 심판은 단호한 듯하다. 노아도 그것을 느꼈음에 틀림없지만 그러한 상실의 두려움에 대해서는 전혀 언급되어 있지 않다. 홍수는 하나님이 어느 정도까지 거룩함을 성취할 수 있게 해 주고 땅 위에서 안식할 수 있게 해 주시는가를 보여 준다. 경건

한 자들이 용기를 얻는 것은 바로 여기, 곧 선이 궁극적으로 악에 대해 승리를 거두게 하시는 하나님의 계획 속이다. 하나님이 그 백성의 거룩함을 위해 다른 모든 것을 희생하시는 것을 보여 주는 또 하나의 유일한 사건은 그분의 아들 예수 그리스도의 십자가 사건이다.

홍수 기사는 세 부분으로 나뉜다. (1) 방주를 만들어 생명을 보존하라는 명령(6:9~7:5), (2) 방주 밖에 있던 모든 생물체가 물에 의해 파멸됨(7:6~24), (3) 홍수 후에 노아가 드린 희생 제사.

a. 노아에게 임한 명령(6:9~7:5)

6:9~13 바벨론의 홍수 설화가 말하는 홍수의 원인(인간의 소음으로 인한 신들의 변덕)과는 대조적으로 성경의 기록은 홍수를 분명하게 영적인 심판으로 규정한다. 인류가 너무도 타락하고(11~12절) 포악함이 땅에 가득했으므로(11, 13절), 하나님의 진노가 하나님과 동행했던 노아(9절)와 그의 가족들을 제외(18절)한 모든 생명체를 멸망시킨 것이다.

6:14~18 하나님의 구원은 방주를 통해서 이루어졌는데, 방주는 밑바닥이 평평한 직육면체 모양의 3층 구조물로서 길이가 137미터, 너비가 23미터, 높이가 14미터요, 배수량은 4만 3,300톤 정도였다(Merrill F. Unger, *Archaeology and the Old Testament*, Grand Rapids: Zondervan Publishing House, 1954, pp. 59~60).

바벨론 전승에 등장하는 배는 입방체로 되어 있었으며 노아의 방주보다 다섯 배나 더 컸다. 창세기만이 항해용 배의 내역을 보존하고 있다.

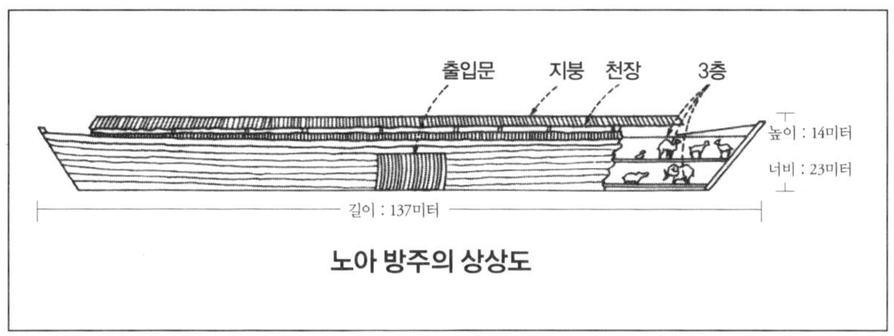

노아 방주의 상상도

6:19~7:5 노아는 지상에서 생명을 보전하기 위해 모든 종류의 짐승을 방주 안으로 끌어들였다. 정결한 짐승과 부정한 짐승 사이의 구별이 일찍부터 이루어졌다. 생명을 보전하기 위해 노아는 모든 종류의 짐승을 한 쌍씩 방주에 태워야 했으나, 정결한 짐승은 식용과 제사용으로 종류대로 일곱 쌍씩 태워야 했다. 정결한 짐승과 부정한 짐승 사이의 구별은 레위기 규정에서 중요하게 받아들여졌다(레 11:2~23).

b. 방주 밖 모든 생물들의 멸절(7:6~24)

7:6~20 모든 준비가 완료된 다음에 홍수가 닥쳤다. 한편으로는 40주야의 폭우가 내렸다(11~12절). 다른 한편으로는 그에 상응하는 거대한 지각 변동이 일어나서 대양들의 해상(海床)이 융기하고 지하의 물들이 분출했다(11절, Unger, *Archaeology*, p. 61 참조). 그 결과 온 땅이 물에 뒤덮이는 재난 속에 빠져 버렸다(19절). 의심할 여지없이 땅의 표면과 인간의 생활 방식 및 인간의 수명 등이 이 재난에 의해 변화되었다.

7:21~24 땅 위(방주 바깥)에 사는 모든 것들이 멸절당했다. 오직 해양 생물만 살아남았다. 죄가 삶의 모든 국면을 감염시켰으므로 전적으로 새

로운 시작이 있어야만 했다. 이 시대의 마지막에도 역시 그러할 것이다(마 24:37~39).

홍수의 연대			
	사 건	날 짜	참 고
방주 안에서 7일 동안 비를 기다림(7:7, 10)	1. 노아가 방주에 들어감	2월 10일	7:7~9
	2. 7일 후: 비가 내리기 시작함	2월 17일*	7:10~11
150일 동안 땅에 물이 넘침 (7:24)	3. 40일 후: 비가 그침	3월 27일	7:12
	4. 110일 후: 점차 물이 줄어들고 방주가 아라랏 산에 머뭄	7월 17일*	7:24; 8:4
150일 동안 물이 감함(8:3)	5. 74일 후: 산의 봉우리들이 드러남	10월 1일*	8:5
	6. 40일 후: 까마귀와 비둘기를 내보내니 돌아옴	11월 11일*	8:6~9
	7. 7일 후: 비둘기를 다시 내보내니 감람나무 잎사귀를 물고 돌아옴	11월 18일*	8:10
	8. 7일 후: 세 번째로 비둘기를 내보내니 돌아오지 않음	11월 25일	8:12
	9. 22일 후: 물이 마름	12월 17일	8:3
70일 동안 땅의 물이 걷힘	10. 노아가 마른땅을 봄	1월 1일*	8:13
	11. 땅이 완전히 마르고 노아가 방주에서 나옴	2월 27일*	8:14~19
377일		방주 안에서 1년 17일	

*표시를 한 날짜는 성경에 있는 날짜이며
 나머지의 날짜들은 추측한 것임

c. 노아의 희생 제사(8장)

8:1~3 폭우는 40일 동안 계속되었고(7:4, 12) 물은 110일 동안이나 넘쳤다(7:24, "물이 백오십일을 땅에 넘쳤더라." 참조, KJV는 '우세하였다'라고 번역함). 40일은 때때로 가랑비가 내린 듯한 150일에 포함되어 있었다

(110일 동안에도 지하의 물이 작용했는지는 알 수 없다).

8:4~19 비가 시작된 지 150일이 지나서 방주가 아라랏 산에 머물렀다. 앗수르의 기록에 의하면 그러한 지명이 동부 터키의 아르메니아(Armenia)에서도 확인되지만 정확한 위치는 아직도 알려져 있지 않다. 땅이 거주하기에 적합하게 되었음이 분명해진 후에 여덟 명의 식구들과 모든 동물들이 방주에서 나왔다. 그들이 방주 안으로 들어간 지 377일째 되는 날이었다(참조, 7:11; 8:13~14). 이 이야기 전체에서 '안식'(rest)이라는 주제가 두드러지게 나타나지는 못한다. 방주가 아라랏 산에 머물렀으며(rested), 비둘기는 처음에 발붙일 곳을 찾지 못했다(9절, 문자적으로는 "그 발의 쉴 곳을 찾지 못하였다"). 방주가 아라랏 산에 머무르게 되었을 때 이것은 물리적으로 마른땅에 머문 것 이상의 의미를 가지고 있었다. 그것은 새로운 시작이었다. 세상이 깨끗해졌으며 안식을 누리게 되었다.

8:20~22 방주에서 나온 노아는 하나님께 희생 제사를 드렸는데, 이것은 하나님께 향기로운 것이었다. 이스라엘이 배운 바와 같이 하나님의 백성은 예배하는 공동체이며, 그 예배는 하나님의 것 중에서 최선의 것을 그분께 드리는 형식을 취했다. 주의 구속함을 입은 자들은 그들의 입술의 찬양(히 13:15)과 그들이 가진 것 중에서 가장 좋은 것(잠 3:9), 그리고 그들 영의 자발성과 겸손함을 그에게 바친다. 노아는 하나님의 은혜를 입었으며 순종과 의 속에서 하나님과 동행했고 심판으로부터 보호받았다. 그는 또한 사람들의 사악함이 잠정적으로 제거된 상태에서 새로운 시대에 들어섰으며 예배와 희생 제사로 하나님께 응답했다.

노아가 제사를 드린 후 하나님은 다시는 이러한 방식으로 땅을 저주하지 않겠다고 약속하셨다. 다시금 계절의 변화가 계속된 것은 하나님의 오래 참으심의 증거였다.

2. 노아와 맺은 언약(9:1~17)

9:1~4 하나님은 아담에게 말씀하신 것과 마찬가지로(1:28) 노아에게도 생육하고 번성하여 땅에 충만하라고 명하셨다(9:7). 그리고 노아는 아담과 마찬가지로 모든 짐승들을 다스릴 권한을 갖게 되었다(9:2. 참조, 1:26, 28). 그리고 두 사람 모두 한 가지 금계와 더불어(9:5~6. 참조, 2:17) 먹을 양식을 허락받았다(9:3. 참조, 1:29; 2:16).

9:5~7 노아의 새로운 시작과 함께 언약이 체결되었다. 이제 인류에게 여러 가지 의무들을 포함한 언약과 하나님의 약속이 필요했다. 홍수로 인해서 모든 생명이 멸절되었기 때문에 하나님이 생명을 소홀히 여기신다고 사람들이 오해해서 생명을 취하는 것을 사소한 일로 여길 수도 있는 상황이었다. 이 언약은 **생명**이 신성한 것이며 인간은 누구나 **하나님의 형상**을 따라 지음 받은 다른 **인간**을 죽여서는 안 된다는 사실을 보여 준다.

그리고 본질적으로 이 언약은 자연의 안정성을 확보하려는 목적으로 체결되었다. 그것은 세계 질서를 보장하는 데 도움을 주었다. 사람들은 또한 생명의 안정성을 위해서는 법이 필요하며, 과거처럼 죄악이 방치되어서는 안 된다는 사실을 배우게 되었다. 그리하여 인간 정부가 탄생하기에 이르렀다.

9:8~17 이 언약이 우주적이고 보편적이라는 사실(모든 생물, 10~12,

15~17절)은 하나님이 **표징**으로 주신 **무지개**(12~13, 17절)를 통해서 잘 드러난다. 비가 온 후 무지개가 수평선 위에 드리우면 그것은 곧 하나님의 은혜 사역에 대한 신실하심을 증거하는 포괄적인 표징이라 할 수 있다. 그러한 표징들은 언약에 참여한 자들에게 언약 규정들을 지켜야 함을 상기시켜 준다. 모든 것을 아시는(全知) 하나님은 무지개를 통해 영원토록 스스로에게 **다시는 홍수**로 온 세상을 심판하지 **않으리라**는 것(11, 15절)을 상기시키신다(15~16절에서 반복됨). 홍수 전에는 비가 전혀 내리지 않았기 때문에 무지개가 필요 없었다(2:5). 그러나 홍수 후에 구름이 걷히면 빛의 굴절로 인해 이런 놀라운 현상이 생겨나게 되었다. 무지개는 마치 구름을 상대로 하는 전쟁용 활처럼 드리워 있다(무지개에 해당하는 히브리어 **케쉐트**[קֶשֶׁת]는 '전쟁용 활'이라는 뜻도 가지고 있다). 구약성경의 다른 곳에서 하나님은 활과 화살이라는 용어를 사용하심으로써 심판용 폭풍우를 지칭하셨다.

이제 구름 속에 무지개가 드리웠다는 것은 활이 '치워지고,' '전쟁' 곧 폭풍우가 끝났다는 것을 암시한다. 이처럼 무지개는 평화에 관해 이야기한다. 고대 근동에서는 전쟁 후 평화로 나아가는 한 걸음으로서 조약을 체결하곤 했다. 마찬가지로 하나님도 죄를 심판하신 후에 평화의 언약을 맺으셨다. 이스라엘은 분명히 하나님이 은혜의 약속을 지키시겠다고 한 서약을 하늘에서 매번 새롭게 확인할 수 있었을 것이다. 그것은 또한 하나님의 심판이 그 시대로서는 끝이 났다는 사실을 이스라엘의 신실한 자들에게 상기시켜 주었다. 심판은 천 년 동안의 완전한 평화와 안식이 주어지기 전 마지막 날에 다시 한번 임할 것이다(슥 14:1~3; 계 19:15). 따라서 창세기 9장 8~17절은 마지막 때에 이스라엘이 자신의 칼들을 쳐서 보습을 만들 것이라는 사실을 기대하고 있다(사 2:4; 미 4:3). 그 동안의 삶은 새로운 질서 속에서 계속 영위되며 인내하시는 하나님의 뜻, 곧 '일반 은총' (common grace)은 마지막 때까지 역사할 것이다.

3. 가나안에 대한 저주(9:18~29)

이 부분은 항상 성경학자들을 괴롭히는 몇몇 해석상의 문제점을 가지고 있다. 무엇보다도 중요한 것은 창세기의 목적을 기억하는 일이다. 왜냐하면 이 부분은 이스라엘을 대적하는 가나안 사람들의 본성과 운명을 직접적으로 언급하고 있기 때문이다.

9:18~23 방주에서 나온 사람들이 소개되어 있으며 함이 가나안의 아버지라는 점이 특별히 강조되어 있다. 노아의 세 아들로부터 온 세상의 백성들이 생겨났다. 셈의 자손들은 아브라함의 본적인 셈족이다(참조, 10:21~31; 11:10~26).

'땅의 사람'(랍비들의 번역) 노아는 포도원을 재배하기 시작했다. 포도주는 마음을 즐겁게 하고(삿 9:13; 시 104:15) 저주의 고통을 감소시키는 것으로 알려져 있었지만(잠 31:6) 사람을 혼미하게 만드는 효능도 가지고 있었다. 노아는 술에 취하여 그의 장막 안에서 벌거벗은 채로 누워 있었다. 술 취함과 성적인 조잡함은 이교도들의 특징이며, 멀리는 노아의 생애에 있었던 이 사건으로까지 소급된다. 인간은 전혀 변화되지 않은 채로 있다. '새로운 피조물'로서 살아갈 기회에 직면한 노아는 이교도처럼 행동하고 말았다(창 6:5; 8:21 참조).

여기서 근본적으로 문제가 되는 것은 노아의 막내아들 함이 무엇을 행했으며(9:22, 24) 왜 노아가 함의 '아들' 가나안을 저주했는가(25~27절)

이다. 갖가지 기발한 해석들이 제기되었다. 랍비들은 함이 노아를 거세시켰다고 봄으로써 왜 노아에게 더 이상의 아들이 없었는가를 설명했다. 다른 사람들은 함이 그의 어머니와 동침함으로써 아버지의 벌거벗음을 드러내었으며, 이러한 결합으로부터 생겨난 아들이 바로 가나안이었다고 주장한다. 또 어떤 사람들은 함이 아버지와 동성애적인 관계를 맺었다고 설명했다. 그러나 본문의 히브리어는 함이 그의 아버지의 벌거벗었음을 보았다고 표현하고 있다(22절). 그는 아버지 노아와 관련해 어떠한 성적인 문제점도 가지고 있지 않았다. 만일 그러했다면 히브리 본문은 "그가 아버지의 벌거벗음을 드러내었다"(갈라[גָּלָה]의 사역형)고 기록했을 것이다. 그러나 노아는 이미 스스로 벌거벗고 있었으며(바이트갈[וַיִּתְגַּל]의 재귀형, 21절) 함은 아버지의 그러한 모습을 보았다.

그러나 고대인들은 자기 아버지의 벌거벗음을 보는 것마저도 가정 윤리를 파괴하는 행동으로 간주했다. 왜냐하면 가정의 신성함이 파괴되고 아버지의 권세가 조롱당했다고 보기 때문이다. 함은 공교롭게도 이 점에서 걸려 넘어졌다. 그러나 그는 밖으로 나가서 마치 자신이 아버지에게 승리를 거둔 것처럼 의기양양하게 **자신의 두 형제**에게 말했다.

그리하여 사소한 사건인 듯하던 것이 커다란 사건으로 확대되었다. 노아의 신탁(25~27절)은 그의 세 아들들의 본성이 그들의 후손 대대에 이르기까지 이어질 것임을 보여 주었다.

레위기 18장 6~19절에서 한 절만을 제외한 모든 절에서 모세는 다른 사람의 '하체를 드러내는'(NIV에서는 '성적인 관계를 맺는'으로 번역됨) 가나안인들(함의 후손)의 행위를 갈라(גָּלָה)라는 동사의 사역형으로 설명했다. 이러한 완곡어법은 함의 자손들의 방탕하고 비도덕적인 행위를 보고하고 있다(레 18:3 참조). 이처럼 함의 도덕적인 방종 성향은 그의 자손들인 가나안인들의 비도덕적인 행위 속에서 열매를 맺기에 이르렀다.

9:24~29 이 사건으로 인해 노아는 아들들의 후손에 관해 예언했다. 그는 "가나안은 저주를 받기를 원하노라!"는 직접적인 말로 시작했다. 그러나 노아는 **함**이 행한 어떤 것 때문에 함의 아들을 저주한 것이 아니었다. 오히려 노아의 말은 가나안을 통해 생겨날 가나안인들의 국가를 지칭했다. 함의 교만한 행동은 반드시 보복을 불러일으키게 되어 있는 것이다. 응보적인 정의(retributive justice)의 원리에 따르면 그것과 같은 정도의 수치 받음이 필요했다. 함은 **아버지**의 가정 안에 회복할 수 없는 균열을 만들어 놓았다. 그리하여 그 **아들**의 가정에 저주가 임하게 하는 결과를 초래했다. 여기에서 함이 자신의 가계를 위해 그의 형들에 대한 지도권을 빼앗으려고 시도했을지도 모른다고 주장하는 사람들이 있다. 이것은 아버지를 대신하려는 아들에 관한 고대의 다른 전승들과 유사하다고 볼 수 있다. 그러나 설령 그가 그렇게 했다 할지라도 그의 시도는 실패했으며, 가나안을 통한 그의 가계는 다른 친족들에 대해 지도권을 갖게 된 것이 아니라 오히려 그 아래 놓이게 되었다(25절).

노아의 신탁은 가나안인들이 셈 족속과 야벳 족속들의 종이 될 것이라고 예언했다(26~27절). 그러나 이것은 함이 행한 잘못 때문이 아니라 가나안인들이 함과 마찬가지로 타락한 삶을 즐겼기 때문이다. 여기서 중요한 것은 국가적으로 볼 때 방탕함은 한 민족을 노예가 되게 한다는 점이다. 이것이 바로 이스라엘을 복 주시려는 하나님의 계획 속에서 왜 가나안인들이 저주를 받았는가 하는 이유이다. 그들의 행위가 그들의 조상 함과 같은 양상을 가지고 있었기 때문에 그들은 정복을 통해 하나님의 심판을 받을 수밖에 없었다.

　가나안인들의 노예 상태는 구약성경의 역사 속에 나타나는 여러 가지 상황 안에서 드러난다. 이러한 현상은 상당히 빨리 나타났는데, 맨 먼저 동방의 왕들이 가나안인들을 정복하고 그들을 노예로 삼았다(14장). 또 다른 예는 나중에 여호수아 밑에서 이스라엘의 회막을 위해 나무 패며 물 긷는 자들이 된 기브온 거민들이었다(수 9:27). 만일 가나안이 야벳의 가계에 굴복당하는 것이, 에베드(עֶבֶד : 종, 창 9:26~27)라는 단어가 때때로 의미하는 바와 같이, 극단적으로 실현된 예를 들고자 한다면, 페니키아인들(이들은 가나안인들임)이 최종적으로 패퇴당한 카르타고 전투(BC 146년)까지 소급할 수 있을 것이다. 그러나 노아의 말은 셈의 가계가 복을 받고, 가나안에서의 함의 가계는 저주를 받을 것이라는 점에서 특수한 예언이라기보다는 일반적인 예언인 듯하다.

　이러한 복 – 저주의 주제는 창세기에서 매우 중요하다. 가나안인들은 셈에게 복이 임하고(26절) 야벳이 **셈의 장막**에 거하게 될 것이라는 예언의 성취를 위해(27절) 여호수아의 인도를 받는 이스라엘에 의해 쫓겨나야만 했다. 이것은 야벳 족속이 셈 족속을 쫓아내리라는 것을 의미하는 것이 아니라 야벳 족속이 셈 족속과 더불어 화목하게 살리라는 것을 의미한다. 그리하여 24~29절은 실질적으로 가나안 땅에서의 이스라엘의 외교정책의 기초를 형성했다(신 20:16~18).

1. 민족들의 목록(10장)

10:1 이민족들의 목록은 노아의 세 아들들의 후손을 개관하고 있다. 하나님은 그들에게 "땅에 충만하라"(9:1)고 말씀하셨다. 그러나 나중에 그들의 후손들의 이동과 땅에 충만함(11:1~9)은 완악한 백성들에 대한 하나님의 심판이 되었다.

이 목록은 지상에 알려진 족속들을 대표하고 있는 것으로 나타난다. 노아의 아들들의 후손들 중 야벳 계열의 14명과 함 계열의 30명 그리고 셈 계열의 26명 등을 포함해 도합 70명이 열거되어 있다. 그리고 이들은 현명하게도 일정한 양식에 따라 배열되어 있다.

이 목록의 기본적인 틀은 베네(בְּנֵי: ~의 아들들)라는 주제이다(히브리어 베네는 12회 나타난다. 2~4, 6~7, 20~23, 29, 31~32절). 그러나 10장은 때때로 베네 목록의 해석인 듯한 얄라드(יָלַד: 그가 낳았다)라는 동사를 사용하고 있다. 이 얄라드 부분은 톨레도트(תוֹלְדוֹת) 개념과 맥을 같이 하면서 이 목록의 구조 속에 있는 중요한 인물들의 가계를 추적하고 있다(8, 13, 15, 21, 25~26절. NIV는 얄라드 동사를 8, 13, 15, 26절에서는 '~의 아버지였다,' 21절에서는 '~의 조상이었다,' 그리고 25절에서는 '~의 집에 태어났다'로 번역하고 있다). 특히 주목할 만한 것은 15~19절인데, 여기에서는 가나안의 후손들(15~18절)과 약속의 땅의 경계들(19절)이 소개되어 있다. 창세기 저자는 고대의 목록을 사용해 노아의 후손들 중 어느 쪽이 복을 경험하고 있으며 어느 쪽이 저주를 경험하고 있는지를 밝혀 내려고 했음이 분명하다. 대부분의 **얄라드** 본문들은 이스라엘과 근접한 가나안인들 또는 함 족속에 속해 있다. 어느 이웃이 복에 직면하고 어느 이웃이 저주에 직면해 있는가를 알기 위해서 이스라엘은 이 목록만을 참고할 필요가 있다.

민족들의 목록은 '수직적인' 계보(5장과 11장의 계보는 수직적이다)라기보다는 '수평적인' 계보이다. 그것의 일차적인 목적은 조상으로 거슬러 올라가는 데 있는 것이 아니라 거룩한 전쟁(戰爭) 따위의 여러 가지 이유들로 인한 각 족속들의 정치적이고 지리적, 인종적인 연합 관계를 보여 주는 데 있다. '동족'으로 알려진 족속들은 동맹 관계에 있었을 것이다. 이처럼 이 목록은 약속의 땅과 그 주위에 있는 주요 족속들을 결합시키고 있다. 그 이름들은 각 족속들과 부족들, 성읍들, 지역들의 창설자들을 포함하고 있다.

이 목록은 고대 세계의 어느 민족들이 복과 저주의 주제를 공유하고 있었는가를 보여 준다. 또한 이 목록은 비록 순종을 통해서가 아니라 할지라도 그들이 어떻게 해서 번성해 땅을 다시 채우게 되었는가를 강조하고 있다. 그들은 모두 노아 한 사람으로부터 생겨났으므로 한 백성이었다. 그러나 어떤 족속들은 밀접하게 관련되어 있었으나 다른 족속들은 서로 떨어져 있었다. 이 목록은 또한 지상에 제각기 흩어져서 그들 자신의 문화적이고 언어적인 유사성을 따라 살던 인류의 곤경을 보여 주기도 한다. 이러한 배열을 볼 때에 전쟁과 투쟁은 필연적인 현상이라 할 수 있을 것이다.

10:2~5 야벳의 후손 14명이 먼저 소개되었다. 이들은 이스라엘과는 거

리가 먼 북방 민족이었다. 고멜(Gomer)은 스키타이족(Scythians)과 동일한 혈통으로 알려진 키메르족(Cimmerians)을 대표한다. 마곡(Magog)은 아르메니아와 카파도키아(Cappadocia) 사이에 있는 곡(Gog)의 땅이었다(겔 38:2; 39:6. 참조, 예레미야 주석 서론에 있는 "예레미야와 에스겔 당시의 세계" 지도). 그 이름은 흑해 남서쪽의 스키타이계 유목민들을 대표한다. 마대(Madai)는 앗수르 동쪽과 카스피 해 남서쪽에 있는 메대 족을 대표한다. 야완(Javan)은 헬라족, 곧 소아시아 서쪽의 이오니아인들을 통칭하는 단어이다. 두발(Tubal)과 메섹(Meshech)은 북방에 있는 군사 국가였다. 그들은 본도(Pontus)와 아르메니아 산맥에 거주했을 것이다. 디라스(Tiras)는 에게 해변의 해양 민족인 펠라스기족(Pelasgians)을 지칭한다고 볼 수 있을 것이다.

이들 일곱으로부터 또 다른 일곱 족속이 더 생겨났다. 고멜로부터는 북방의 세 족속, 곧 아스그나스(Ashkenaz 스키타이족과 관련됨), 리밧(Riphath), 도갈마(Togarmah: 극북방 족속임) 등이 생겨났다.

야완의 아들들은 두 개의 지명과 두 개의 종족명으로서 모두 헬라인들과 동족이었다. 엘리사(Elishah)는 알라시야(Alashiyah) 또는 키프러스(Cyprus)였다. 달시스(Tarshish)는 소아시아에 있는 원방 항구였다. 깃딤(Kittim) 역시 키프러스에 거주했다. 도다님(Dodanim)은 그리스의 도도나(Dodona)에서 살았을 것이다('도다님'이 로다님[Rodanim, 로데스, Rhodes]에 대한 본문상의 다른 형태가 아닌 한에 있어서 그렇다. 참조, 대상 1:7).

이러한 북방 족속들은 이스라엘 역사에서 많이 나타나지는 않았지만 예언서에는 자주 나타났다(겔 27, 37~39장).

10:6~7 함의 후손들(6~20절)은 동부와 남부 메소포타미아의 민족들

을 형성했다.

구스족(구스의 후손)은 아라비아 남쪽과 오늘날의 남부 이집트, 수단, 그리고 북부 에티오피아 등지에 정착했다. 그들은 같은 지역에 거주하던 셈 족속과 섞이게 되었다. 이 때문에 다른 계보에서도 동일한 이름들이 반복되어 나타난다. 스바(Seba)는 상부 이집트에 있었다. 하윌라(Havila: 모래땅)는 페르시아 만에 있는 북부 및 동부 아라비아 또는 에티오피아 해안 지역을 지칭했을 것이다. 삽다(Sabtah)는 옛날의 하드라만트(Hadhramant)로서 페르시아 만의 서쪽 해안에 있었다. 라아마(Raamah)와 삽드가(Sabtecah)는 남부 아라비아에 있었다.

스바(Sheba)는 남서부 아라비아에 있었으며(참조, 왕상 10장 1~13절의 스바 여왕) 드단(Dedab)은 북부 아라비아에 있었다. 이러한 고대왕국 백성들의 일부는 셈의 후손인 욕단(Joktan)에게 연결되었다(창 10:29). 이처럼 정착지에서는 혼합 현상이 존재했다.

10:8~12 민족들의 목록 속에 니므롯(Nimrod)의 이야기가 삽입되어 있다. 이것은 첫 번째의 '낳았다'(얄라드[יָלַד]. NIV에서는 '~의 아버지였다') 부분이며(참조, 1절 주해) 이것에 선행하는 족속명과는 그 문체에 있어서 현저한 결별을 이루고 있다. 니므롯의 정체를 파악하거나 그의 연대를 추정하려는 시도들은 모두 성공하지 못했다. 그의 이름이 '반역하다'(마라드[מָרַד])라는 동사와 관련된 듯했기 때문에 그는 전통적으로 독재 권력과 동일시되었다. 그는 바벨론과 앗수르에 있는 가장 초기의 제국적인 세계 권력의 창시자였다. 민족들의 목록은 그를 단순히 특이한 사냥꾼(a mighty Hunter)이라고 표현했는데, 이는 앗수르의 왕들에게 일반적으로 적용되던 표현이었다. 그는 몇몇 강대한 성읍들의 창건자였다. 그가 건설한 나라들

은 이스라엘의 주요 적대국들이 되었다.

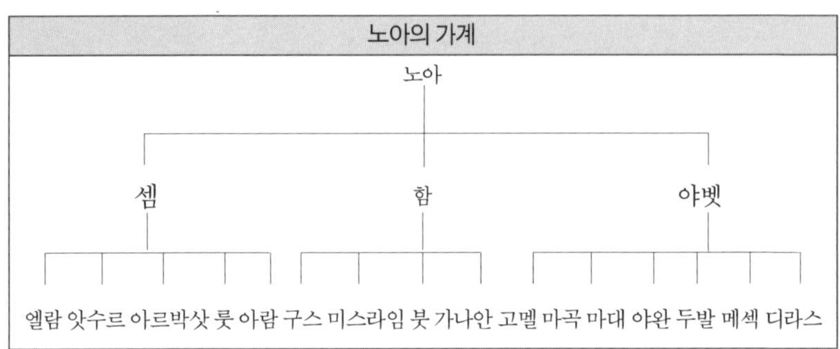

10:13~14 함의 또 다른 '아들'은 미스라임, 곧 애굽이었다. 미스라임은 북아프리카에서 크레테에 이르는 족속들을 낳았다. **블레셋**이 여기에 연결되어 있는 것은 혈통에 의해서가 아니라 이주에 의해서이다(애굽에서 떠나온 이스라엘과 유사하다). 블레셋은 그들의 고향인 에게 해 연안으로부터 갑돌을 거쳐 이집트의 삼각지에 들어왔으며 마침내는 팔레스타인으로 이주했다. 그러나 이것은 BC 13세기의 블레셋과는 다른 초기의 펠라스고 블레셋(Pelasgo–Philistine) 족속을 지칭한다.

10:15~20 이스라엘에게 중요한 함의 마지막 가계는 가나안이었다. 이 족보는 다시금 '낳다'(얄라드)라는 동사를 사용해 약속의 땅에 있는 성읍들과 거민들을 열거하고 있다. **시돈**은 페니키아의 주요 도시였다. **히타이트(헷) 족속**은 문제가 있긴 하지만 초기에 이동한 일군의 히타이트 족속을 지칭하는 듯하다. **여부스 족속**은 예루살렘에 거주했다. **아모리 족속**은 일반적으로 서부 셈족을 지칭하지만 여기서는 가나안의 혼합 거민들 중 소규모 인종집단을 지칭하고 있다. 다른 일곱 개의 가나안 족속들의 이

름은 크게 문제 되지 않는다. 그들은 레바논과 오론테스 강 유역의 하맛 및 가나안 전역에 정착한 족속들이었다. 그들의 가계는 가나안에 임한 저주 선포(9:25~27) 이후 중요한 의미를 갖는다.

10:21~31 맨 마지막으로 셈의 후손들이 열거되어 있다. 셈의 첫 번째 아들 엘람의 후손인 엘람 족속은 바벨론의 동쪽에 있는 산지에 거했다. 앗수르는 앗수르 지역과 그곳의 거민들을 칭하는 이름인데, 함족인 니므롯은 앗수르에서 여러 성읍들을 건설한 적이 있었다(11절). 아르박삿은 니느웨의 북동쪽을 관할했다. 룻(Lud)은 앗수르인들의 루드부(Ludbu)였다. 아마도 룻은 리디아(Lydia: 지금의 터키 서부 지역)의 또 다른 이름인 룻다(Ludda)의 단축 형태일 것이다. 아람은 메소포타미아의 초원 지역에 있던 아람 족속의 조상이었다. 그의 후손(23절)은 잘 알려져 있지 않다.

이 족보는 '낳다'(NIV에서는 '~의 아버지였다')라는 동사를 사용해 아르박삿을 에벨과 그의 아들들에게 연결시키고 있다. 에벨의 아들 벨렉에 대한 설명(그의 시대에 세상이 나뉘었다는 것)은 바벨의 경험(11:1~9)을 의미하는 듯하다. 팔락이라는 동사는 구약성경에서 언어의 분열을 묘사하는 데 사용되고 있다. 여기서 우리는 바벨 사건이 홍수가 있은 지 다섯 세대 후에 발생했음을 알 수 있다.

이 계보는 더 나아가서 벨렉의 **아우 욕단**의 족속들을 언급하고 있는데(10:26~29), 그들의 대부분은 아리바아 반도에 거주했다. 이스라엘은 사막에 있던 열 셋의 욕단 족속들에게서 옛적의 혈연관계를 발견했을 것이다.

10:32 이 구절은 간기(刊記) 형식의 결론 부분으로서 독자들에게 모든

나라가 노아로부터 생겨났으며 그중 몇몇은 이스라엘에게 특별한 의미를 가지고 있다는 것을 상기시키고 있다.

2. 바벨에서의 분열(11:1~9)

이 부분은 열방이 어떻게 해서 고대세계 전역에 흩어지게 되었는가를 설명하고 있다. 그것은 심판의 메시지였다. 그들의 교만이 파멸을 가져왔으며 그들이 가장 두려워하던 것이 그들 위에 임했다(참조, 잠 10:24상).

이 설명은 반의적(反意的) 평행법과 교차대구법의 구조를 가지고 있다. 전반부(창 11:3~4)에서 인류가 제안했던 모든 것이 후반부(5~9절)에서는 그들의 행동과는 반대로 거의 폐기되어 버렸다. 이 설화(narrative)는 "주께서 강림하셨다"(5절)라는 핵심적인 사실을 축으로 하여 전개되고 있다.

이 부분에 내포되어 있는 문제점들 중 하나는 10장과의 관계이다. 11장 서두에 의하면 전 세계는 언어와 말이 하나였다. 그러나 10장에서 이미 종족과 방언을 따라 나라들이 나뉘어 있었다. '족속,' '방언,' '지방,' '나라' 등이 비록 순서는 일정하지 않지만 세 번씩이나 나타난다(10:5, 20, 31). 아마도 11장 1~9절은 10장과 같은 분할이 어떻게 생겨났는가를 설명하는 설화일 것이다. 창세기는 종종 자료를 주제별로 배치하기 위해 연대기적인 순서를 무시한다. 정확한 연대는 '그의 시대에 세상이 나뉘었다'(10:25)는 벨렉에 관한 표현에서 암시되고 있을 뿐이다.

11:1~4 시날 평지에 거하던 사람들의 죄는 지나친 교만으로 나타난다. 그들은 말했다. "자, 성읍과 탑을 건설하여 그 탑 꼭대기를 하늘에 닿게 하여 우리 이름을 내고 온 지면에 흩어짐을 면하자." 이것은 하나님께 대한 공개

적인 도전, 곧 하나님으로부터의 독립이었다. 겸손은 종종 신뢰와 순종과 동일시되며, 반대로 교만은 독립과 불순종과 관련되어 있다. 사람들은 그들 자신을 강화하기 위해 함께 모였으며 온 지면에 흩어짐을 면함으로써 그들 자신의 명성을 얻으려는 교만으로 인해 함께 모였다. 이것은 온 땅에 흩어져서 땅을 가득 채우라는 하나님의 명령(9:1)을 노골적으로 거역하는 것이다.

11:5~9 자신들의 일체성과 힘을 증진시키려는 그들의 욕구는 하나님의 평가(이 무리가 … 이같이 시작하였으니 이후로는 그 하고자 하는 일을 막을 수 없으리로다)에 의하면 가장 큰 죄악의 가능성을 가지고 있었다. 그리하여 하나님은 그들이 순종하지 않으려 한 일(온 땅에 흩어지는 일, 4절)을 심판을 통해 수행하셨다(8절).

의심할 여지없이 시날(2절)은 바벨론 지역을 지칭한다. 왜냐하면 이 설화는 이름 놀이(name play)에서 정점에 이르고 있기 때문이다(9절). 바벨은 '혼란시키다'(발랄)라는 동사와 그 음가가 비슷하다. 바벨론 성의 건축에 관한 기록에 의하면, 바벨론이 신들에 의해 하늘의 성읍으로 하늘에서 건축되었다고 하는데, 이는 교만의 한 표현이다(에누마 엘리쉬 제6토판, 55~64행). 이 기록은 바벨론이 3절에 설명된 것과 같은 과정에 의해 만들어졌으며 각 벽돌에는 바벨론의 신 마르둑(Marduk)의 이름이 새겨졌다고 말한다. 또한 계단식의 탑으로서 바벨론에서 맨 처음 세워진 것으로 알려진 지구라트(ziggurat)는 그 꼭대기가 하늘에 닿았다고 한다(참조, 4절). 이러한 인공의 산은 그 성읍의 예배 중심지였으며, 그 탑의 꼭대기에는 조그마한 신전이 있었다. 바벨론 사람들은 그들의 건축에 대해서 상당한 자부심을 가지고 있었다. 그들은 그들의 성읍이 난공불락일 뿐

아니라 하늘의 성읍(악카드어의 바빌리[babili]는 '신의 문'이라는 뜻)이라
고 자랑했다.

창세기의 설명은 이 성읍을 세계의 주요 세력이요, 불경건한 세력들의
표본, 곧 하나님의 왕권을 반대하는(anti - kingdom) 것으로 간주하고 있
다. 따라서 1~9절의 내용은 하나님의 신속한 심판에서 나타나는 하나님
의 절대적인 권능을 보여 준다는 점에서 변증적이라 할 수 있다. 하나님
은 사람들이 자기들의 가장 큰 힘이라고 생각했던 것(일체성)을 그들의 언
어를 혼란시킴으로써 순식간에 파멸시켜 버리셨다(7절. 참조, 9절). 그들
이 가장 큰 두려움으로 여겼던 것(흩어짐[4절])은 자연스럽게 그들에게 임
했다("여호와께서 … 그들을 온 지면에 흩으셨으므로"[8절]. 참조, 9절). 역
설적이게도 그들이 가장 원했던 것(그들의 이름을 내는 것[4절])은 성취되
었다. 왜냐하면 그들은 '바벨'로 알려지게 되었기 때문이다. 그러나 그들은
그 도시를 건설하기를 그치고 온 지면에 흩어지게 되었다.

이 사건은 원시 사건들에 대한 적절한 결론을 제공하고 있다. 그것은
당시에 알려진 세계에 무기력하게 흩어져 버린 지상의 나라들을 묘사하
고 있다. 이제는 도피자에 대한 어떠한 보호의 표(참조, 4:15)도, 구름 속
의 무지개(9:13)도, 어떠한 희망의 빛이나 은총의 표도 없었다. 이것은 독
자로 하여금 해결책을 찾게 해 준다. 연결 역할을 하는 족보(11:10~26)에
뒤이어 해결책이 주어지고 있다. 하나님은 흩어진 나라들로부터 한 민족
을 만들어 그로 하여금 복의 통로가 되게 하셨다. 따라서 하나님은 인류
를 포기하신 것이 아니었다. 11장은 단지 독자들을 하나님의 구속 사역에
대해 준비시키고 있을 뿐이다.

확실히 여기에는 민족들의 목록(10장)을 설명하기 위한 것 이상이 내
포되어 있다. 만일 모세가 하나님의 계획의 전개 과정을 추적하기만을 원

했다면 그는 그것을 간단하게 할 수 있었을 것이다. 그러나 언어유희, 반복, 성격 묘사, 도덕화 등(이 모든 것들은 윤리적인 표준인 토라[율법]를 염두에 두고 있다)은 그 나름의 교훈을 간직하고 있다.

이스라엘은 하나님의 신정(theocracy, 神政) 공동체가 되도록 애굽으로부터 부름을 받았다. 이스라엘은 세상에 알려진 하나님의 통일된 백성으로 성립될 예정이었다. 3절에서 요구되는 한 가지는 그들의 순종이었다. 만일 그들이 그렇게 한다면 하나님은 그들을 견고하게 세우실 것이다. 그러나 만일 그들이 교만해져서 하나님을 거역한다면 그들 역시 온 땅에 뿔뿔이 흩어질 것이다. 나중에 밝혀진 바와 같이 이스라엘은 바벨론 사람들과 똑같이 재난을 자초하는 길을 선택했다.

여기에서 중요한 것은 교만이라는 주제이다. 하나님은 교만하게 자신을 높이는 자들을 낮추신다. (전쟁과 싸움을 통해) 흩어짐은 통합된 반역보다 낫다. 하나님의 계획은 인간의 불순종에도 불구하고 반드시 성취될 것이다.

스바냐는 바벨탑 사건을 되새기면서 만민이 각지에 흩어져 있던 나라들로부터 모여 하나의 순전한 언어를 사용하고 하나님의 거룩한 산에서 예배하게 되는 천년왕국의 대통합을 기대함으로써(습 3:9~11) 바벨의 파멸을 솜씨 있게 설명했다. 오순절의 기적(행 2:6~11)은 그러한 미래 사건의 전조였다.

F. 셈의 계보(11:10~26)

11:10~26 이 족보 기록은 노아의 아들 셈으로부터 아브람에 이르기까지의 계보를 밝히고 있다. 먼저 모세는 노아의 세 아들들로부터 파생된 지상의 나라들을 추적하면서(10장), 그들이 어떻게 하여 온 땅에 흩어지게 되었는가를 설명했다(11:1~9). 여기에서 그는 다시금 셈의 후손들에게로 관심의 방향을 전환시킨다.

셈의 족보는 정통의 조상을 보여 주려는 '수직적인' 족보이다. 이러한 유형은 종종 고대 세계에서 왕이나 왕조의 정통성을 확립하기 위해 사용되었다. 10~26절에 있는 목록은 하나님의 복을 받은 셈으로부터 아브람에 이르기까지의 직계 혈족을 보여 줌으로써 하나님의 복이 아브람으로부터 전해 내려옴을 확증하고 있다.

어떤 이들은 5장과 11장의 족보에 있는 이름들이 고안된 것들로서, 대칭(각 목록이 세 아들로 끝난다, 5:32; 11:26)을 이루기 위해 기록되지 않은 다른 이름들 중에서 선택된 것들이라고 주장한다. 그러나 건실한 주석에 의하면 이러한 견해는 성립될 수가 없다. 족보의 '간격들'(gaps)을 설명하기 위해서는 생략법을 상정해야만 한다. "X는 오랜 세월 동안 살면서 Y(에게서 절정에 도달한 가계)를 낳았다." 이러한 생략법은 입증하기가 곤란하다. 뿐만 아니라 그러한 간격들은 그 목록의 두 곳에서는 가능하지 않다(셈은 노아의 아들이었고 아브람은 데라의 아들이었다). 따라서 10~36절은 밀집된 연대기를 제시하는 듯하다.

이 부분의 주요 역할은 아브람을 셈의 가계와 연결시키는 데에 있다.

이스라엘 조상이 바로 여기에 있다. 우리의 흥미를 끄는 고고학 자료에 의하면 이 족보의 많은 이름들이 하란 부근의 지명에 보존되어 있다.

5장의 족보와는 달리 11장 10~26절의 족보는 각 사람의 연수를 계산하지 않고 있으며 각 부분이 "그리고 그가 죽었다"는 절구로 끝나지도 않는다. 창세기 5장 1절~6장 8절은 홍수 이전의 죽음을 강조하고 있으며 11장 10~26절은 그 장수함이 비록 감소되었음에도 불구하고 생명과 확산을 강조하고 있다. 따라서 11장의 분위기는 초기의 족보들과는 다르다. 이는 10~26절이 아브람(그는 하나님께 복을 받기로 되어 있었다)의 혈통을 하나님께 복을 받은 노아의 아들 셈(9:26)에게서 찾고 있기 때문이다.

II. 족장 설화(11:27~50:26)

A. 데라의 계보(11:27~25:11)

여기에서 시작되는 아브라함의 이야기는 데라라는 이름을 표제로 삼고 있다. 앞서 언급한 바와 같이(서론의 "창세기의 구조"를 보라) 톨레도트 이후에 나오는 내용은 데라의 가계의 세부적인 사항들로서, 데라의 가계가 그의 아들 아브람과 관련해서 어떻게 되었는가를 말한다. 그것은 데라가 하란으로 이주한 것으로 시작해 약속을 받은 아브람이 가나안으로 이주한 것으로 연결되고 있다. 데라의 이야기는 아브람이 마침내 데라의 가계와 하나님의 복을 계승할 한 아들을 얻는 데서 끝난다.

1. 아브람과의 언약 체결(11:27~15:21)

a. 데라의 여행(11:27~32)

11:27~32 이 간결한 부분은 데라의 세 아들과 그들의 결혼에 대해서 설명하고 있다(참조, 〈데라의 가계〉). 그것은 또한 아브람 설화에서 중요한 몫을 담당하는 아브람의 조카 롯에 대해서도 설명한다.

데라는 이방 신들을 섬기는 우상숭배자였다(수 24:2). 데라의 원래 고향은 하란이었을 것이다. 왜냐하면 데라의 조상들의 이름들 중 상당수가 하란이 위치한 아람 지역의 지명들과 유사하기 때문이다. 만일 이것이 사실이라면 데라의 가정은 수메르의 수도요 데라의 막내아들 하란이 태어나고 또 죽었던(창 11:28) 우르(Ur)까지, 즉 남동쪽으로 대략 900킬로미터 정도를 이주했던 셈이 된다. 따라서 하나님이 아브람을 부르신 것(12:1)은 본래 우르에서였으며, 그 후 데라의 가정이 하란으로 되돌아와서 거기 거류했고(11:31) 데라는 거기에서 죽었다(32절). 그곳은 약속의 땅이 아니었기 때문에 아브람은 가나안으로 이주했으며, 하나님은 거기에 나타나서서 그 땅이 약속의 땅임을 확증해 주셨다.

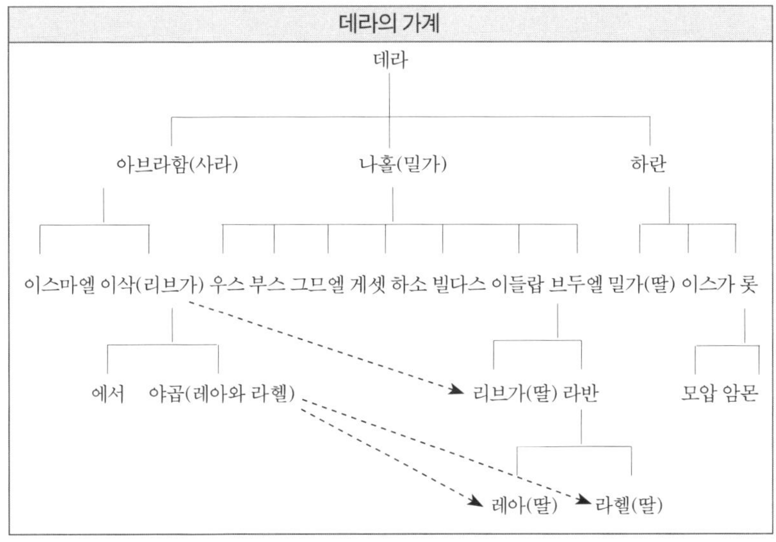

b. 아브람을 부르심(12:1~9)

이 설화를 기점으로 창세기의 방향이 바뀐다. 이 부분은 하나님이 아브람을 어떻게 이교 세계에서 부르셨으며, 그에게 어떤 놀라운 약속들(이 약속들은 나중에 아브라함 언약의 내용이 되었다)을 주셨는가를 기록하고 있다.

이 부분은 또한 아브람의 믿음을 강조하면서, 믿음은 곧 하나님께 순종하는 것임을 가르치고 있다. 아브람은 본래 재산이 많은 철저한 중년의 이교도였다. 그러나 하나님의 말씀이 그에게 임했을 때 – 어떻게 임했는지 분명하게 알려져 있지 않지만 – 그는 믿음으로 응답하고 하나님의 계획에 따르기 위해 순종하는 마음으로 모든 것을 포기했다. 바로 이 점이 성경에서 아브라함을 믿음의 표본으로 칭하고 있는 이유이다(참조, 롬 4:1~3; 16~24; 갈 3:6~9; 히 11:8~19; 약 2:1~23).

이 부분의 종교적이고 역사적인 주안점은 하나님이 새로운 민족을 세우시기 위해 아브람을 부르신 점이다. 이스라엘은 이러한 사실로부터 그들의 존재가 믿음으로 응답해 가나안으로 떠난 한 사람을 통해 이루어진 하나님의 역사(役事)에 근거하고 있음을 배웠을 것이다. 그것은 이스라엘에게 그들이 직면하고 있던 하나님의 부르심과 그들이 애굽에서 가나안으로 떠남에 있어 필요로 하는 신앙을 확신시키는 메시지였을 것이다.

12:1~3 1~3절은 하나님이 아브람을 부르신 것을, 그리고 4~9절은 아브람의 순종을 기록하고 있다. 하나님의 부르심은 두 개의 명령을 포함하고 있으며 각 명령은 약속을 수반하고 있었다. 첫 번째 명령은 떠나는 것("너의 고향 … 을 떠나 … 땅으로 가라"[1절])이었고, 두 번째 명령은 복이 되는 것이었다(2절의 두 번째 명령은 많은 번역 성경에서 부정확하게 번역되어 있다. NIV에서는 "너는 복이 될 것이다"라고 번역해 예언으로 이해했지만, 문자적인 뜻은 "복이 되어라"이다). 그의 떠남은 연쇄적인 반응을 가져왔다. 만일 아브람이 우르에서 떠난다면 하나님은 그에게 세 가지를 행하실 것이고, 그럼으로써 그는 그 땅에서 복이 될 수 있을 것이다(두 번

째 명령). 그리고 그는 하나님이 그에게 세 가지를 더 하실 수 있게 하나님이 명하시는 복이 되어야만 했다. 우리는 이러한 대칭 구조를 간과해서는 안 된다. 왜냐하면 그것은 본문의 의미를 강화시켜 주고 있기 때문이다. 하나님이 아브라함을 부르신 것은 목적을 가지고 있다. 그것은 그의 순종이 커다란 복을 가져다줄 것이라는 점이었다.

하나님이 주신 세 가지 약속은 그가 속한 땅을 떠나라는 하나님의 부르심에 근거하고 있었다. 그 약속은 첫째는 큰 민족이요, 둘째는 아브람을 위한 복이요, 셋째는 창대한 이름이었다(2절). 이 약속들은 그를 '복이 되게'(2절의 두 번째 명령) 해 줄 것이다. 하나님의 부르심에 대한 순종에 입각해서 주어진 하나님의 세 가지 약속은 첫째로 그를 축복하는 자들에게 복을 주고, 둘째로 그를 멸시하는 자들을 저주하며, 셋째로 그를 통해 땅의 모든 족속에게 복을 주는 것 등이었다(3절). 아브람을 축복하거나 저주하는 것은 곧 아브람의 하나님을 축복하거나 저주하는 것이었다. 불행하게도 하나님은 종종 자신의 백성을 훈련시키기 위해 다른 민족들을 사용하셔야만 했다. 왜냐하면 그들이 세상에 복이 되기는커녕 항상 불순종하기를 즐겼기 때문이다. 세 번째 약속은 예수 그리스도께서 세상에 복이 되셨다는 사실(참조, 갈 3:8, 16; 롬 9:5)에서 완전히 성취되었다.

이 부분에서는 믿음의 개념이 강조되어 있다. 아브람은 몇 가지 것들, 곧 그의 '나라', 그의 백성, 그리고 그의 아버지의 집 등을 떠나라는 명을 받았다(창 12:1). 그러나 그는 가야 할 땅에 대해서는 아무런 지시도 받지 못했다. 그의 떠남은 유례없는 신앙의 행위를 요구했다.

여기서는 복과 저주의 주제가 부각되어 있다. 사실상 이것은 창세기의 중심적인 주제이다. 1~11장(이 장의 목적은 이 복이 필요하다는 것을 보여 주는 데 있었다)에서 끊임없이 요구되던 하나님의 계획이 여기에서 시작되고 있다. 이것이 바로 하나님의 부르심이었는데, 아브람은 그것에 믿음으로 응답했다. 그 다음의 약속들은 나중에 언약 조건들과 더불어 주어졌다(15:8~21).

12:4~9 이 설화는 단순히 아브람이 순종했다는 것만을 보고하고 있다. 그의 순종은 2절의 두 가지 명령에 상응하는 두 가지 방식으로 설명되고 있다. 그는 떠났으며(4절) 복이 되었다(5~9절). 아브람과 그의 가족은 하란에서 많은 사람들을 얻었다(5절). '많은 사람들을 얻었다'는 것은 곧 그들의 개종, 다시 말해서 아브람이 몇몇 하란 사람들에게 영향을 주어서 여호와 하나님을 섬기게 했다는 것을 의미하는 것인지도 모른다. 그는 가나안 땅의 세겜(6절)과 벧엘 동편(8절)에서 단을 쌓았다. 이 두 번째 거주지에서 그는 주의 이름을 불렀다. 즉 여호와의 이름을 선포했다(참조, 21:33 ; 26:25). 루터는 이 문장의 동사를 '설교했다'로 번역했는데, 이 번역은 본문의 의미에서 크게 벗어난 것이 아니다. 하나님은 이처럼 그 땅에 이미 거하고 있던 가나안 사람들 가운데 증인 한 사람을 세우셨던 것이다. 실제로 모레(Moreh: 교사)의 상수리나무에 대한 언급은 이와 관련해 중요한 의미를 가지고 있다. 가나안 사람들은 상수리나무 숲 속에 성소들을 가지고 있었는데, 모레는 숭배의 중심지들 중 하나였는지도 모른다.

여호와께서는 세겜에서 아브람에게 나타나셔서 자신의 약속을 확증하시고 아브람의 믿음을 칭찬하시면서 "내가 이 땅을 네 자손에게 주리라"고 말씀하셨다(12:7). 아브람이 그 땅에 도착하자 하나님은 그 땅을 그에게 보여 주셨던 것이다. 그러나 그 땅은 그에게가 아니라 그의 후손에게 주어질 것이었다. 실제로 아브람이 죽었을 때, 그의 유일한 재산은 그가 자기 가족의 매장을 위해서 구입했던 굴 하나밖에 없었다(23:17~20). 하나님이 자신의 약속을 확증하신 후 아브람은 그 땅에 거주하면서 그 약속을 기다렸다. 그러나 모든 비옥한 땅은 가나안 사람들이 다 가지고 있었다. 따라서 아브람은 점차 가나안 남쪽의 사막 지역인 광활한 네게브(Negev, 12:9)로 옮겨 가야만 했다.

이스라엘에게 있어서 하나님이 그들의 위대한 선조를 부르신 것은 그들이 받은 약속들이 하나님께로부터 온 것이요, 큰 민족과 땅, 하나님의 복 및 주권 보호 등에 관한 약속들이라는 것을 보여 주었다. 여호와께서 그에게 나타나시고 자신의 약속을 확증하신 것(7절)은 가나안이 이스라엘에게 주어진 것임을 입증했다. 그러나 하나님은 이 세대가 그러한 복과 약속을 누리는 조건으로 믿음의 응답을 요구하셨다. 믿음은 하나님의 말씀을 받으며 그에게 순종하는 것을 의미한다.

c. 애굽 체류(12:10~20)

아브람의 애굽 체류는 정직에 대한 교훈(비록 이 이야기가 속임수의 어리석음을 경고하고 있는 것이 분명하다 할지라도) 이상의 것을 가지고 있다. 자기 아내를 '나의 누이'라고 주장하는 것은 족장 설화에서 세 번 나타난다(12:13; 20:2; 26:7). 비평학자들은 이것들이 동일한 사건을 지칭한다고 말한다. 그러나 두 번째 이야기에서 아브람은 사래에게 그들이 어디를 가든지 간에 그렇게 말해야 한다고 설명했다(20:13). 따라서 그가 거짓말을 되풀이했다는 것은 전혀 놀라운 일이 아니다.

우리는 아브람의 애굽 체류와 후에 이스라엘 민족이 애굽에 얽매인 사건 사이에 있는 세심한 평행법을 간과할 수 없다. 그 주제들이 매우 유사하다. 가나안 땅의 기근(12:10; 47:13), 애굽에 머물기 위해 내려

감(12:10; 47:27), 여자들을 제외한 남자들만의 몰살 시도(창 12:12; 출 1:22), 애굽에 내린 재앙(창 12:17; 출 7:14~11:10), 애굽의 노략당함(창 12:16; 출 12:35~36), 구원(창 12:19; 출 15장), 네게브로 올라감(창 13:1; 민 13:17, 22) 등이 그렇다. 이스라엘이 경험하고 있던 속박으로부터 벗어난 위대한 구원은 이처럼 이미 조상에게서 성취되었으며, 이는 그들에게 위로와 격려의 근원이 되었다. 하나님은 미래의 이스라엘을 위해 구원에 대한 약속 이상의 일을 하고 계셨다. 그것은 마치 하나님이 그들의 구원을 아브람 안에서 미리 나타내신 것처럼 보였다.

창세기의 메시지와 관련해 창세기 12장 10~20절은 의미심장하게도 하나님이 아브람을 부르신 것과 그의 순종 직후에 놓여 있다. 이 이야기에서 아브람은 믿음으로 행동하지 않았지만 하나님은 그에게 약속들을 주셨고 그것들을 지키실 예정이었다. 그러한 난관으로부터 명예스럽지 못하게 구원을 받아야만 했던 족장은 아브람만이 아니었다.

12:10~13 두려움에서 연유한 아브람의 계획은 오히려 그에게 불리하게 되었고, 그에게 허락된 하나님의 약속은 위기에 처하게 되었다. 오직 하나님만이 그의 아내를 구출하실 수 있었고, 아브람에게 허락하신 약속을 성취하실 수 있었다. 기근에 직면한 **아브람**은 체류(정착하려는 계획 없이 그냥 잠시 머물러 살려는 잠정적인 체류)를 위해 **애굽**으로 내려가려고 작정했다. 팔레스타인의 다른 기근들에 대해서는 26장 1절과 41장 56절에서 언급하고 있다.

아브람이 믿음 안에서 행했다는 암시가 전혀 없다는 점을 제외하고 우리는 이 점에 대해서 그를 비난할 수가 없다. 그가 유목민으로서 생각해 낸 것은 자신의 아내이자 누이에 대해서 사실의 절반만 얘기해야겠다는

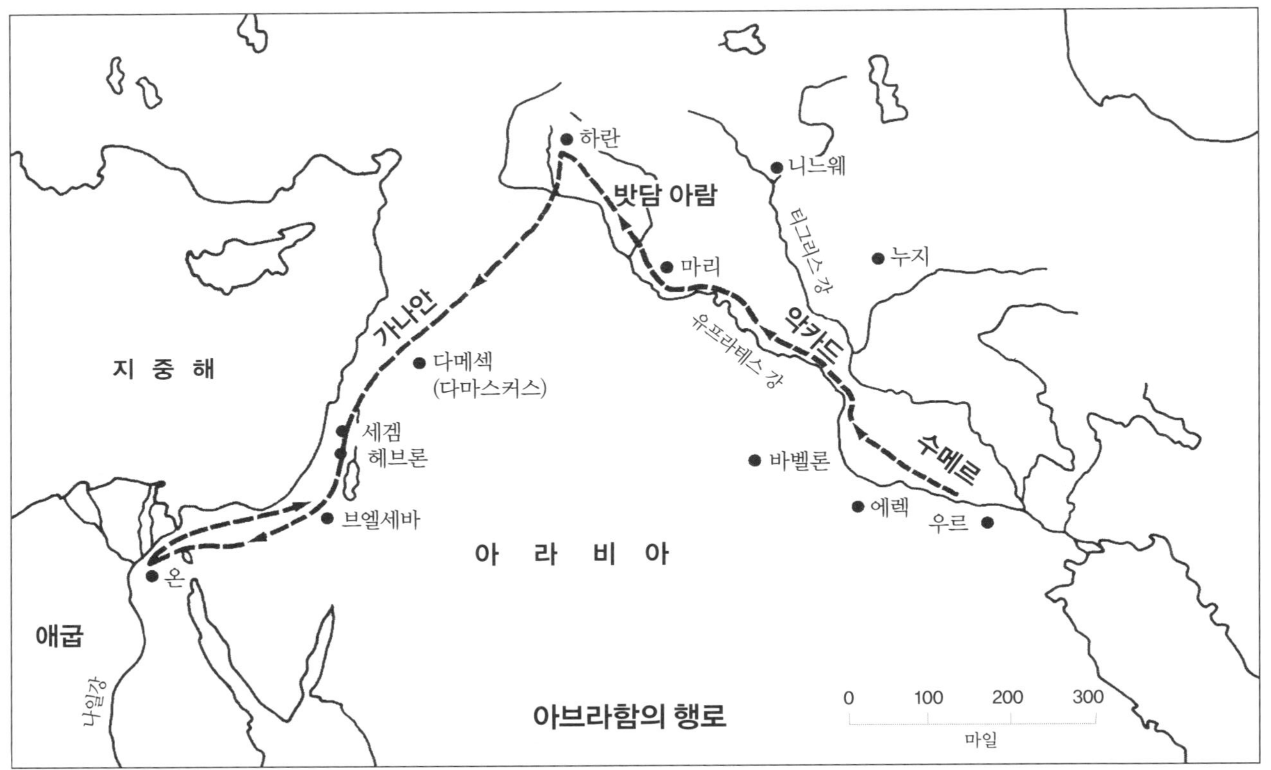
하란
니느웨
밧담 아람
티그리스 강
마리
누지
가나안
유프라테스 강
악카드
지 중 해
다메섹
(다마스커스)
세겜
헤브론
바벨론
수메르
브엘세바
에렉
우르
아 라 비 아
온
애굽
나일강
아브라함의 행로
0 100 200 300
마일

것이다. 이것은 교묘하게 자신의 양심을 만족시키는 방법이었다. 사래는 참으로 그의 누이(실제로는 이복누이. 참조, 20:12)였다. 그래서 아브람은 이집트 사람들에게 자기가 말하고 싶은 것만을 얘기했다. 그가 가진 동기는 의심할 바 없이 근친 사회의 법(라반. 참조, 24:29~61)에 속했다. 적지에서 남편은 **자신의 아내**로 인해 죽임당하는 수가 있었다. 그러나 만일 아브람이 그녀의 오빠로 알려진다면 그녀를 원하는 사람은 그와 더불어 결혼 약정을 해야 했을 것이고, 이것은 아마도 자신에게 유리한 방식으로 행동할 수 있는 시간을 그에게 주었을 것이다.

12:14~16 이 이야기는 사래에 대해 흥정할 필요가 없는 **바로**가 그녀를 원했을 때 뒤틀리기 시작했다. 바로가 **아름다운** 사래로 인해 아브람을 **후대함**으로써 아브람 자신의 말("내가 그대로 말미암아 안전하고"[13절])이 성취되었으며, 아브람은 부자가 되었다(나중에 바로는 아브람의 증손자인 요셉을 후대하고[41:41~43], 아브람의 손자인 야곱을 후대함[45:16~20]). 그러나 이 일로 인해 **아브람**은 빠져나올 수 없는 올무에 매이게 되었다. 그의 계획은 아내를 거의 잃을 뻔한 상황을 야기했으며, 사래가 없는 가운데 그가 받은 약속과 복은 위기에 처하게 되었다.

12:17~20 그러나 하나님이 애굽 궁전에 거하는 사람들에게 심한 질병으로 재앙을 내리셨다. 하나님의 간섭만이 사래를 바로의 궁전에서 무사하게 구출해 낼 수 있었다. 그러한 구원과 더불어 바로의 책망(18~19절)이 뒤따랐으며 그 나라로부터의 추방령이 내렸다(20절). 애굽 사람들은 미신적인 백성이어서 어떠한 재앙이든 그들에게는 불길함의 징조였다. 아브람에게 떠날 것을 명한 바로의 말("네 아내가 여기 있으니 이제 데려가

라”)은 아브람을 부르신 하나님의 말씀(“너의 고향 ~을 떠나 ~로 가라”[1 절])과 평행되나, 그에게 불명예를 안겨 주는 말이었다.

확실히 우리는 이 이야기에서 하나님이 어떻게 재앙을 통해 족장 아브람의 가족을 애굽 사람들로부터 구원하셨는가를, 그리고 이것이 미래의 출애굽 경험을 어떻게 반영했는가를 볼 수 있다. 그러나 이 첫 번째 구원은 필연적으로 아브람의 속임수 때문에 이루어진 구원이었다. 아브람 스스로가 초래한 말썽에도 불구하고 하나님은 자신의 말씀을 지키셨으며, 아브람의 어리석음으로 자신의 계획이 위기에 내던져지는 것을 허용치 않으셨다. 아브람은 아마도 위험을 피하는 가장 쉬운 방법이 속임수를 쓰는 것이라고 생각했을 것이다. 그러나 그러한 계책은 그를 위기 속에 빠뜨렸으며 하나님의 약속을 위태롭게 했다. 하나님의 종들은 하나님을 완전하게 신뢰해야 하며 자신의 판단에 근거한 계획에 의존하지 말아야 한다.

아브람은 처음에는 속임수 덕택에 풍요를 누릴 수 있었다. 그가 부자가 된 것은 사실이었다. 그러나 그러한 모든 부는 약속을 성취하는 데 필요한 사람인 사래를 놓치게 할 수도 있었다. 뿐만 아니라 그가 애굽에 머무는 동안에 하갈을 얻었다는 것이 일반적으로 인정되고 있다. 자신의 아내 사래를 ‘내어 줌’으로써 아브람은 나중에 자신의 첩이 된 하갈(16:1~2)을 얻었는지도 모른다.

모세는 독자들에게 하나님이 친히 개입하시고 구원하셔서 자신의 계획을 은혜 중에 수호하셨다는 것을 전달하려고 했을 것이다. 그는 또한 속임수 섞인 책략을 통해 곤경으로부터 자신을 구하려는 것이 얼마나 어리석은 일인가를 교훈하려고 했을 것이다.

d. 롯과의 분리(13장)

　소유가 너무 많아 함께 살 수 없는 데다가(6절) 분쟁이 빈번하게 발생하자(7절), 족장 아브람과 롯은 각기 자신의 갈 곳을 선택해야 했다. 우리는 아마도 하나님의 약속을 받은 아브람이 자신의 권리를 행사해 먼저 선택할 것이라고 기대할지도 모른다. 그러나 그는 관대하게 첫 번째 선택권을 롯에게 양보했다. 롯은 순전히 인간적인 차원에서 선택권을 행사해 자신이 선택한 땅의 풍요로움에 만족했다. 아브람이 롯에게 먼저 선택하도록 결정한 것은 의심할 여지없이 신앙에 의한 행위였으며, 그는 일시적인 것들보다는 신령한 것들, 곧 하나님의 약속을 주목했다.

　13장은 신앙이 어떻게 갈등을 해결하는가를 보여 주고 있다. 우리는 관대함이 하나님의 약속들에 대한 신앙의 표시라고 말할 수 있을 것이다. 왜냐하면 신앙은 이기적으로 자기 자신의 욕구만을 추구하는 것이 아니라 아량을 베풀고 관대하며 자신을 부정하는 것이기 때문이다.

13:1~7 1~4절은 이 이야기의 배경을 형성하고 있으나 이 배경 자체가 하나의 이야기이다. 그것은 하나님의 복 사이에 있는 갈등 중 하나이다.

　처음 몇 절은 그가 맨 처음에 있었던 곳으로 돌아온 것을 강조한다. 여기에서 우리는 그가 그 땅으로 돌아온 것을 묘사함에 있어서 '전에,' '처음으로'라는 말이 강조되고 있음을 본다(3~4절). 그 땅으로 돌아온 아브람은 자신의 예배와 제단에서의 하나님 선포(참조, 12:8)를 새롭게 했다.

　이 부분에서 보다 중요한 것은 아브람의 부("가축과 은과 금이 풍부하였더라"[13:2])와 그와 함께 여행한 롯의 부("양과 소와 장막이 있으므로"[5절])에 대한 강조이다. 그들은 모두 다 대단히 부요했다. 특히 롯은 장막을 가진 것(나중에 구체적으로 상술됨)이 부각되어 있다.

그러나 가나안 사람과 브리스 사람이 함께 살고 있던 그 땅에서 분쟁이 발생했다(7절. 브리스 사람은 팔레스타인에 거하던 몇몇 족속들 중 하나로서 보통은 가나안 사람과 더불어 언급되었다. 참조, 창 34:30; 신 7:1; 삿 1:4; 3:5). 그 땅은 아브람과 롯이 동거함을 감당할 수가 없었다. 가나안 사람이 가장 좋은 지역들을 차지하고 있었기 때문에 이들 두 사람의 종들은 휴식을 위한 물과 양식으로 인해 서로 다투지 않을 수 없었다. 이러한 곤경 속에서 분쟁(리브[רִיב], 이 단어는 나중에 이스라엘에서 법적인 논쟁을 묘사하는 데 사용되었다)이 발생했다.

13:8~13 이 분쟁에 대한 아브람의 해결책은 관대하게 롯에게 첫 번째 선택권을 양보하는 것이었다. 여기에는 아이러니가 있다. 왜냐하면 우리는 아브람이 자신에게 약속된 것을 고집해 롯에게 자신의 땅을 찾으러 떠나라고 말할 것으로 기대하기 때문이다.

아브람의 말 – "서로 다투게 하지 말자"(므리바[מְרִיבָה], 리브[רִיב]라는 단어와 관련되어 있음) – 은 나중에 이스라엘 백성이 이것을 므리바에서 발생했던 일(출 17:1~7)과 관련해 읽었을 때에 그들의 마음속에 상당한 반향을 불러일으켰음에 틀림없다. 이스라엘 백성은 그 광야에서 마실 물이 없어서 여호와 하나님과 다투었고 모세는 지팡이로 반석을 쳤다. 그 후 맛사(시험함)와 므리바(다툼)는 이스라엘 백성이 불신앙으로 여호와 하나님의 진노를 샀으며 그들이 죽을 때까지 광야에서 유랑해야만 했다는 것 때문에 상서롭지 못한 이름이 되었다(시 95:8~10). 그들의 이기심은 불신앙을 드러냈고(95:10), 이로써 그들은 약속의 땅에 들어가지 못했다(95:11). 본문에서 롯의 선택 역시 전적으로 이기적인 것이었다. 그는 아브람을 떠나 소돔으로 갔다(창 13:12). 하나님의 경고(시 95:8~11)는 아브람의 경고와 거의 똑같았다.

우리는 아브람이 이러한 배려를 하게 된 동기를 간과해서는 안 된다. 그들은 형제지간, 곧 친족이었다(창 13:8). 그토록 오랜 기간 그들이 가져 온 혈육의 정은 아브람에게 있어서 보호할 가치가 있는 것이었다. 그것을 간직하기 위해서는 분리가 유일한 가능성인 듯했다.

그 땅은 다시금 비옥해졌다. 아브람은 합법적으로 자신에게 속해 있던 모든 땅에 대한 선택권을 롯에게 양보했다. 롯은 눈을 들어(나사[אָשָׂנ]) 요단 지역을 바라보았다(라아[רָאָה]. 참조, 4절). 요단 계곡은 초목이 무성하고 비옥하며 여호와의 동산같이 물이 넉넉했다(소알은 롯과 그의 가족이 피신하게 될 조그마한 성읍이었다[19:18~22]. 피신 전에는 벨라라고 불렸다[14:28]). 이것은 에덴동산을 탐욕의 눈으로 바라보았던 아담과 하와(3:6)를 상기시킨다. 그러나 "여호와께서 소돔과 고모라를 멸하시기 전이었으므로"라는 시간절은 마치 롯에게 좋게 보인 그것이 오래가지 못하리라고 말하는 것 같은 불길한 느낌을 확실히 내포하고 있었다. 롯은 아브람을 전혀 염두에 두지 않은 채 선택권을 행사함으로써 그의 생애의 최대의 실수를 범하고 말았다.

롯은 그의 장막을 옮겨 소돔까지 이르렀는데, 소돔 사람은 여호와 앞에 악하여 크게 범죄하고 있었다. 후에 19장은 그들의 악함을 자세하게 기록하고 있다.

13:14~18 이 부분은 13장의 세 번째 내용으로, 여호와께서 자신의 약속을 확증하시는 위로를 보여 주고 있다. 14~17절은 아브람이 무슨 이유로 온 땅의 선택권을 롯에게 양보했는가를 설명하면서, 아브람이 하나님

다메섹
라이스
(단)
지 중 해
바산
긴네렛 호수
길르앗
요단강
도단
압복강
세겜
벧엘
아이
살렘
(예루살렘)
사
해
헤브론
그랄
브엘세바
0   25
마일
네게브
싯딤골짜기
술
세일
가데스

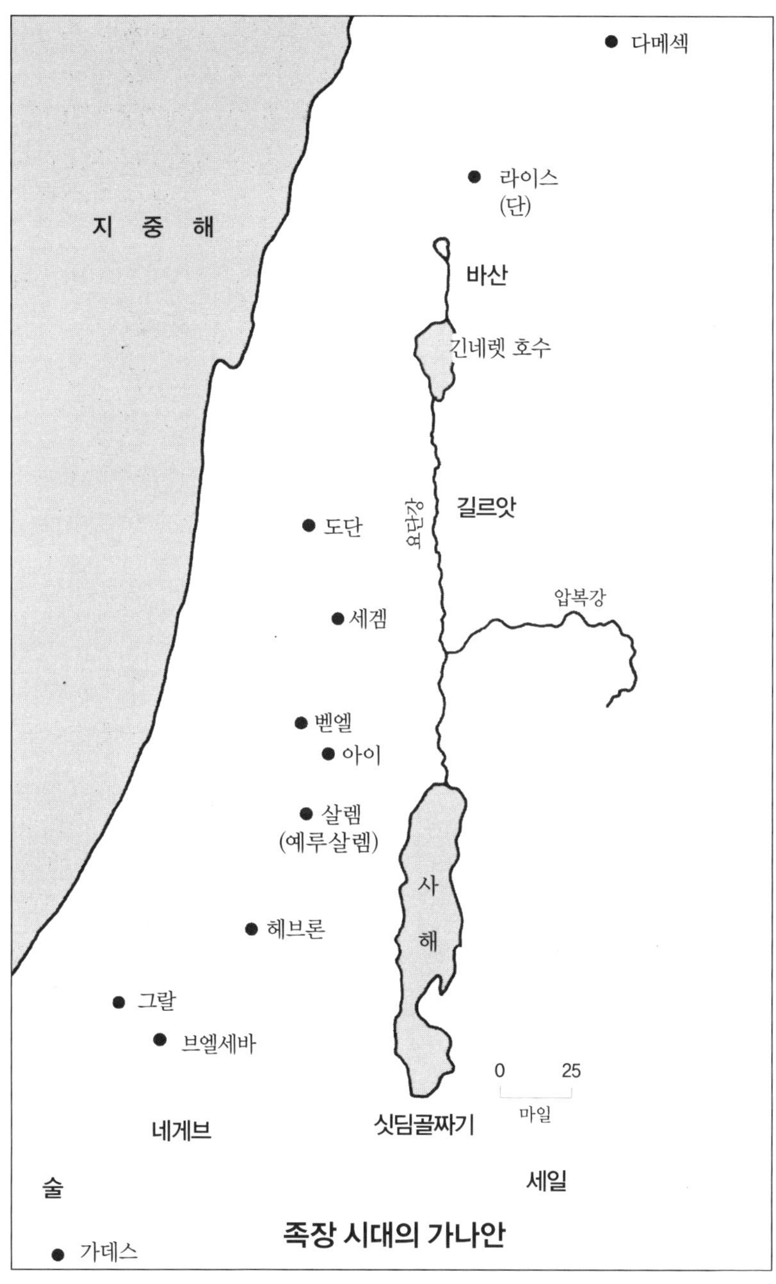

족장 시대의 가나안

의 확실한 약속을 가지고 있었기 때문이라고 밝힌다. 그는 자기가 하나님 안에서 풍부한 소유를 가지고 있다는 생각을 하고 있었다. 하나님의 약속이 참되다는 것을 알고 있었기에 아브람은 롯이 선택하는 것에 대해서는 무관심했다. 하나님이 예비하신 약속을 가지고 있는 사람은 세상 것들에 집착하지 않는 법이다.

14~17절에서 아브람은 롯과 대조되어 있다. 롯은 자신이 좋다고 생각한 것을 얻는 일에 적극적이었다. 이제 여호와께서는 아브람에게 몇 가지를 명하시면서 자신의 계획을 되풀이하셨다. 아브람은 롯이 한 것과 마찬가지로 "눈을 들어(나사[נשא]) ~을 바라보라"(라아[ראה])는 명을 받았다(14절. 참조, 10절). 롯은 자신이 원하는 땅을 직접 취했으나 아브람은 하나님이 자기에게 땅을 주실 것을 기다렸다. 하나님은 다시금 그 땅을 아브람에게 소유물로 주시리라고 말씀하셨다. 자신이 직접 취하는 것보다 하나님이 주시는 것이 더 좋기 때문이었다. 하나님은 또한 그의 후손이 **땅의 티끌같이** 많아질 것이라고 말씀하셨다(참조, 22:17; 28:14). 그리고 나서 아브람은 그 땅을 **종과 횡으로 두루 다녀** 자신의 소유물을 보라는 명을 받았다. 13장은 서두 부분과 같이 아브람이 정착해(이번에는 마므레 상수리 수풀 지역임. 14장 13절에 의하면 예루살렘 남쪽으로 35킬로미터 떨어진 헤브론) 여호와께 단을 쌓는 것으로 끝맺고 있다.

성경의 어느 장도 신앙을 이처럼 훌륭하게 묘사하고 있지는 못할 것이다. 여기에서 아브람은 진정한 예배자로서 나타나는데, 그의 믿음은 분쟁 속에서 그 기능을 수행하고 있다. 겉으로 보이는 것을 좇아간 롯은 그에게 좋게 보이는 것을 선택했다. 그의 선택은 이기적이고 자기본위적이었다. 그러나 그 선택은 위험하고 단명한 것이 되었다. 왜냐하면 모든 것이 겉으로 드러나 보이는 것만은 아니었기 때문이다. 반면에 믿음을 따른 아브람은 관대하게 롯에게 선택권을 양보했다. 아브람은 하나님을 신뢰하고 있었기 때문에 욕심이 없었다. 그는 자기가 그 땅을 소유하게 되는 것이 자신의 계획을 고집스럽게 지킴으로써 이루어지는 것이 아님을 배웠다. 그는 의롭고 관대하게 행동했다. 하나님의 확실한 예비하심을 믿는 자는 탐욕스럽지 않으며 불안해하지도 않는다.

e. 동방의 왕들에 대한 승리(14:1~16)

네 왕과 다섯 왕 사이의 전쟁에 관한 기록은 흥미 있는 자료이다. 왜냐하면 그것은 아브람을 창대하게 하고 그를 축복하는 자들에게 복을 주며 그를 저주하는 자들을 저주하는 하나님의 약속(12:3)이 실현되는 것을 보여 주고 있기 때문이다. 14장은 고대 세계에 있는 전형적인 '국제' 분쟁을 묘사한 것으로서 강대국들이 연합해 아브람에게 약속된 땅의 경계선 부근에 있는 지역들을 약탈하고 정복한 내용을 담고 있다.

14:1~12 반역 행위를 진압하려는 의도하에(4절) 동방의 강대한 네 왕들이 염해, 즉 사해 부근의 요단 계곡을 공격했다(3절). 그들은 그 지역의 모든 세력들을 물리치고(5~7절) 요단 지역의 다섯 왕들을 약탈했으며(8~11절) 롯을 포로로 잡았다(12절).

고고학은 14장의 배경을 이해하는 데 대단히 유익하다. 그 왕들이 누구인지에 대해서는 밝혀진 바가 없지만 그들의 이름은 이 기간의 고대 근동, 특히 메소포타미아 지역의 왕들의 이름과 같은 유형에 속해 있다(마리 지역에서는 아리옥과 유사한 아리육[Arriyuk]이라는 이름이 발견되었다. 그돌라오멜은 쿠두르[Kudur]라는 이름과 유사하며, 초기 히타이트 문헌에서는 디달을 연상시키는 투드할리아[Tudhalia]라는 이름이 고증되었다). 뿐만 아니라 도시 국가들이 군사적인 연합을 꾀하는 것은 흔히 있는 일이었다.

14장에 나오는 지명들과 성읍들의 위치 역시 많이 확인되었다. 시날(참조, 10:10)은 나중에 바빌로니아라고 알려지게 된 곳의 다른 이름이다. 엘람(참조, 10:22)은 시날의 동쪽 지역이었다. 그러나 엘라살과 고임의 위치는 아직 알려져 있지 않다. 소돔, 고모라, 아드마, 스보임, 벨라(참조, 소알. 19:22) 등은 그돌라오멜에 반기를 든 다섯 왕들의 성읍들로서 염해(사해) 근처에 있었다. 아스드롯과 가르나임(14:5)은 긴네렛 호수 동편에 있는 하우란(고대의 바산)에 속해 있었다. 함은 동부 길르앗, 곧 바산 남쪽에 있었다. 사웨 기랴다임은 사해 동쪽에 있었으며, 세일 산지는 나중에 에돔이라고 알려진 곳으로서 사해 남동쪽에 있었다. 엘바란은 아카바 만에 있는 지금의 엘랏(Elat)이었다. 가데스와 다말은 사해의 남서쪽에 있었다. 정복자들의 행로는 고대 세계에서는 잘 알려진 길로서 '왕의 대로'(민 20:17; 21:22)라는 이름을 가지고 있었다. 그돌라오멜, 디달, 아므라벨, 아리옥 네 왕들(창 14:9)은 요단 동편을 따라 내려가다가 아라바(사해 남쪽의 골짜기)에서 꺾어져서 가데스로, 다말로, 그리고 싯딤 골짜기에 있는 소돔과 고모라 지역으로 진격했다(8, 10절). 평지의 다섯 성읍들은 요단 계곡의 남쪽 끝 지역에 밀집해 있었다(Unger, *Archaeology and the Old Testament*, pp. 114~118). 네 왕들은 소돔과 고모라를 약탈하고 롯을 사로잡았다.

14:13~16 롯이 사로잡혀 갔다는 소식을 전해 들은 아브람은 **훈련된** 318명을 모아 그와 동맹한 자들(13절)과 함께 침략자들을 쫓아가서 야간 공격을 통해 그들을 격퇴했다. 그는 후에 약속의 땅의 북쪽 경계선이 된

단(아브람의 집이 있는 헤브론으로부터 220킬로미터 떨어져 있음)까지 줄곧 쫓아갔다. 당시 단의 이름은 레셈(수 19:47) 또는 라이스(삿 18:29) 였다. 아브람은 밤에 단에서 북쪽으로 160킬로미터 떨어진 호바까지 그들을 쫓았으며 롯과 그의 소유물, 그의 가족 및 다른 포로들을 구출해 내었다. 이것은 한때 요단 동편의 넓은 지역과 사해 남쪽 지역까지를 정복했던 네 왕들에 대한 아브람의 놀라운 승리였다.

히브리 사람(이브리[עִבְרִי], 창 14:13) 아브람은 이제 한 씨족(clan)의 지도자로 인정받았다. 13절에 '히브리'라는 단어가 처음 나온다. 비록 '히브리'라는 용어가 '하비루'(Habiru)라고 알려진 약탈자들의 무리와 동일시되지는 않는다 하더라도 양자는 어원론적으로 관계가 있는 듯하다. 사실 14장에 묘사된 아브람의 군사 활동은 이러한 의미심장한 용어가 적절하다는 것을 보여 준다. 이처럼 그는 여러 나라들 중에서 주의를 기울여야 할 세력이었다.

롯의 소돔 거주는 아브람을 분쟁 속으로 끌어들이는 결과를 가져왔다. 아브람은 헤브론에 거하고 있었지만 아모리 족속 마므레(Mamre)와 그의 형제 에스골(Eshcol) 및 아넬(Aner. 참조, 24절) 등과 언약을 체결한 상태에 있었다. 여기에서 이 언약은 아브람에게 유리하게 작용했다. 왜냐하면 아브람의 동거를 허락한 아모리 족속이 그와 함께 싸워야 했기 때문이다. '아모리 족속'이라는 말은 따로 쓰일 경우 요단 동편의 왕국들과 팔레스타인의 산악 지방에 살고 있던 서부 셈족을 지칭한다. 아모리 족속은 조그마한 민족 집단으로서, 고대 수메르와 서방 세계에 밀려들어온 거대한 아모리 족속의 집단은 아니었다.

아브람은 군사령관이었으며 그에게 승리가 돌려졌다(17절). 그러나 이 것이 승리를 완전하게 설명해 주는 것은 아니다. 나중에 멜기세덱은 그 승리를 하나님께 돌림으로써 그것을 아브람에 대한 하나님의 복으로 이해했다(20절). 하나님은 자신의 약속을 따라 아브람의 삶을 통해 활동하고 계셨다. 침략자들이 땅을 약탈하고 골치 아픈 그의 조카를 사로잡아 갔을 때 아브람은 본능적으로 행동을 취했다.

이로써 이스라엘은 하나님이 선택하신 백성에게 약속의 땅을 약탈한 원수들에 대해 승리하게 하시리라는 것을 배울 것이다. 이것은 사사 시대와 그 이후의 외적 침입의 경우에 하나님의 백성에게 용기를 주었음에 틀림없다. 물론 하나님께 대한 믿음과 순종은 승리의 전제 조건이었다.

구약성경에서 전쟁은 실제적이고 물리적인 것이었다. 그러나 그것은 또한 신앙과 관련해 영적인 의미도 가지고 있었다. 신약성경에 따르면 기독교인의 전쟁과 무기는 영적인 것이요, 하나님의 약속들은 영원한 것이다. 바울은 군사적인 용어를 사용하면서 그리스도의 죽음을 죄와 사망과 무덤을 정복한 승리로 묘사했다(엡 4:8). 성령의 은사들은 섬기는 일에 사용하도록 그의 종들에게 주는 영적인 은사다. 기독교인들은 이러한 영적인 은사들을 가짐과 아울러 영적인 무기들로 무장함으로써 의와 진리와 공평을 지켜야 한다(6:10~19). 하나님은 복과 저주를 포함한 자신의 약속들을 따라 그의 백성에게 승리를 주시며, 그의 귀중한 부르심을 알고 영적인 무기들을 지혜롭게 사용할 줄 아는 그의 종들을 사용하신다.

f. 멜기세덱의 축복(14:17~24)

14:17~21 이 부분은 구약성경에서 가장 매혹적인 만남들 중 하나이다. 두 왕이 전쟁터에서 돌아오는 아브람을 만났지만, 그들은 서로 간에 큰 차이가 있었다. 악한 성읍 소돔과 역시 악했을 소돔 왕 베라(2절)와는 대조적

으로 살렘(예루살렘. 시 76:2) 왕 멜기세덱은 지극히 높으신 하나님의 제사장이었다(창 14:18). 멜기세덱의 이름('의의 왕'이라는 뜻)은 그가 하나님의 대표자 격인 의로운 통치자였음을 의미한다(어떤 성경학자들은 멜기세덱이 성육신하기 전의 그리스도께서 나타나신 것이라고 믿고 있다).

멜기세덱은 아브람이 영적인 면에서 자신보다 탁월한 사람임을 인정했던 유일한 사람이다. 아브람은 그에게 축복을 받았으며(19절) 자신이 가진 것의 십분지 일(십일조)을 그에게 주었다(20절). 아브람은 자신이 무엇을 하고 있는가를 충분히 알고 있는 상태에서 이를 행했다. 이 사건은 아브람이 승리를 거둔 후에도 얼마나 온유하며 겸손했는지를 보여 주고 있다. 그는 하나님의 계시가 자신에게만 국한되어 있지 않다는 것을 알고 있었다. 독자들이 세상의 모든 영적인 희망을 가지고 있는 아브람에게 주의를 기울이고 있는 사이에 어두운 가나안 계곡에서 아브람보다 하나님께 더 가깝고 **아브람을 축복했던** 한 사람이 나타났다. 그 계곡은 **사웨 골짜기**(17절)로서 아마도 예루살렘 근처의 기드론 골짜기인 듯하다(참조, 삼하 18:18).

아브람이 멜기세덱을 만나는 내용은 교차대구법 형식으로 되어 있다.

(A) 소돔 왕이 아브람을 만남(17절)

   (B) 살렘 왕이 아브람을 만남(18절)

   (B') 살렘 왕이 아브람을 축복함(19~20절)

(A') 소돔 왕이 협상을 제안함(21절)

소돔 왕의 제안이 멜기세덱의 축복 이후에 이루어졌다는 사실은 아브람으로 하여금 사태를 올바로 판단할 수 있게 해 주었다.

14:22~24 아브람은 천지의 주재이시요 지극히 높으신 하나님 여호와 앞

에서 소돔 왕이 아브람을 치부하게 했다고 하지 못하게 하려고 소돔에 속한 것은 아무것도 가져가지 않겠다고 맹세했다.

이 사건은 승리를 거둔 아브람의 믿음을 시험하는 사건이었다. 소돔 왕 베라는 대단히 호감이 가는 협상을 제안했다. 그러나 자신이 소돔 왕에 관해 무엇을 했는지를 알고 있었던 아브람은 소돔에 속한 전리품을 가지고 있는 것이 자신을 베라에게 예속시킬 것이라고 느꼈다. 그는 재물보다 더 지속적인 어떤 것, 곧 하나님의 기적적이고 항구적인 약속의 성취를 원했다. 신앙은 이 세상의 부를 넘어서서 하나님이 예비하고 계신 보다 높은 차원을 바라본다.

아브람은 자신이 더욱 번성할 것임을 알고 있었으며 자기에게 복을 주시는 분이 누구인지도 알고 있었다. 그는 하나님으로부터 무엇이든 받으려고 힘썼지만, 소돔에서는 실 한 가닥 조차도 받으려 하지 않았다. 순종하는 신자들은 모든 성공과 기쁨과 안락 및 번영에도 불구하고 하나님을 의지하려고 하는 삶의 원칙을 가지고 있다. 그들의 믿음은 아브람의 믿음과 같이 깊은 뿌리를 갖고 있어서 갈수록 성장하는 특징을 갖고 있다. 소돔 왕은 분명히 악한 나라를 다스리는 악한 지도자였다. 아브람은 그를 상대하는 것이 위험하다는 것을 간파했다. 아브람은 하나님이 이러한 제안을 통해서 자신에게 복을 주신다고 추론할 수도 있었다. 그러나 그는 하나님의 복을 소돔이 제안한 최선의 것과 동일시할 수 없었다.

멜기세덱은 성경에서 중요한 인물이다. 아브람보다 앞선 그는 레위 계열의 제사장이 아니었다. 멜기세덱의 왕좌 위에 오른 이스라엘의 초대 왕 다윗이 자신의 위대한 후손인 메시아가 멜기세덱의 반차를 좇아 영원한 제사장이 될 것이라고 예언했을 때(시 110:4), 다윗은 없어질 레위 족속의 제사장직을 뛰어넘고 있었다. 히브리서는 예수 그리스도께서 그의 죽음

을 통해 어떻게 레위 족속의 제사장직을 성취하며 보다 높은 제사장직을
시작하셨는가를 보여 주고 있다. 히브리서 저자는 멜기세덱을 그리스도
의 완전한 전형(type)으로 언급하면서 멜기세덱의 익명성을 강조했다. 족
보와 조상들에 대한 설명으로 가득 찬 창세기에서 멜기세덱은 가족의 기
록을 갖지 않은 채로 나타난다(히 7:3). 멜기세덱은 대제사장으로 십일조
를 드렸기 때문에 멜기세덱의 반차는 아브람으로부터 유래한 레위 계열보
다 우월하다(7:4~10).

g. 언약을 체결함(15장)

아브람이 롯을 구출하고 멜기세덱의 축복을 받은 후, 하나님은 공식
적으로 아브람과 언약을 체결하심으로써 이전에 주어진 약속(12:2~3)을
확증하셨다. 그러나 하나님은 오랜 기간 동안 속박이 있을 것임을 경고하
셨다(15:13).

15:1~3 하나님은 언약을 체결하시기 전에 확신의 말씀으로 아브람의
두려움과 의심을 제거하셨다. "두려워하지 말라 나는 네 방패니라." 여호와
께서 아브람에게 그의 상급이 클 것이라고 약속하셨을 때, 그는 자식이 없
는 자신이 무엇을 받을 것인지를 물었다. 이것은 그의 신앙을 보여 준다.
그의 소망은 베라의 제안에 의해 가려지지 않았다(14:22~24). 아브람은
여전히 하나의 희망, 곧 하나님이 주신 원래의 약속(12:2~3)만을 가지고
있었다. 그는 자신의 관심사를 자기 집에 있던 한 종의 국적과 관련된 언
어유희를 통해서 표현했다. 나의 상속자(벤-메쉐크[בֶּן־מֶשֶׁק])는 이 다메섹
(다메세크[דַּמֶּשֶׂק]) 사람 엘리에셀이니이다(15:2). 이것은 마치 아브람이 "이

름 안에 그 전조가 있다"고 하나님께 강조하는 것과도 같았다. 즉 단지 한 종이 그의 상속자가 될 것이라는 말이었다.

15:4~6 그러나 주께서는 "그 사람(엘리에셀의 이름은 사용하지도 않으심)이 네 상속자가 아니라 네 몸에서 날 자가 네 상속자가 되리라"고 강하게 답변하셨다. 그러고 나서 하나님은 하늘의 별들을 보여 주시면서 아브람의 자손이 셀 수 없을 만큼 많아지리라고 말씀하셨다(참조, 22:17; 26:4). 하나님이 별들을 창조하실 때 사용하신 말씀은 아브람의 후손 역시 보증할 것이다.

"아브람이 여호와를 믿으니 여호와께서는 이를 그의 의로 여기시고." 신약성경은 이러한 기본적인 진리를 세 번씩이나 반복하면서(롬 4:3; 갈 3:6; 약 2:23) 의가 믿음의 대가로 주어지는 것임을 보여 주고 있다.

창세기 15장 6절은 중요한 진리를 보여 주고 있으나 아브람의 회심을 의미하는 것은 아니다. 이 진리는 여러 해 전에 그가 우르를 떠날 때 이미 이루어졌다('믿다'를 나타내는 히브리어 단어의 형태는 그의 믿음이 1~5절에 기록된 사건들 이후에 시작된 것이 아님을 보여 준다). 아브람의 믿음이 여기에 기록된 이유는 그것이 언약을 맺는 일의 기초가 되기 때문이다. 아브람은 그 언약을 통해서 비로소 구원을 받은 것이 아니었다. 그 언약은 이미 믿고서 의롭다고 인정함을 받은 아브람과 더불어 맺어진 언약이었다. 성경은 모든 시대에 있어서 의롭다고 인정함을 받는 것(구원)이 믿음에 의해서임을 분명하게 가르치고 있다.

15:7~10 아브람과 구속력 있는 언약을 맺는 엄숙한 예식 속에서 하나님은 그에게 자신의 약속들이 반드시 성취될 것이라는 점을 확신시키셨

다(7, 18~21절). 하나님은 또한 아브람의 후손이 400년이라는 오랜 기간 동안 속박을 받을 것이라고 말씀하셨다.

아브람은 하나님의 명령에 순종해 세 가지의 동물, 곧 암소와 암염소 및 숫양 등을 둘로 쪼개고(10절) 산비둘기와 집비둘기 새끼도 준비했다.

15:11~16 바로 그때 갑작스러운 두려움이 아브람을 엄습했음이 분명하다. 왜냐하면 불결한 새들(솔개)이 제물로 바친 동물들을 습격하는 안 좋은 징조가 나타났기 때문이다. 이스라엘이 노예가 되리라는 하나님의 선고(13~14절)는 희생 제물을 공격하는 새들의 의미를 분명하게 해 주었다. '괴롭게 하다'(아나[עָנָה], 13절. 참조, 16:6)라는 단어는 애굽이 이스라엘을 억압하는 것을 묘사하는 단어(출 1:11~12)와 동일하다. 애굽은 솔개와 마찬가지로 언약에 대항했다. 그러나 그 언약은 궁극적으로 성취될 것이다. 모세가 등장했을 때 이스라엘 자손은 애굽에 있었던 햇수를 계산해 보고 400년의 세월이 흘렀음을 알 수 있었을 것이며(야곱이 애굽에 들어간 BC 1876년부터 계산 – 참조, 창세기 47장 28~31절의 '족장들의 연대표'), 그들의 구원의 때가 가까웠음도 알 수 있었을 것이다. 출애굽기 12장 40절과 갈라디아서 3장 17절은 애굽의 속박이 430년(BC 1876~1446)이었다고 말한다. 그렇다면 창세기 15장 13절과 사도행전 7장 6절에 있는 400년이라는 숫자는 분명히 어림잡은 숫자일 것이다.

공의로우신 하나님은 아모리 족속을 심판하시기 전에 그들의 죄악이 가득하게 되도록 내버려 두셨다(창 15:16. 참조, 14장 13~16절의 아모리 족속에 대한 설명) 하나님은 이스라엘이 여호수아의 인도하에 팔레스타인을 정복할 때까지 그들의 죄악에 대해 관용하셨다. 이처럼 아브람에게 주어진 약속들의 성취는 가나안 땅에 거하는 자들에 대한 응보적인 심판을 포함한다. 아브람의 후손은 그 땅을 얻을 것이다. 그러나 하나님의 절대적인 공의가 그것을 요구하기 전에는 한 시간도 땅을 얻지 못할 것이다. 하나님은 약속을 이루시기 전에 자신의 백성으로 하여금 약속을 받기에 합당하게끔 훈련시키는 것을 포함해서 해야 할 많은 일들을 가지고 계셨다. 아브람이 이것을 미리 본 것은 솔개를 보는 것같이 섬뜩한 일이었다.

15:17~21 해가 지자 하나님은 연기 나는 **화로와 횃불**의 형상으로 자신을 계시하셨다. 이 두 요소는 고대 세계에서 희생 제사와 관련된 것들이었다. 이 형상들은 세상에서 하나님의 열심과 심판을 나타내는 '연소'(burning) 주제의 한 부분이다. 불은 소멸하시고 정결케 하시는 여호와의 열심과 가까이할 수 없는 그분의 거룩하심을 나타내는 것으로서, 이 두 가지는 서로 관계를 가지고 있다(참조, 사 6:3~7). 어두움 속에서(창 15:1) **아브람**은 환상 중에 희생 제물의 **쪼갠 사이를 지나던** 이러한 불의 요소들 이외에는 아무것도 보지 못했다. 이처럼 거룩하신 하나님은 열방을 심판하시고 이스라엘에게 주신 자신의 약속들을 성취하는 일에 열심이셨다. 그는 내려오셔서 **아브람**과 공식적인 조약(언약)을 체결(문자적으로는 '자르다')하셨다(아브라함 언약). 하나님은 그 누구에 의해서도 '맹세'(언약을 확정하는 일)하실 수 없는 분이기 때문에 "자기를 가리켜 맹세하셨다"(히 6:13). 다시 말해서 이것은 편무 언약(unilateral covenant) 이었다. 따라서 그 약속들은 절대적으로 확실한 것이다.

하나님은 이스라엘 땅의 지리적인 경계를 애굽 강(나일 강이 아니라 와디 엘 아리쉬임)에서부터 그 큰 강 유브라데까지라고 상세하게 말씀하셨다. 이스라엘은 결코 이 땅 전체를 소유한 적이 없었다. 그러나 그리스도께서 메시아로서 통치하러 오실 때에는 그렇지 않을 것이다. 가나안 족속들(창 15:19~21)은 나중에 가나안 정복 때에 내쫓김을 당했다.

아브람에게 있어서 하나님의 메시지는 확실했다. 죽음과 고난(억압과 속박)이 예상됨에도 불구하고 그의 후손은 그 약속을 받게 될 것이다. 왜냐하면 하나님이 그것을 확증하셨기 때문이다. 따라서 이스라엘은 출애굽할 때뿐만 아니라 그 후의 고난의 시기, 특히 바벨론 포로기 때에도 이러한 사실에 크게 힘을 얻었을 것이다. 하나님의 엄숙한 언약은 그분이 선택하신 백성에게 죽음과 고난의 시기가 있음에도 불구하고 그분의 약속들이 궁극적으로는 성취될 것임을 확신시킨다.

이스라엘 역시 이 설화의 서두 부분에서 그와 평행되는 요소를 발견했을 것이다(창세기 15장 7절의 "나는 이 땅을 네게 주어 소유를 삼게 하려고 너를 갈대아인의 우르에서 이끌어 낸 여호와니라"와 출애굽기 20장 2절의 "나는 너를 애굽 땅, 종 되었던 집에서 인도하여 낸 네 하나님 여호와니라"를 비교). 이것은 억압과 속박 속에서도 하나님이 그들을 억압하는 자들을 심판하시고 그의 약속들을 성취하신다는 사실을 이스라엘에게 확신시켜 주었다.

이 구절은 신약의 신자들에게도 용기를 준다. 하나님은 자신이 구원과 관련된 약속들을 성취하시며 생명에 속한 모든 복들을 이루실 것임을 엄숙하게 선포하신다(참조, 벧후 1:3~4). 억압과 고난과 죽음이 있다 해도 하나님은 자신의 약속들을 지키신다.

2. 약속의 자손과 시험에 의한 신앙 성숙(16:1~22:19)

이 설화는 족장 아브람이 하나님의 약속이 성취되기를 기다리는 과정에서 겪은 갈등을 이야기하고 있다. 그는 때때로 걸려 넘어지기도 했지만 결국에 가서는 그의 신앙이 하나님께 인정을 받게 된다.

a. 신앙의 부족과 이스마엘의 탄생(16장)

아브람의 신앙이 성장하면서 시험을 받는 동안 하나님의 약속은 그 성취가 점점 지연되었다. 그가 연약해진 순간마다 신앙에 근거하지 않은 대안들이 제시되었다. 하나님의 약속들이 성취되는 것을 돕겠다는 인간적인 노력들은 문제를 더욱 복잡하게 만들었다. 나중에 이스라엘 역시 하나님 없이 무슨 일을 해 보려고 하다가 그 일만 복잡하게 되어 버리고 말았음을 배웠을 것이다.

16:1~6 사래는 잉태할 수 없었기 때문에 인간적인 판단에 의한다면 그녀를 통해서는 약속의 자손이 도무지 태어날 수가 없었다. 이것은 아브람과 사래로 하여금 의아한 행동을 취하게 만들었다. 그러나 아브람은 이러한 방법으로는 하나님의 약속이 이루어지지 않는다는 사실을 배웠다.

당시의 법적인 관습에 의하면 아이를 낳지 못하는 여인은 자신의 하녀를 자기의 남편에게 아내로 줄 수 있었으며, 그러한 결합에서 생겨난 자식은 첫 아내의 자식으로 간주되었다. 만일 그 남편이 하녀의 아들에게 "너는 나의 아들이다"라고 말한다면 그는 양자인 동시에 상속인이 될 수 있었다. 따라서 사래의 제안은 당시의 관습에 의한다면 거부하기 어려운 제안이었다. 그러나 하나님은 때때로 사회적인 관습을 거절하신다.

아브람도 승인한 사래의 계획은 하녀 하갈이 임신한 후에 묘하게 뒤틀렸다. 하갈은 사래를 멸시하기 시작했다. 아마도 두 여인은 아브람의 후손 문제가 어떻게 될 것인가에 큰 관심을 가지고 있었을 것이다. 하갈이 그 권한을 가질 것인가? 사래는 하갈과의 갈등으로 인해서 그 문제를 아브람에게 따졌다. 그는 사래에게 원하는 대로 그 문제를 해결하라고 말했다. 그러자 사래는 하갈을 학대했으며(아나[עָנָה]. 이 단어에 대해서는 창세기 15장 13절의 설명 참조) 하갈은 도망했다(16:6).

이제 아담과 마찬가지로(3:17) 아내의 잘못된 충고를 따른 아브람은 진퇴양난에 빠지게 되었다.

16:7~16 이 이야기는 어두운 측면(사래가 여종 하갈을 학대한 것)과 밝은 측면(하나님의 천사가 사막에서 하갈과 대화하신 일)을 모두 가지고 있다. 이 이야기의 어두운 측면에서 무엇이 잘못되어 갔는지를 아는 데에는 아무런 문제가 없다. 신앙의 길(인내로 기다리는 것을 포함)을 포기하고 인간적인 판단을 선택했을 때, 아브람은 앞으로 수년 동안 그를 괴롭힐 인과율에 얽매이게 되었다(이스마엘은 아직까지도 유대인들에게 적대적인 아랍 족속의 조상이 되었다).

하나님의 천사는 고향 애굽으로 가는 길목에 있는 광야의 술(Shur) 길 샘 곁(참조, 25:18)에서 하갈을 발견했다. '하나님의 천사'(문자적으로는 '여호와의 사자')에 대한 언급이 구약성경에서 처음 나타나는 대목이다. 이 천사는 여호와 하나님과 동일시되고 있다(창 16:13; 22:11~12; 31:11, 13; 48:16; 삿 6:11, 16, 22~33; 슥 3:1~2). 따라서 '하나님의 천사'는 성육신 이전의 그리스도의 현현을 지칭하는지도 모른다(참조, 창 18:1~2; 19:1; 민 22:22; 삿 2:1~4; 5:23; 슥 12:8 등).

하나님은 하갈에게 두 가지("네가 어디서 왔으며 어디로 가느냐?")를 물으신 후 두 가지 확실한 말씀을 주셨다. 그 하나는 권고("돌아가서 복종하라"[창 16:9] 의 말씀이었고 다른 하나는 약속("네가 아들을 낳을 것이다"[창 10~12절]의 말씀이었다. 그녀는 하나님을 "나를 살피시는 하나님"(13절)이라 불렀으며, 그 사건을 기념하기 위해 그곳에 있던 우물을 브엘라해 로이(בְּאֵר לַחַי רֹאִי : 나를 감찰하시는 생존자의 우물. 참조, 24:62; 25:11)라고 불렀다.

창세기에서는 종종 널리 알려진 어원 설명들이 메시지를 전달한다. 이것들은 그 이야기로부터 이름에 관한 설명을 이끌어 내는 수사학의 기교이다. 이처럼 이름이라는 것은 어떤 사건들과 그 의미를 기억하기 위한 하나의 수단이었다. 여기에서는 널리 알려진 두 개의 어원 설명이 이 설화의 절정을 이룰 뿐 아니라 이 설화 전체의 요점이기도 하다. 하나님이 친히 그 아이의 이름을 이스마엘이라 칭하시고 "여호와께서 네 고통을 들으셨음이니라"(16:11)는 설명을 덧붙이셨다. 분명히 이 이름은 일차적으로 하갈을 위한 것이었지만 아브람과 사래를 위한 것이기도 했다.

또 다른 이름은 하갈이 하나님을 '나를 감찰하시는 하나님,' 곧 자신을 돌보시는 하나님이라고 칭한 것과 관련되어 있다. 이상 두 개의 이름에서 우리는 하나님은 들으시고 감찰하시는 분이라는 신학이 전개되어 있음을 발견한다. 이 장소는 후에 성별되어서 자신의 백성의 부르짖음을 감찰하시고 들으시는 하나님을 찾는 장소가 될 것이다.

앞의 이름들이 전달하는 메시지는 하나님이 직접적인 계시를 통해 말씀하셨으며 하갈은 믿음으로 응답했다는 점이다. 하나님은 고통과 괴로움을 보시고 또 들으신다. 사래는 이것을 알아야 했다. 하나님이 사래가 아이를 낳지 못하는 것을 알고 계셨기 때문에 사래는 하나님께 부르짖어야 했다. 이제 그녀는 자기가 경멸한 여종, 그러면서도 역설적으로 신앙의 경험을 통해 되돌아온 여종 하갈의 경험으로부터 귀중한 교훈을 배워야만 했다. 하나님이 그 아들을 **이스마엘**(하나님이 들으심)이라 부르라고 말씀하셨다는 것을 하갈이 전했을 때 **아브람**은 마음속으로 얼마나 큰 책망을 받았겠는가!

사람은 누구나 커다란 불행(여기서는 사래의 불임)에서도 하나님께 향하는 법을 배워야 한다. 왜냐하면 하나님은 고통당하는 자들의 소리를 들으시고 그들의 곤경을 감찰하시며 기적적인 방법으로 자신의 약속들을 이루어 주시기 때문이다. 그것들은 인간적인 간섭에 의해 방해받지 않는다. 아이를 낳지 못하는 자에게 자녀를 주는 것은 바로 하나님이 하시는 일이다(시 113:9). 후에 레아 역시 하나님이 자신의 고통을 들으셨다는 사실을 알았다. 왜냐하면 그녀가 르우벤과 시므온이라는 이름에 그러한 사실을 반영했기 때문이다(창 29:32~33). 사래는 여전히 자신의 믿음으로 가야 할 길을 앞에 두고 있었다.

어쨌든 하나님은 임신했다는 이유로 광야로 내쫓긴 한 여인을 돌보아 주셨다. 하나님은 하갈이 여가장(女家長)이 될 것이며, 그녀의 아들이 아라비아 사막에 거주할(25:12~18) 거칠고 호전적인 백성의 조상이 될 것임을 약속하셨다. 그러나 그들은 약속의 자손이 되지 못할 것이며 오히려 복잡한 문제를 일으킬 것이다. 이스마엘 족속의 뿌리는 사래의 범죄에 있고, 오늘날에도 그 결과가 계속되고 있다. 사실 사래의 증손자인 요셉은 나중에 이스마엘 족속에 의해 애굽에 팔렸다(37:28).

사래와 아브람, 하갈, 이스라엘, 그리고 기독교인들에게 주는 하나님의 교훈은 분명하다. 하나님의 종들은 그의 말씀을 신뢰해야 하며 그 말씀의 성취를 인내심을 가지고 끝까지 기다려야 한다. 창세기에서 점차적으로 분명해지는 것은 하나님의 선택에 힘입은 개인이나 국가는 반드시 신앙에 의해서 살아야 한다는 점이다. 인간적인 노력은 도움을 주지 못할 것이다. 그러나 하나님의 백성을 위한 좋은 소식은 살아 계신 하나님이 감찰하시고 들으신다는 점이다.

b. 이름과 표징에 의해 확정된 자손의 약속(17장)

17장은 (1) 하나님이 아브람(1~8절)과 사래(15~18절)의 이름을 바꾸심으로써 자신의 약속을 보증하신 내용, (2) 언약의 표징으로 할례를 행하게 하신 일(9~14절), (3) 사라를 통한 약속의 성취를 보증하시는 말씀(19~22절), (4) 아브라함의 순종(23~27절) 등을 기록하고 있다.

첫 부분에서는 하나님이 주요 인물로 등장한다. 그분은 아브람에게 아들을 약속하시고 이삭이라는 이름을 주셨으며, 아브람과 사래의 이름을 그 약속을 반영하는 이름으로 바꾸시고 할례를 제정하셨다.

17:1~8 아브람에게 주신 하나님의 약속들은 그 웅장한 모습을 점점 더 드러내기 시작했다. 그는 전능하신 하나님으로서 자신의 모든 약속들을 충분히 성취하실 수 있었다. '전능하신 하나님'(엘 샤다이[שַׁדַּי אֵל])이라는 표현은 구약성경에서는 여기에 처음 나타나며 창세기 17장 1절, 28장 3절, 35장 11절, 43장 14절, 48장 3절에서 몇 차례 사용되고 있다(참조, 49:25). 어떤 학자들은 샤다이(שַׁדַּי)가 짐승이나 산을 의미하는 아카드어 샤두와 관련되어 있다고 본다(신체의 일부를 나타내는 단어들 역시 지리적인 설명에 사용되었다. 예, '강의 입구'는 'mouth of a river,' '산기슭'은 'foot of a mountain'). 따라서 샤다이가 하나님에게 사용될 때에는 풍성하게 공급하실 수 있는 그의 능력(풍성하신 분) 또는 그의 위대한 힘(전능하신 분)을 지칭한다. 하나님은 "너는 여러 민족의 아버지가 될지라(17:4. 참

조, 12:2의 '큰 민족') … 왕들이 네게로부터 나오리라(17:6)"고 말씀하셨다. 그리고 하나님은 그 언약이 **영원할** 것이라고 말씀하셨다(7절). 또한 아브람이 소유하게 될 가나안 땅 역시 아브람의 후손의 **영원한** 기업이 될 것이다(15:8).

족장 아브람의 이름 변화는 결정적인 것이다. '높임 받은 아버지'라는 뜻의 이름 아브람(17:5)은 데라에게로 소급하며(11:27), 아브람이 왕가 출신임을 함축하고 있다. 그러나 히브리어에서 아브라함(אַבְרָהָם)이라는 이름은 '많은 무리의 아버지'(아브 하몬[אַב הֲמוֹן], 17:4~5)와 발음이 비슷하다. 그의 새로운 이름은 그의 **후손**에 대한 기대를 함축하고 있다.

우리는 아브람이 99세 때(1, 24절) 자기를 여러 민족의 아버지를 의미하는 아브라함으로 불러 달라고 사람들에게 말했을 때, 사람들이 웃음을 참고 있는 것을 보고서 상심했으리라는 것을 쉽게 상상할 수 있다. 그러나 아브라함은 하나님이 자기를 속이신 것이 아님을 알고 있었다. 그의 새 이름과 그의 아내의 새 이름은 하나님의 확실한 말씀을 끊임없이 상기시켜 주었다. 누군가가 그를 부를 때마다 그는 하나님의 약속을 기억했을 것이며, 마침내 약속의 자손 이삭이 그를 아버지라고 부를 때까지 그러했을 것이다.

17:9~14 하나님의 약속을 보증하는 또 다른 표징은 할례였다. 이 표징은 약속을 공유하고 있는 모든 남자들에게 적용되었다. 할례는 고대 근동의 다른 지역에서도 시행되었지만 여기서는 그것이 새로운 의미를 띠게 되었다. 그것 역시 아브라함과 그의 후손들에게 영원한 언약을 상기시켰다(13절. 참조, 7, 19절). 이러한 상징으로 하나님은 그들에게 그들의 본성이 불순하며 모든 생명을 지키기 위해서는 하나님을 의지해야 한다는

사실을 깨닫게 하셨다. 그들은 (1) 본성적인 불순함이─특히 결혼의 경우에─제거되어야 하며, (2) 인간의 본성으로는 약속의 자손을 생산할 수 없다는 것을 인식하고 기억했을 것이다. 그들은 가정에 충실하지 않으면 안 된다. 신체적인 할례를 거부한 이스라엘 자손은 누구든지 하나님의 명령에 대한 불순종으로 인해 백성 중에서 끊어질 것이다(14절).

성경은 다른 곳에서 할례를 분리, 순결, 언약에 대한 충성 등의 상징으로 언급하고 있다. 모세는 하나님이 그의 백성의 마음에 할례를 행하심으로써 그들이 하나님께 헌신하게 될 것이라고 말했다(신 30:6). 그리고 바울은 '마음의 할례'(즉 '성령에 의해' 내적으로 구별되는 것)가 구원 및 하나님과의 교제를 증명한다고 기록했다(참조, 롬 2:28~29; 4:11). 우리는 인간적인 힘을 의존하는 것을 버리고 하나님과 그의 약속들을 확신하지 않으면 안 된다. 불신앙은 할례받지 않은 마음을 갖는 것으로 묘사된다(렘 9:26; 겔 44:7~9).

17:15~18 하나님은 사래가 사라로 불릴 것이라고 선언하셨다. 이 새로운 이름은 비록 약간의 변화를 통해서 '여주인'이라는 뜻을 갖게 되었음에도 불구하고 앞으로 왕들을 후손으로 갖게 될 여인에게 적합한 이름이었다(16절. 참조, 6). 이것을 들은 아브라함은 웃었다. 왜냐하면 90세의 여인이 아들을 낳는다는 것은 불가능해 보였기 때문이다. 아브라함은 자신의 후손이 이스마엘을 통해서 나올 것이라고 생각하고 있었다.

17:19~22 그러나 하나님은 그녀가 아들을 낳을 것이며, 그 이름은 '그가 웃을 것이다'를 의미하는 이삭이 될 것이라고 분명히 말씀하셨다(19절). 그의 이름은 그가 하나님의 말씀을 듣고서 웃었다는 것을 끊임없이

상기시킬 것이다. 그러나 이스마엘 역시 잊혀지지는 않았다. 왜냐하면 하나님은 그 역시 많은 후손을 갖게 될 것이라고 말씀하셨기 때문이다. 이스마엘의 아들들의 숫자(12명)까지도 예고되었다. 그들의 이름은 25장 13~15절에 기록되어 있다.

17:23~27 그러나 이삭에 관한 하나님의 말씀을 받은 아브라함은 할례에 관한 하나님의 명령에 즉각 순종함으로써 하나님의 말씀에 대한 자신의 신앙을 드러냈다. 아브라함은 99세 때 할례를 받았으며, 이스마엘은 13세 때 받았고, 아브라함의 집에서 태어난 모든 자와 돈으로 산 모든 자, 곧 아브라함의 집 사람 중 모든 남자들도 할례를 받았다.

c. 하나님의 방문에 의해 확정된 자손의 약속(18:1~15)

18:1~8 헤브론에 있는 마므레의 상수리나무들이 있는 곳에서 세 사람이 약속이 성취될 시기를 분명히 하기 위해 아브라함을 방문했다(참조, 13:18; 14:13). 이 세 사람은 여호와 하나님(18:1, 10, 13; 16:7. 참조, '여호와의 사자'에 관한 설명)과 두 천사였다. 낯선 사람을 환대하는 것에 관한 교훈도 부분적으로 반영되어 있겠지만, 천사들은 아브라함에게 이러한 교훈을 가르칠 목적으로 그를 방문한 것이 아니었다. 하나님의 천사는 왜 이러한 방식으로 아브라함에게 나아갔는가? 하나님은 왜 신탁이나 환상 또는 목소리 등의 수단을 사용하지 않으셨는가? 아마도 하나님은 이러한 방문을 통해서 아브라함과 소돔 사람들을 시험하려고 하셨던 듯하다. 아브라함과 소돔의 도덕적인 상태는 그들이 낯선 사람들을 대접하는 태도에서 다르게 나타났을 것이다. 아브라함의 호의적이고 조용한 환대

는 소돔의 잔인성 및 비인간성과 크게 대조되었다(18장과 19장을 비교).

그러나 더 적절한 설명은 아브라함을 방문한 자들이 친밀한 교제를 나누려고 했다는 것이다. 함께 식사를 하는 것은 교제와 화목제, 그리고 조약 등에 있어서 중요한 요소였다. 하나님은 언약에 근거한 약속들의 성취를 보다 구체화하기 위해서 사람의 몸으로 나타나셔서 아브라함의 장막에서 같이 식사하셨다. 다른 어떤 것도 그들의 친밀한 관계를 이보다 더 적절하게 나타내지는 못했다.

아브라함은 급히 그들에게로 달려 나갔으며(18:2) 급히 장막으로 들어갔다(6절). 그는 또한 **짐승 떼에게 달려갔고**(7절) 그의 하인은 송아지를 급히 요리했다(7절). 아브라함은 그들 앞에서 **몸을 땅에 굽혔으며**(2절) 발 씻을 물을 가져왔다(4절). 그는 새로 구운 떡(6절)과 기름지고 좋은 송아지(7절) 및 엉긴 젖과 우유(8절) 등을 그들에게 대접했고 그들이 먹는 동안에 계속 서 있었다(8절. 참조, 1~2절). 이 모든 것은 그가 자신을 방문한 자들이 누구인지를 알고 있었다는 것을 의미한다.

18:9~15 식사 후에 한 천사가 1년이 지나면 **사라**에게서 **아들**이 태어날 것이라고 예고했다. 이 천사는 분명히 여호와 하나님 자신이었다(참조, 16:7). 사라는 이 예고를 우습게 여기고 마음속으로 웃었다. 그러나 하나님은 사라를 책망하셨다. "여호와께 **능하지 못한 일**이 있겠느냐?" 근본적으로 이 이야기는 하나님이 불가능한 것을 하실 수 있다는 것을 믿게 하려는 의도를 가지고 있다. 하나님은 그를 친히 방문하심으로써 - 그리고 그와 함께 식사를 하심으로써 - 자신의 약속을 확정하시고 약속이 이루어질 때가 가까웠음을 선언하셨다. 그것은 인간적으로 불가능한 탄생을 알리는 선언이었다. 이처럼 믿기 어려운 일이 선포될 때 인간 편의 반응은

항상 똑같다. 사람들은 사라와 마찬가지로 방심한 채로 웃어넘기고, 그러고 나서는 두려움 속에서 자기가 웃었다는 것을 부정한다(18:15). 그러나 하나님은 인간의 마음을 아시며 기독교인들이 종종 하나님이 하실 수 있다고 말씀하시는 것에 의심을 품는다는 것도 아신다.

아이를 낳을 수 없는 여자에게서 아이가 탄생한다는 것이 만물을 창조하신 하나님에게 어려운 일이겠는가? 그것은 전혀 웃을 일이 아니다. 그는 그것을 하실 수 있다. 하나님과 언약의 친교를 갖는 이들에게는 믿기 어려운 일이라는 것이 존재하지 않는다. 왜냐하면 하나님께는 능하지 못할 일이 없기 때문이다.

d. 소돔 사람들을 위한 아브라함의 중재(18:16~33)

이 설화의 중심 주제는 공의이다. 그것은 앞 절들(9~15절)에서 파생된 주제이다. 확실히 하나님은 하시고자 하는 모든 일들을 하실 수 있다. 그러나 그것이 공정한 것인가? 그 대답은 하나님이 아브라함의 간구에 응답하실 때 나타난 것같이 분명하다.

18:16~21 이것은 소돔을 중심으로 한 평지의 성읍들을 심판하시려는 하나님의 독백이다. 흥미롭게도 하나님은 자신의 계획을 나타내시는 일에 있어서 두 가지 동기를 가지고 계셨다. 첫 번째 동기는 **모든 민족**이 아브라함을 **통해서 복을 받으리**라는 사실이었다(18절). 그리하여 하나님은 한 성읍(소돔)이 그를 통해 복을 받을 기회를 갖기 전에 멸망당할 것이라고 그에게 말씀하셨다. 두 번째로 아브라함은 자신의 후손에게 **공의와 정의**(19절)를 가르쳐 그들로 하여금 하나님의 복을 누리게 해야 할 책임을

가지고 있었다.

소돔과 고모라의 중한 죄에 대한 사람들의 부르짖음이 너무도 컸기 때문에 주님은 그것이 과연 그렇게 악한지를 보기 위해서 내려가셨다(물론 하나님은 전지[全知]하시기 때문에 소돔과 고모라의 죄악을 잘 알고 계셨지만 그들에게 공의를 나타내기를 원하셨다). 만일 그들의 죄악이 사실과 똑같다면 그들은 심판을 받을 것이다.

18:22~33 하나님이 불의한 자들과 함께 의로운 자들까지도 멸하실 것인가? 아브라함은 소돔에 **의로운 자들**이 있을 것임을 확신했다. 그래서 그는 하나님의 공의에 입각해 소돔을 위해 간구했다. 그는 단순히 롯만을 위해서 간구한 것이 아니었다.

바로 이러한 간구에서 아브라함의 위대성이 드러난다. 그는 그 성읍들에 있는 모든 자들(의인들뿐만 아니라 악인들까지도)이 의인들로 인해 건짐을 받아야 한다고 기도했다(23절). 이전에 그는 전쟁 중에 이들을 개인적으로 구출한 적이 있었다(14:16). 이제 그는 그들을 위해 싸웠던 때와 동일한 용기와 인내심과 관대함을 가지고서 그들을 위해 간구했다. 아브라함이 하나님께 '흥정'하는 것에 어떤 독자들은 크게 놀란다. 그러나 아브라함의 대담한 기도는 진정한 겸손과 철저한 경외심에서 비롯된 것이었다. 그는 공의를 위해서 간구했다. 그는 의인의 숫자를 50명에서 45명, 40명, 30명, 20명, 10명 으로 낮추면서까지 소돔의 구원을 간구했다(18:24~32). 그러나 하나님의 뜻에 반하는 어떤 것을 하나님께 강요하려고 했던 것이 아니다(그러나 소알을 위한 롯의 기도는 아브라함의 경우와 크게 대조된다, 19:18~23).

이처럼 공의의 주제가 전면에 드러나 있다. 하나님의 복을 누릴 사람들은 (1) 공의를 가르칠 것이고(18:19), (2) 의인들을 구출하기 위해서 공의로운 심판을 간구하며, (3) 하나님이 의인들로 인해 악인들을 구원하실 수도 있다는 것을 알고 있다. 이스라엘은 이로부터 하나님이 의로우신 재판관이시고, 의가 한 나라를 영화롭게 하며(잠 14:34) 의로운 사람들이 사회를 보전한다(참조, 마 5:13)는 사실을 확실하게 배웠다. 이러한 사실들은 그것들을 자비에 가득 찬 중재의 기도로 변화시킨 아브라함에게 있어서와 마찬가지로 이스라엘에게도 커다란 관심사였을 것이다.

e. 평지 성읍들의 심판(19장)

19장은 도덕적으로 부패한 가나안 문명에 대한 하나님의 심판을 기록하고 있을 뿐만 아니라 그들과 같이 되려고 하는 다른 문명에 대한 엄중한 경고도 포함하고 있다. 롯을 소돔으로부터 구출하는 것과 소돔을 롯의 가족으로부터 분리시키는 것은 어려운 일이었다.

롯은 의로운 사람이요 호의적이고 관대한 사람(2~3절)으로서 자기가 속한 집단의 지도자였다. 실제로 그는 재판관의 직분을 가지고 있었다. 왜냐하면 그는 '소돔 성문에 앉아' 있었기 때문이다(1절. 참조, 9절). 재판관은 보통 성문이나 공공장소에 앉아서(참조, 욥 29:7, 12~17) 법적인 문제와 사업상의 거래를 해결했다(참조, 창 23:18). 롯은 재판관으로서 그 지역 사람들의 악함을 제거하려고 노력했으며, 선한 삶에 대해서 가르치려고 노력했다. 그는 진리와 공의, 외와 악 등을 알고 있었다. 그는 '의로운 사람'이었다(벧후 2:7~8).

그러나 그는 그들의 생활 방식을 비판했음에도 불구하고 소돔 사회의 편안한 삶을 좋아했다. 그는 추한 삶이나 편안한 삶도 없을 산지에 거하는 것(참조, 창 13:10~11)보다 소돔 사람들로부터 돈을 벌어들이는 일을 더 좋아했다.

그러나 천사들의 방문과 함께 모든 것이 드러날 때가 되었다. 롯은 경건하고 순전한 사람인 것 같았으나 위선적이었다. 그의 말은 진지하게 받아들여지지 않았다(19:14). 그는 처음에 소돔 근처에 자신의 장막을 세웠지만 나중에는 소돔이 그의 삶을 지배했다. 그는 도덕성을 가지고 있었다. 왜냐하면 그는 남색과 동성연애를 반대했기 때문이다. 그는 그것들이 커다란 악이라는 것을 알았다. 그러나 기묘하게도 그는 소돔 남자들의 악행을 방지하기 위해 자기 딸들의 처녀성을 희생하려고 했다(8절). 그는 하나님의 은총으로 심판을 피할 수 있었지만 그의 마음은 소돔에 있었다. 그의 아내 역시 너무도 소돔에 빠져 있어서 하나님의 은총의 부르심을 따르지 못했으며, 그의 딸들은 술에 취해 벌거벗은 아버지와 동침한 것에 대해서 아무런 가책도 느끼지 않았다(30~35절).

하나님이 롯을 그대로 내버려 두신다면 그는 소돔에 살면서도 동시에 자신의 신앙을 고백하려고 할 것이다. 그러나 궁극적으로 그는 어느 것도 하지 못했다. 만일 주님이 소돔을 멸망시키지 않으셨다면 소돔이 그를 파멸시켰을 것이다.

19:1~14 두 천사는 마지못해 롯을 방문했다(참조, 18:2, 22). 롯의 호의에도 불구하고 그들은 거리에 머물려고 했다. 천사들이 롯의 집에 있을 때에 그 성의 모든 남자들이 그 집을 포위했다. 그들은 롯의 방문객들과 성적인 관계를 맺기를 원했다(히브리어 야다[יָדַע]의 문자적인 뜻은 '알다'로서 창세기 4장 1절에서도 동일한 단어가 사용됨). 그들은 남자로 여겨지는 두 방문객과의 동성애 관계를 원했다. 천사들로서 그들은 준수한 외모

를 가지고 있었음이 분명하다. 소돔 사람들의 야비함은 놀랍게도 롯의 위선과 잘 어울렸다. 왜냐하면 그는 자기의 처녀 **딸들**을 거리낌 없이 그들에게 주려고 했기 때문이다(19:8). 손님들을 보호하는 것은 손님 접대의 중요한 요소였지만 롯의 행위는 너무 지나친 것이었다! 의로운 행위를 바라는 롯의 간청(7절)은 이제 소돔 사람들이 그들의 재판관의 색다른 측면, 곧 위선을 공격함으로써 아무 소용이 없게 되었다(9절). 그는 조롱을 받아 마땅했다. 그러자 천사들은 롯을 집으로 끌어들이고 문밖에 있는 사람들의 눈을 멀게 만들었다. 그리고는 롯에게 그들이 소돔 성을 **멸망**시킬 예정이니 그 성을 떠나라고 말했다. 롯이 이 사실을 두 딸의 약혼자들에게 말했을 때 그들은 그를 믿지 않았다.

19:15~22 아침 일찍 천사들은 문자 그대로 롯을 그 성으로부터 이끌어 내야만 했다(16절). 물론 하나님은 아브라함을 위해 자비를 베푸셔서 롯을 구원해 내셨다(참조, 18:23; 19:29). 그러나 구출된 후에도 롯은 천사들에게 억지를 부렸다. 그는 '작은 것'을 의미하는 **조그마한 소알 성**으로 가기를 원했다(18~22절, 이전에는 벨라로 알려져 있었다[14:2]). 그러나 이 광경은 항상 이스라엘에서 머뭇거리고 주저하다가 안전한 곳으로 인도받은 롯을 생각하게 했을 것이다. 왜 하나님의 백성 중 어떤 사람들은 멸망으로 예정된 사회를 결연히 등지지 못하고 타락한 세계에 빠져 지내고 있는가?

19:23~29 하나님은 유황불로 그 악한 성들과 그 온 들을 덮으시고 크게 멸하셨다(24~25절). 어떤 이들은 땅속에 묻혀 있던 유황이 솟아올랐고(참조, 14장 10절의 '역청 구덩이') 하늘에서는 유황이 불덩어리가 되어

떨어져 내렸다(참조, 눅 17:29)고 주장한다. **롯의 아내**는 미련을 버리지 못하고 뒤를 돌아보았다가 소금기둥이 되어 불순종의 상징물로 변해 버렸다. 아브라함이 본 **짙은 연기**(19:28)는 유황이 타서 생긴 것이었다(24절). 하나님은 비록 평지 성읍들에 있는 죄인들을 심판하셨지만, 동시에 **아브라함을 생각하시고**, 즉 그의 간구함을 기억하시고(18:23~32) 롯을 그 재앙으로부터 구출하셨다.

19:30~38 이 결론 부분은 산에 있는 굴에서 롯의 두 **딸**이 행한 일을 기록하고 있다. 롯은 산지로 도망하는 것을 두려워해서(19절) 소알 성으로 피신했다(22절). 그러나 이제 아이러니하게도 그는 **소알을 떠나** 산지에 가서 거기에 있는 **굴**에 거했다(30절). 이것은 그가 떠난 소돔 성의 '발전된 문명'(눅 17:28)과 큰 대조를 이루고 있다.

소돔 성의 재앙 속에서 약혼자들을 잃음으로써 다시 결혼할 가능성이 매우 희박하다고 느낀 롯의 두 딸은 아버지를 취하게 만들고 나서 교대로 아버지와 성적인 관계를 맺었다(32~35절). 그들의 근친상간 행위는 그들이 소돔의 영향을 받았다는 것을 보여 준다. 그들은 후에 계속해서 이스라엘을 대적했던 **모압 족속**과 **암몬 족속**의 조상이 된 **모압과 벤암미**를 낳았다(36~38절). '모압'이라는 말은 '아버지로부터'라는 표현과 음가가 비슷하며, '벤암미'는 '나의 친척의 아들'이라는 뜻을 가지고 있다. 이러한 어원 설명은 이스라엘에게 모압 족속과 암몬 족속의 수치스러운 시작을 끊임없이 상기시켜 주었다.

19장에는 네 가지 주요 주제들이 나타난다. 첫 번째 주제는 야비한 가나안 족속들에 대한 하나님의 신속한 심판이요, 두 번째 주제는 사악한 사회에 대한 롯의 밀착이다. 세 번째 주제는 재앙에서 롯을 구출하신 하나님의 자비요, 네 번째 주제는 동굴 속에서의 '소돔의 재생'이다.

이러한 주제들을 통해 이스라엘은 하나님이 한 민족을 엄중하게 심판하실 경우에, 그들의 많은 악 때문에 하나님은 의로우시다는 것을 배울 수 있었다. 이스라엘은 또한 가나안의 사악함에 집착하는 것의 어리석음에 대해서도 배울 수 있었다.

그렇다면 하나님이 가나안 족속을 어떻게 대하셨는지를 아는 자들은 어떻게 살아야 하는가? 그 교훈은 분명하다. "이 세상이나 세상에 있는 것들을 사랑하지 말라 … 이 세상도, 그 정욕도 지나가되 오직 하나님의 뜻을 행하는 자는 영원히 거하느니라"(요일 2:15, 17). 현재의 타락한 세상 풍습을 좇는 것은 위험하고 또 어리석은 일이다. 왜냐하면 그러한 세상 풍습은 하나님의 신속하고도 갑작스러운 심판의 대상이 될 것이기 때문이다.

예수께서는 창세기 19장 26절을 언급하면서 믿지 않는 이스라엘에게 임할 파멸에 대해 경고하셨다. "롯의 처를 기억하라"(눅 17:32). 그리스도께서 재림하실 때 사람들은 그녀와 같이 뒤를 돌아보아서는 안 된다(눅 17:30~31). 만일 불신자가 이 세상에서 가장 좋은 것들만을 갈망한다면 그는 이 세상뿐만 아니라(이 세상은 지나가는 것이기 때문에) 다음 세상의 삶도 상실하고 말 것이다(눅 17:33~37).

예수께서는 또한 자신이 가버나움에서 행한 기적들이 소돔에서 행해졌다면 소돔 사람들이 회개했을 것이라고 말씀하셨다(마 11:23). 그가 말씀하신 바와 같이 "심판 날에 소돔 땅이 너보다 견디기 쉬울 것이다"(24절). 이것은 하나님이 지식을 따라 심판하시며 물리적인 파괴 이상의 심판이 죄인들을 기다리고 있다는 것을 의미한다.

f. 아비멜렉 앞에서의 아브라함의 속임수(20장)

이 이야기는 하나님이 자신의 섭리를 따라 자기 백성을 보호하신다는 것을 기록하고 있지만 그 강조점은 순전함, 특히 사라의 순전함을 보전하는 데 놓여 있다. 약속의 성취에 있어서 중요한 것은 결혼이요, 하나님이 예비하신 복에 참여하는 것은 부패한 세상으로부터의 분리를 요구한다.

죄악성과 연약한 믿음은 약속된 복을 위협했다. 하나님이 다시금 그를 구출하셔야 했다는 것은 그의 믿음이 부족하다는 것을 설명해 주는 서글픈 사건이었다.

20:1~7 이전에 하나님은 아브람이 사래를 자신의 누이라고 속인 일이 있은 후에 재앙을 통해서 그를 애굽에서 구출하셨다(12장). 여기에서 아브라함은 또다시 두려움 때문에(11절) 그랄 왕 아비멜렉에게 사라에 관해 똑같은 거짓말을 했다(2절). 후에는 이삭도 다른 아비멜렉에게 동일한 거짓말을 했다(26:1~11). 그랄은 블레셋 족속의 땅에 있는 성읍으로서 (21:34) 가사(Gaza)에서 남쪽으로 19킬로미터 정도 떨어진 해안 근처에 있었으며, 헤브론에서 남쪽으로 80킬로미터 정도 떨어져 있었다. 아비멜렉이 사라를 취하자 하나님은 **꿈**을 통해서(20:30), 그리고 그의 아내와 여종들의 태를 닫으심으로써(17~18절) 사라가 **결혼**한 여자임을 알리셨다.

여기에서 적절한 언어유희가 사용되고 있다. 아브라함은 의로운 자들이 악한 자들과 함께 멸망되지 않게 해 달라고 기도한 적이 있었다(18: 23~32). 이제는 아비멜렉의 말이 동일한 관심사를 나타내고 있다. "주여, 주께서 의로운 백성도 멸하시나이까?" 이러한 표현이 갖는 책망의 성격은 아브라함에게 효과가 있었을 것이다.

아비멜렉이 그 문제에 관한 자신의 **깨끗한 양심**을 하나님께 고백했을 때 하나님은 그에게 사라를 돌려보내고 선지자(나비[נָבִיא], 구약성경에서 처음 나옴)요 하나님의 대언자인 아브라함에게 그를 위해 기도하게 하라고 말씀하셨다. 하나님은 아비멜렉을 책망하지는 않으셨지만 중대한 범죄인 간음을 행치 말라고 엄하게 경고하셨다(20:6). 이 경고의 내용은 십계명에 있는 동일한 계명을 상기시킨다(출 20:14). 하나님은 경건한 자손을 얻을 수 있도록 아브라함과 사라를 다시 결합시켜 주셨다. 이것은 언약의 기본적인 요소였다.

아브라함은 두 번씩이나 건짐을 받음으로써 사라의 순전함을 지킬 수 있었고, 하나님의 약속은 보전될 수 있었다. 그러나 첫 번째 사건(12장)은 약속의 땅 밖에서 발생한 것이었고, 이후에 이스라엘 민족이 애굽에서 경험한 생사의 투쟁과 하나님의 구원을 보다 분명하게 반영했다. 두 번째 사건(20장)은 약속의 땅 안에서 발생한 것이었고, 하나님이 그들의 부부 관계와 자신의 약속을 보호하신 사건이었다. 하나님은 사람의 출생을 주관하시고 기적적인 방법으로 관여하시며, 여자의 태를 열기도 하시고 닫기도 하신다(17~18절). 어떠한 권세자도 하나님의 계획을 변경시키지 못한다.

20:8~18 하나님이 아비멜렉을 책망하지는 않으셨지만 아비멜렉은 아브라함을 책망했다. 그는 아브라함의 행동이 자신에게 초래할 뻔했던 큰 죄(9절)에 대해서 이야기했으며, 사라에게는 자신의 잘못된 행동을 사과했다(16절). 그는 사라를 후궁으로 삼으려 한 자신의 계획이 잘못된 것임을 알아차렸다. 그래서 그는 아브라함에게 가축(**양과 소**. 참조, 21:27)과 노비(20:14)를 주고 그를 자신의 땅에서 살게 허용함과 동시에(15절) 아브

라함(그는 아브라함을 사라의 **오라비**라고 불렀다!)에게 은 천 세겔을 줌으로써 자신의 잘못을 보상했다(16절).

하나님이 아브라함과 사라의 부부 관계가 간음에 의해서 깨뜨려지는 것을 막으신 것은 이스라엘 자손이 간음을 통해 그들의 가정을 깨뜨려서는 안 된다는 사실을 강화시켜 주었다. 여기에서는 또한 이교도들과의 통혼 금지가 강조되어 있다. 다른 사람의 아내를 취하는 것은 지극히 중대한 문제이다. 하나님은 그러한 범죄를 징계하신다.

따라서 본문의 메시지는 분명하다. 하나님은 이스라엘이 이교도들과 결혼하는 것(특히 간음이나 이혼이 포함되어 있을 경우에)을 원치 않으셨다. 그러나 이스라엘은 좀처럼 이것을 기억하지 못했다(말 2:10~17).

g. 이삭의 출생과 이스마엘의 추방(21:1~21)

21:1~7 하나님은 자신이 직접 약속하신 시기에 아브라함과 사라에게 약속의 자손을 주셨다(참조, 18:10). 그들은 (1) 그를 이삭이라 이름 짓고(21:3), (2) 언약을 따라 그에게 할례를 행하며(4절. 참조, 17:9~14), (3) 이 놀라운 약속 성취에 대해서 하나님을 찬양(21:6~7)함으로써 믿음으로 응답했다.

본문은 이삭('그가 웃을 것이다')이라는 이름을 분명하게 설명하고 있다. 사라는 **하나님**이 자기를 **웃게** 하셨다고, 즉 기쁨을 주셨다고 말했다(6절). 그녀의 불신앙의 웃음이 이제는 아들이 주어짐으로써 기쁨으로 변했다. 이것을 듣는 자는 **누구나** 그녀와 **함께 웃을** 것이다. 즉 즐거워할 것이다. 그러나 이스마엘은 그녀의 웃음을 하나님이 하신 일에 대한 조롱과 멸시로 바꾸어 버렸다(참조, 21장 9절에 대한 주해).

21:8~13 하나님은 이스마엘이 이삭을 희롱한 사건을 계기로 이스마엘과 하갈을 내쫓으셨다(10절). 왜냐하면 그들은 약속의 자손에게 끊임없는 위협이 될 것이기 때문이었다. '희롱하다'는 단어는 히브리어로 메차헤크(מְצַחֵק)로서 '이삭'(이츠하크[יִצְחָק])과 그 어근이 똑같다. 이전에는 사라가 하갈을 학대했지만(16:6), 이제는 하갈의 아들이 사라의 아들을 학대했다. 이전에는 사라가 임신한 하갈을 내쫓았지만(16:6) 이제는 하갈과 그녀의 16~17세 된 아들을 내쫓았다(아브라함은 이스마엘이 태어났을 때 86세였으며[16:16] 이삭이 태어났을 때에는 100세였다[21:5]. 이삭은 아마도 2~3세 무렵에 젖을 뗐을 것이다[8절]). 사라가 하갈과 이스마엘을 내쫓으라고 요구하는 것 때문에 아브라함이 매우 근심하자 하나님은 이스마엘 역시 그의 후손이기 때문에 버림 받지는 않을 것이라고 말씀하심으로써 아브라함을 안심시켰다(11~13절).

1~13절은 이삭의 출생(이름을 지어 줌으로써 약속의 성취를 축하했으며 할례를 통해서 언약을 확정했다)과 위협의 제거로서의 이스마엘의 추방을 강조하고 있다. 일단 약속의 자손을 얻은 아브라함과 사라는 하나님의 기적적인 섭리에 즐거워하면서도 이삭의 기업에 대한 어떠한 위협이든 경계해야 할 처지에 놓여 있었다. 하나님이 한 아들을 선택하셨기 때문에 그의 선택은 보전되어야만 했다. 아브라함과 사라는 이스마엘을 내쫓지 않을 수 없었다.

21:14~21 예전과 마찬가지로(16:7) 하나님의 사자가 광야에서 하갈을 만나셨고(21:17~18), 예전과 마찬가지로(16:14) 그녀에게 샘물을 주셨다(21:19). 하나님은 아브라함에게 말씀하신 것과 같이 하갈에게도 이스마엘로부터 큰 민족이 나올 것이라고 말씀하셨다(21:18. 참조, 13절). 이스

마엘은 광야에 거주하며 활 쏘는 자가 되었고(20. 참조, 16:12) 애굽 여인과 결혼했다(21:21). 바란 광야는 시내 반도의 북동쪽에 위치하고 있다.

바울은 이 이야기를 훌륭하게 사용하고 있다(갈 4:21~31). 이스마엘은 '여종'을 통해 육체를 따라 태어났다(29~30절. 이삭은 약속을 따라 태어난 상속인이었다. 전자가 시내 산에서의 속박을 대표한다면 후자는 약속이 마침내 성취되고 난 후의 자유를 대표했다. 그리스도께서 오심으로써 옛것은 사라져 버렸다. 이제 약속이 성취되었기 때문에 신자들은 하나님의 은혜를 통한 양자 됨에 힘입어 약속의 자손이신 그리스도와 함께 공동 상속자가 되었다. 율법으로 되돌아가는 것은 하나님의 약속의 성취를 부정하는 것이다. 그리스도를 통해 양자가 된 이들은 약속의 자손들이요, 율법의 속박에서 해방된 자들이다(5:1). 이스마엘과 이삭이 화합하지 못한 것같이(4:29) 육체와 성령은 조화를 이루지 못한다. 육체는 성령을 거스르며 종종 성령을 멸시한다(5:16~18). 따라서 신자들은 '여종과 그 아들을 내쫓아야' 한다(4:30). 즉 육체의 위협을 제거하고 '성령을 따라 살아야' 한다(5:16).

h. 브엘세바에서의 언약(21:22~34)

이 부분의 두드러진 특징은 아브라함의 거주지인 브엘세바라는 이름에 대한 설명에 있다. 이 이름은 아브라함이 그 땅의 거민들과 체결한 언약을 항상 생각나게 할 것이다. 이 언약을 통해서 그는 평화와 번영 속에서 거기에 거할 수 있었다.

21:22~34 샤바(שָׁבַע : 맹세하다, 서원하다)라는 동사는 이 부분에서

세 번 나타나며(23~24절은 현재형, 31절은 과거형), 형용사 역할을 하는
수사 쉐바(שֶׁבַע : 일곱) 역시 세 번 나타난다(28~30절). 그리고 브엘세바
(בְּאֵר שֶׁבַע : '일곱의 우물' 또는 '맹세의 우물')라는 이름 역시 세 번 나타난
다(31~33절). 확실히 여기에서 강조되고 있는 것은 아브라함과 아비멜렉
사이에 이루어진 맹세의 의미로서(31절), 브엘세바라는 이름 속에서 그것
이 기념되고 있다. 샤바(שָׁבַע)는 분명히 이 부분을 이해하는 열쇠이다. 나
중에 이스라엘은 맹세와 조약의 엄숙성에 관해서 배웠을 것이다.

이 이야기는 22장에서 이삭을 제물로 바치는 것과 연결되는 문맥에 잘
들어맞는다. 이삭의 출생은 분명하게 약속된 것이었고(18:1~15), 아비멜
렉은 아브라함의 속임수(20장) 속에서도 하나님의 손이 그와 함께하고 있
다는 것을 알았다(참조, 21:22). 마침내 약속의 자손은 태어났고 경쟁자는
추방되었다(1~18절). 이제(22~34절) 아브라함으로 하여금 그 땅에 평화
롭게 거할 수 있게 해 주고 아비멜렉으로 하여금 하나님의 복을 공유하게
하는 언약이 체결되었다. 이 모든 것은 천천히 22장으로 연결되고 있다. 각
장은 약속들의 서로 다른 측면들이 완결되고 있는 것을 보여 주고 있다.

21장 22~34절의 이야기는 족장 아브라함이 하나님께 복을 받았으며
이교도들이 하나님의 복을 인식했다는 사실을 보여 준다. 우물의 주제가
다시금 나타난다(참조, 16:14; 21:19). 하나님은 사막에서, 황량한 땅에
서, 그리고 바위로부터 물(복의 상징)을 제공해 주셨다. 아비멜렉은 이 점
을 깨달았으며, 그의 종들이 우물을 빼앗은 일에 대한 논쟁(21:25) 후에
두 사람은 이교도권의 왕으로 하여금 하나님의 복을 공유할 수 있게 해
주는 조약을 체결했다(참조, 12:1~3).

조약(언약)을 체결함에 있어서 아브라함은 양과 소(21:27) 및 일곱 암양
새끼(29~30절)를 아비멜렉에게 주었다(20장 14절에서는 그 반대임). 이것

은 아브라함이 그 땅에 평화롭게 거할 수 있는 법적인 권리를 갖게 해 주었고, 아비멜렉에게 브엘세바의 우물이 아브라함에게 속한 것임을 합법적으로 인식시켜 주었다(21:30~31). 족장 아브라함은 그 우물, 곧 하나님이 예비하신 복에 대한 자신의 권리를 조약에 의해 확보했다.

여기서 중요한 것은 아브라함이 거기에 나무 한 그루를 심고 수년 동안 그 땅에 거했다는 사실(33~34절)로서, 이 사실은 아브라함의 믿음과 안전을 말해 주고 있다. 브엘세바에서 나무를 심는다는 것은 계속적으로 물을 준다는 것을 전제했으며, 그 지역에 머무르겠다는 결심을 보여 주는 것이었다. 하나님은 우물의 물에 복을 주셨을 것이며, 아브라함은 그 땅에 정착했을 것이다. 나무 아래 거한다는 것은 평화와 안정의 표시였다(슥 3:10).

이 본문은 장차 이스라엘이 평화의 메시지에 응답하고, 하나님의 복을 나누기를 원하는 이방 족속들과 평화롭게 공존할 것을 확실하게 기대했다.

그러나 이 이야기에는 약간의 책망도 포함되어 있다(창세기 20장 9~10절에 있는 아비멜렉의 책망). 아비멜렉은 조약 체결을 추진함으로써 아브라함이 자기에게 거짓되게 행하는 것을 방지했다(21:23). 아비멜렉이 이 사람에게서 발견한 사실은 첫째로 하나님이 그에게 복을 주셨다는 점이요(22절), 둘째로는 그가 거짓되게 행했다는 점이다(23절). 이러한 비극적인 대조는 구속력 있는 조약의 체결을 필요로 했다.

이와 마찬가지로 이스라엘 역시 자신의 맹세를 지키고 거짓을 피해야 할 책임을 지고 있었다. 오늘날의 신자들은 맹세함이 없이 진리를 말해야 한다(마 5:37; 약 5:1). 그러한 평화로운 관계를 보존시키는 진실하고 성실한 행동이야말로 하나님의 일을 증진시킨다.

블레셋 족속(창 21:32)은 BC 1200년경 단기간에 팔레스타인 지역에 정착했다. 그러나 어떤 바다 무역자들은 BC 2166~1991년에 살았던 아브라함과 마찬가지로 일찍이 팔레스타인 해안지대에 정착했다(참조, 47장 28~31절의 '족장들의 연대표').

ⅰ. 아브라함의 믿음의 연단(22:1~19)

22:1~2 아브라함의 생애에 있어서 가장 큰 시험은 그가 오랜 세월을 기다린 끝에 약속의 자손을 얻은 후에 닥쳐왔다. 그 시험은 매우 현실적인 것이었다. 이삭을 하나님께 돌려드려야 했기 때문이다. 그것은 하나의 시험으로서 믿음을 증명하는 성격의 것이었다. 그리고 그것이 진정한 시험이 되기 위해서는 논리를 무시하는 것이어야 했으며 아브라함이 저항하고 싶어 하는 것이어야 했다.

하나님은 이전에 이스마엘을 내보내라고 말씀하셨으나(21:12~13) 이제는 이삭을 제물로 바치라고 말씀하셨다. 아브라함은 이스마엘을 기꺼이 내보냈지만 이삭을 죽이고 싶지는 않았을 것이다. 무엇인가를 기다릴 때 하나님의 말씀을 신뢰한다고 주장하는 것과 그것을 받은 후에 하나님의 말씀을 신뢰하고 순종하는 것은 전혀 별개의 일이다. 이것은 아브라함이 하나님의 말씀을 얼마만큼 순종할 것인가를 알아내려는 시험이었다. 그는 하나님이 주신 자식에게 집착할 것인가? 아니면 여전히 순종하여 하나님께로 돌아설 것인가? 다시 말해서 아브라함은 어느 정도까지 순종할 것인가? 그는 참으로 하나님이 자신의 말씀을 여전히 지키실 것이며 약속의 자손을 일으키시리라고 믿고 있는가?

아브라함에게 고향을 떠나 하나님이 그에게 보여 주실 땅으로 가라고 하신 초기의 말씀(12:1~3)은 이 시험과 분명한 상관성을 가지고 있다. 그러나 하나님은 그에게 기묘한 방법으로 원래의 부르심을 상기시키시면서, 동시에 그에게 그 시험을 그토록 어렵게 만든 성취라는 문제도 상기시키셨다. "네 아들 네 사랑하는 독자 이삭을 데리고 가라"(22:2). 아들을 번제로 드리라는 명령은 의심할 여지없이 전적으로 불합리한 것으로 여겨졌을 것이다(물론 가나안에는 이미 어린아이 제사가 알려져 있었지만). 그렇다면 노령에 얻은 외아들에 대한 아브라함의 정신적인 충격은 말할 것도 없고, 하나님은 이전에 주신 약속들(12:1~3)을 어떻게 이루시겠다는 말인가?

22:3~8 아브라함의 반응은 엄청난 것이었다. 그는 의심하지 않고 즉시 순종했다. 그는 아침에 일찍 일어나 출발했다. 그러나 사흘 동안의 여행(4절)은 아마도 어렵고 힘든 침묵의 여행이었을 것이다. 브엘세바에서 모리아 산까지의 거리는 대략 80킬로미터 정도였다('아브라함과 이삭의 모리아 산 행로'를 그린 지도 참조).

하나님이 지시하신 곳(2절.; 후에 성전 지대가 되었음. 참조, 대하 3:1)에 도착한 아브라함은 두 사환을 남겨둔 채로 이삭만을 데리고 갔다. "내가 아이와 함께 저기 가서 예배하고 우리가 너희에게로 돌아오리라"(창 22:5)는 아브라함의 말은 참으로 놀라운 것이었다. 아브라함이 알고 있던 모든 것은 (1) 하나님이 이삭의 미래를 계획하고 계시며, (2) 그 하나님이 이삭을 제물로 요구하신다는 점이었다. 그는 이 두 가지를 조화시킬 수 없었지만 어떤 식으로든 순종하기를 원했다. 그것이 믿음이다. "번제할 어린양은 어디 있나이까?"라는 이삭의 물음에 대한 답변 속에서 아브라함은 다시금 그의 믿음을 나타내 보였다. "하나님이 자기를 위하여 친히 준비하시리라"(8절. 참조, 14절). 이삭은 '죽음'으로부터 두 번씩이나 건짐 받았다. 한 번은 죽은 것과도 같은 사라의 태로부터였으며, 다른 한 번은 번제단으로부터였다(참조, 히 11:17~19).

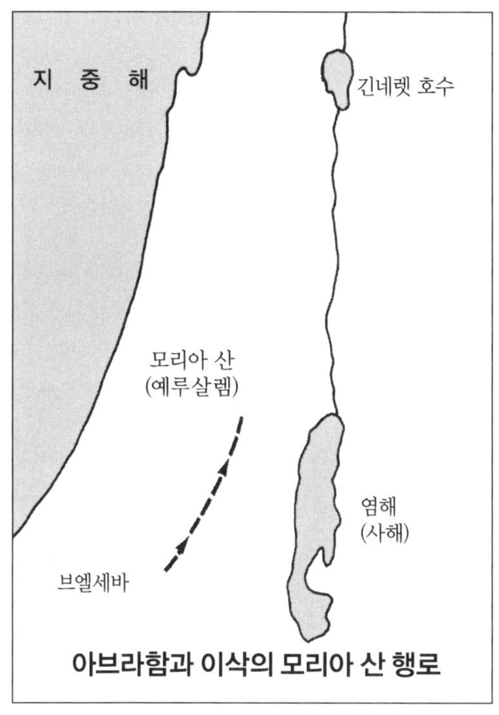

아브라함과 이삭의 모리아 산 행로

22:9~14 하나님의 (극적이고도 교훈적인) 개입은 그가 결코 아브라함의 희생 제사를 받으시려고 한 것이 아니었으며(이스라엘에서는 어린아이 제사가 금지되었다), 그것이 참으로 하나의 시험이었다는 사실을 보여 주었다. 아브라함이 칼을 손에 쥐고 이삭을 죽이려 하는 순간에 주의 **사자** (참조, 16장 7절의 주해)가 그를 제지했다. 이제 하나님은 아브라함이 아무것도 아끼지 아니하였고, 참으로 하나님을 경외했다는 사실을 아셨다.

하나님을 경외한다는 것은 그의 주권을 존중하는 것이요, 그를 절대적으로 신뢰하는 것이며, 의심 없이 그에게 순종하는 것을 의미한다.

진정으로 하나님을 예배하는 자는 아무것도 아끼지 않고 그가 원하는 것을 순종하는 마음으로 드리며 그가 예비하시리라는 것을 굳게 믿는다. 본문의 중심 사상은 아브라함이 그 장소에 붙여 준 여호와 이레(아도나이 이르에[יְהוָה יִרְאֶה] : 여호와께서 준비하시리라, 혹은 '보실' 것이다, 14절)라는 이름 속에 요약되어 있다. 이에 대한 설명은 "여호와의 산에서 준비되리라"(혹은 '보일' 것이다: 예라에[יֵרָאֶה], 14절. 참조, 8절)이다. 이것은 구약성경에서 종종 되풀이되는 하나의 진리의 기초이다. 이스라엘 민족은 여호와 하나님을 그의 거룩한 산에서 예배해야 한다. "네 모든 남자는 매년 세 번씩 주 여호와께 보일지니라"(예라에[יֵרָאֶה] : 보이다). 이것은 희생 제물들을 가지고서 하나님을 예배하는 것에 대한 규례이다(참조, 출 23:17; 신 16:16). 주께서 그에게 나아오는 자들의 궁핍함을 보실 것이고 (라아[רָאָה]) 그들의 궁핍함을 만족시켜 주실 것이다. 이처럼 그들을 위해 준비하시는 중에 하나님이 '보일' 것이다.

그러한 이름을 지음으로써 아브라함은 물론 자신의 제사 경험을 기념했다. 그러나 하나님은 은혜를 베푸사 소년 이삭 대신 숫양(어린양이 아님. 뿔이 수풀에 걸림. 참조, 창 22:8)을 준비하셨다(13절). 나중에 온 이스라엘은 짐승으로 하나님께 제사를 드렸다. 예배는 하나님이 대신 마련해 주신 제물을 받아들이는 것을 포함했다. 물론 신약성경에서 하나님은 짐승 대신 자신의 외아들을 내어 주심으로써 완전한 희생 제사가 이루어지게 하셨다. 요한은 예수를 "세상 죄를 지고 가는 하나님의 어린양"(요 1:29)이라고 소개할 때 분명히 이 점을 염두에 두었을 것이다.

그러나 창세기 22장 9~14절의 요점은 속죄의 교리가 아니다. 그것은 커다란 희생을 각오하고서 믿음으로 하나님을 예배함으로써 마침내 하나님이 예비하신 것을 받은 순종하는 종을 묘사하고 있다. 아브라함은 자기 아들을 아끼지 않았다. 마찬가지로 바울은 하나님이 "자기 아들을 아끼지(에페이사토[ἐφείσατο]) 아니하시고 우리 모든 사람을 위하여 내주셨다"(롬 8:32)고 기록했다. 70인역은 아브라함에 대해서 동일한 단어를 사용하고 있다. "네가 네 아들 네 독자까지 내게 아끼지(에페이소[ἐφείσω]) 아니하였다"(창 22:12).

이것은 아브라함의 믿음이 얼마나 위대한가를 보여 준다. 그는 자신의 아들을 바쳐서라도 하나님께 순종하기를 원했던 것이다. 그것은 또한 복종하는 이삭의 믿음의 위대성도 보여 준다. 그는 세상에서 마음껏 자신의 삶을 영위할 수 있었지만 아버지의 말을 기꺼이 따르면서 하나님이 어린 양을 준비하실 것이라고 믿었다.

22:15~19 하나님은 다시금 아브라함과의 언약을 확증하셨다(15:5, 18~21; 17:3~8). 그의 후손이 하늘의 별과 같이(15:5; 26:4), 바닷가의 모래같이(참조, 32:12), 그리고 땅의 티끌같이(참조, 13:16; 28:14) 많아질 것이다. 그리고 나서 하나님은 또 하나의 요소를 덧붙이셨다. 아브라함의 후손이 가나안에 있는 대적들의 성읍들에 승리를 거둘 것이다. 이것은 가나안 정복 당시에 여호수아에 의해 이루어졌다.

진정한 예배에 대한 교훈은 시간의 제약을 받지 않는다. (1) 믿음은 하나님의 말씀에 전적으로 순종한다. (2) 믿음은 아끼는 것이 없이 최선의 것을 하나님께 바친다. (3) 믿음은 우리의 모든 필요를 충족시키실 하나님을 신뢰한다. 그러나 하나님은 개인적인 희생 제사가 이루어지기 전까지는 그를 위해 준비하시지 않는다. 참된 예배는 값비싼 것이다. 이것은 이스라엘이 하나님께 재물을 가져올 때마다 적용되었다. 그 제물들은 하나님이 모든 자원하는 예배자들의 필요를 충족시키실 것을 믿는 가운데 드려지는 것으로 간주되었다.

3. 이삭으로의 약속 이전(22:20~25:10)

여기서부터 나타나는 아브라함의 과제는 이삭을 통해 장래의 복들을 받게 될 것을 준비하는 데 있었다.

a. 나홀의 가계에 관한 보고(22:20~24)

22:20~24 아브라함의 동생 나홀의 집안 식구들이 늘어났다는 소식이 동쪽으로부터 전해져 왔다(참조, 11:27~29). 그들 중에는 나중에 이삭의 아내가 될 리브가도 있었다(참조, 24:15, 67). 그녀는 나홀의 아내 밀가(나홀의 조카딸)가 낳은 여덟 명의 아들들 중 막내인 브두엘의 딸이었다(참조, 11장 27~32절의 '데라의 가계'). 이 기록은 24장에 더 가까운 것으로 여겨짐에도 불구하고 여기에 포함되어 있다. 그러나 그것은 사라의 죽음과 장사 지냄을 기록하고 있는 23장과 더불어 22장과 24장 사이를 연결해 주는 역할을 수행하고 있다. 아브라함은 사라를 매장함에 있어서 밧단아람으로 가지 않음으로써 자신의 조상을 무시했다.

b. 막벨라 굴을 매입함(23장)

23:1~4 사라가 127세에 죽자(당시에 이삭은 37세였다. 17:17) 아브라함

은 마므레 근처에 있는 굴을 매장지로 매입했다(19절. 참조, 13:18; 14:13; 18:1). 이것은 무엇인가 변화가 일어나고 있다는 것을 처음으로 보여 주는 사건이었다. 헤브론에서 아내 사라를 위해 슬퍼한 후(23:2), 아브라함은 그 땅의 한 부분을 매장지로 매입하려고 했다.

이 사건은 가나안과 히타이트 법과의 유사성을 많이 가지고 있다(James B. Pritchard 편, *Ancient Near Eastern Texts Relating to the Old Testament*, Princeton; Princeton University Press, 1955, pp. 188~196에서 항목 46, 47, 48, 169). 우가릿(시리아에 있음)의 다른 법들 역시 이 사건과 관계가 있다. 밭의 소유자는 헷(히타이트) 족속이었다(창 23: 3, 5, 7, 10, 16, 18, 20). 거대한 히타이트 제국(수 1:4)이 이렇게 멀리까지 영토를 확장한 적은 없었지만 그들의 일부가 여기에 정착해 셈족 언어를 사용하면서 그들 자신의 관습을 보존시켰을 것이다. 또한 문자화된 히타이트 법전의 연대가 이 사건보다 후기의 것으로 추정되긴 하지만 그 법들은 아마도 구전의 단계에 속해 있었을 것이다.

23:5~20 아브라함은 주변 사람들에게 크게 존경받고 있었다. "당신은 우리 가운데 있는 하나님이 세우신 지도자이십니다"(참조, 23:6~11).

이러한 법적인 매매에 있어서 아브라함은 에브론이 소유하고 있던 굴만을 사려고 했으나(23:9) 에브론은 그 밭 전체를 팔기를 원했다. 에브론이 밭과 굴을 드리겠다고 했을 때(11절에서 세 번 반복됨) 그것은 공짜로 주겠다는 것이 아니었다. 그것은 유목민의 거래 관습이었다. 서로 주고받는 것이다. 아브라함은 밭 전체를 사고 싶지는 않았지만 굴을 얻기 위해 높은 가격(은 400세겔)으로 그것을 매입했다(15~16절). 이 매매 행위는 법적이고 경제적인 문제를 처리하는 성문에서, 모든 헷 족속이 보는 앞에서 이루어졌다(참조, 19:1).

이 굴에는 사라뿐만 아니라 아브라함(25:9), 이삭과 그의 아내 리브가, 야곱과 레아(49:29~31; 50:13) 등이 매장되었다.

이 사건의 요점은 그 굴과 밭이 아브라함의 소유가 되었음을 확증하는 데 있었다. 그는 염치없이 행동하지 않았다. 그는 믿음으로 그 땅을 샀으며 그곳 사람들로부터 아무것도 취하지 않았다(참조, 14:21~24). 당시에는 죽은 사람을 어디에 매장하느냐가 중요했다. 매장은 고향 땅에서 이루어져야 했다. 그러나 아브라함은 고향으로 돌아가지 않았다. 그는 그 지역 사람들에게 낯선 이방인이었지만(23:4) 그의 희망은 그 땅에 있었다.

아브라함은 그 굴을 매입함으로써 메소포타미아의 북서쪽에 있는 밧단아람을 포기했다(참조, 25:20). 이것은 앞서 메소포타미아에 머물러 있던 아브라함의 친족들(참조, 11:27~31)을 언급한 것에 의해 간접적으로 독자들의 주의를 끈 적이 있었다(22:20~24).

가나안은 이제 아브라함의 새로운 고향이 되었다. 그러나 흥미롭게도 약속의 땅 중에서 아브라함이 받은 것은 그가 매입했던 매장지에 불과했다. 족장들의 이 첫 재산은 그들을 약속의 땅에 묶어 둔 셈이 되었다. 이것은 진정으로 그 땅을 소유한 것이었다. 다시는 메소포타미아로 되돌아가는 일이 없을 것이다. 후에 족장들 역시 죽으면 조상들과 함께 가나안 땅에 묻힐 것이다.

아브라함은 자기 때에 하나님의 약속이 완전히 성취될 수 없다는 것을 알았기 때문에 미래에 대한 계획을 세웠다. 죽은 아내 사라를 위한 땅을 매입함으로써 그는 하나님의 약속들이 이생에만 국한된 것이 아니라는 사실을 깨닫지 않을 수 없었다. 하나님은 그가 이생에서 하신 일보다 훨씬 더 많은 일을 하실 것이다. 이것은 믿음 안에서 죽은 모든 사람들의 희망이다.

땅의 약속은 창세기에 있는 주요 주제들 중 하나이다. 그러나 죽음 역시 마찬가지이다. 죄로 인해 죽음이 들어오고 그 죽음은 인류를 파멸시켰다. 족장들과 성도들의 죽음은 인간이 죄인이라는 사실을 철저하게 상기시켜 준다. 죽음은 애통함을 가져온다. 그러나 여기서의 죽음은 희망의 기초이기도 하다. 족장들은 이 세상에서 나그네로 살았으며 죽은 후에는 약속의 상속자가 되었고 땅을 소유했다.

족장들을 비롯한 많은 사람들은 약속을 받지 못한 채로 죽었다. 그러나 그들은 믿음 가운데 죽었다(히 11:39~40). 신약시대 신자들의 참여를 배제한 채로 그들에게만 약속된 안식을 준다는 것은 하나님의 계획이 아니었다. 안식일의 안식은 아직 남아 있다. 그러나 믿는 자들은 지금이라도 그 안식에 들어가며 장차 그것을 충분히 느낄 것이다(4:8~10). 중요한 것은 믿는 자들에게 주어지는 하나님의 약속들이 이생에서 끝나는 것이 아니라는 점이다. 아브라함이 희망 중에 가나안에서 매장지를 산 것처럼 오늘날의 신자들도 이생을 넘어선 희망을 가지고 있다. 죽음의 순간(신자의 자연스러운 성향이 세상과 마찬가지로 애통하는 것이라면)은 신자의 믿음을 가장 잘 보여 주는 순간이어야만 한다. 왜냐하면 하나님의 약속들을 받은 자들은 무덤을 넘어서는 희망을 가지고 있기 때문이다. 예수님 자신도 사두개인들과 부활에 관해 논쟁할 때 아브라함의 이야기를 언급하셨다(마 22:31~32). 하나님의 약속들은 부활을 필요로 한다!

c. 이삭이 아내를 얻음(24장)

이 사건은 신실한 종들의 삶 속에서 역사하시는 하나님의 섭리를 강조한다. 이 부분의 중심 사상은 헤세드(חֶסֶד)라는 단어에 있는데, 그 뜻은 '충성스러운 사랑' 또는 '언약에의 충성' 등으로, 하나님의 관점과 인간의 관점을 동시에 포함하고 있다(NIV는 12, 27, 49절 등에서 헤세드를 '자비'로 번역하고 있으나 이러한 번역은 그 단어의 의미를 충분히 전달해 주지 못한다).

하나님은 이삭의 아내를 얻는 일에 아브라함의 종을 인도하심으로써 자신의 약속의 성취를 섭리에 의해 보증하셨다. 24장은 다음의 네 부분으로 나뉜다.

(1) 위임

24:1~9 하나님의 약속을 확신하고 있던 아브라함은 그가 가장 신임하는 늙은 종에게 맹세를 시키면서 720킬로미터 떨어진 아브라함의 고향에서 이삭의 아내를 구해 오라고 명했다. 엘리에셀이 그의 손을 아브라함의 허벅지 밑에 넣은 것은(참조, 47:29) 만일 그 맹세가 실행되지 못하면 아브라함에게서 태어날 자식들이 그 종의 불성실함을 보복할 것임을 나타내는 엄숙한 행위였다.

(2) 신뢰

24:10~27 엘리에셀(15:2)은 하나님이 그를 특별히 인도하실 것이라고 믿었다. 그는 장차 이삭의 아내가 될 여자로 하여금 자기와 자기의 약대에게 마실 물을 주게 해 달라고 기도했다. 열 마리의 목마른 약대에게 물을 먹인다는 것은 쉬운 일이 아니었다. 왜냐하면 약대는 물을 굉장히 많이 마시기 때문이다. 아람 나하라임(Aram Naharaim)에 있는 나홀의 성(메소포타미아의 북서 지역. 참조, 24:10; 25:20)에서 그는 정확하게 기도의 응답

을 받았다. 감사하는 마음으로 그는 그 소녀에게 값비싼 장신구(반 세겔의 금고리 한 개와 열 세겔의 금 손목고리 한 쌍)를 주었다. 그는 그녀의 아버지의 집에 하룻밤 머물 방이 있는지를 물었다. 그녀는 다시금 그에게 장소를 제공할 뿐 아니라 그의 약대에게 먹을 것을 줌으로써 자신의 친절함을 나타내 보였다.

(3) 성공

24:28~59 라반은 엘리에셀과 그의 종자들을 초청해 들였다. 엘리에셀은 리브가의 가족에게 자신이 위임받은 내용과 하나님의 섭리를 상세하게 이야기했고, 리브가를 이삭에게로 데려가라는 허락과 축복을 받았다. 당시의 사회에서는 오빠가 누이동생의 결혼을 주관했다. 이것은 왜 리브가의 오빠인 라반이 그녀의 결혼 문제에 주도권을 가지고서 그것을 승낙했는가를 설명해 준다.

(4) 완결

24:60~67 리브가는 엘리에셀과 함께 이삭에게로 갔고, 이삭이 40세 되던 해에 이삭의 아내가 되었다(25:20. 이때 아브라함은 140세였다).

이 네 부분에서 네 인물들이 헤세드를 나타내 보였다. 아브라함은 이삭의 장래를 준비함으로써, 엘리에셀은 그것을 실행함으로써, 하나님은 그것을 이루심으로써, 그리고 리브가는 그것에 응답함으로써 그러했다.

하나님은 자신의 섭리와 헤세드 속에서 믿음을 따라 산 사람들의 환경을 통해 주권적으로 역사하셨다. 이처럼 숨겨진 하나님의 인과율은 24장에서 세 가지 방식으로 강조되어 있다.

(1) 하나님은 이 이야기 속에 있는 모든 사건들의 유일한 근거가 되셨

다. "여호와께서 나를 인도하셨다"(27절. 참조, 48절)는 엘리에셀의 말이 바로 24장의 표제이다. 이것은 성경 전체에서 발견되는 주제이기도 하다. 리브가의 오빠인 라반도 이것이 하나님이 하신 일이었다고 인정했다(50~51절).

(2) 하나님은 신중하게 무대 뒤에서 각자의 역할을 지시하고 계셨다. 따라서 이 사건은 룻의 경험과 유사했다(Ronald M. Hals, *The Theology of the Book of Ruth*, Philadelphia: Fortress Press, 1969). 창세기 24장의 이야기는 어떠한 하나님의 말씀도, 어떠한 기적도, 어떠한 예언자의 신탁도 기록하고 있지 않다. 아브라함 언약을 다시 진술하고 있지도 않다. 이 사건은 창세기 내용 중에서 독특한 사건이다. 그러나 그것은 동시에 오늘날의 신자들에게도 현실감을 가지고 있다. 개인적인 기도에서 나타나는 것처럼, 믿음으로 기다리는 것은 하나님의 활동에 대한 외적인 증거들을 기대한다. 하나님이 눈에 띄게 활동하시는 것이 아니므로 믿음으로 기다리는 것은 매우 탁월한 역할이라고 볼 수 있다.

(3) 이 이야기는 하나님의 섭리 이상의 것을 나타낸다. 인류에게 복을 주는 것 역시 하나님의 계획의 한 부분이다. 많은 잠재적인 불행들이 지나갔다. 아브라함의 종은 실패할 수도 있었을 것이며(5~8절), 그가 기대하던 '표지'(Sign) 역시 빗나갈 수 있었을 것이다(14, 21절). 라반이 거절할 수도 있었을 것이며(49~51절), 리브가가 망설일 수도 있었을 것이다(54~58절). 하나님은 모든 잠재적인 위기들을 피해 가셨고 마침내는 그 모든 부분들을 온전하게 결합시키셨다.

이 사건에서 무엇보다 놀라운 것은 하나님의 섭리이지만 인간의 책임 역시 명백하다. 아브라함의 종은 자기에게 맡겨진 일을 성실하게 수행했다. (1) 그는 인류에게 복을 주시려는 하나님의 계획을 진전시키는 자신의 거룩한 직무에 끝까지 충실했다. (2) 그는 하나님의 인도하심을 간구하면서 철저하게 하나님을 신뢰했다. (3) 언약에의 충성이 그의 마음속에 있던 주요 동기였다(9, 12, 27, 49절). (4) 그는 임무가 완료되기 전에도 하나님을 찬양했다(27, 48~49절). 이 찬양은 이 이야기의 중요한 부분에 속한다. 많은 주석가들은 그것을 반복적인 것이라 하여 그냥 지나쳐 버린다. 그러나 그것은 중요하다. 그것은 반복되어야 할 만큼 경이로운 사실이다.

이삭의 신붓감을 선택하는 것은 하나님의 일이었다. 그 종이 상정했던 표지가 그것을 확증해 주었다. 라반도 그것을 인식했다. 리브가는 그것에 동의했다. 기도와 순종을 통해 하나님의 뜻을 행하는 자들은 하나님의 인도하심을 받는다(잠 3:5~6).

d. 아브라함의 죽음(25:1~11)

이 보고와 더불어 아브라함의 생애는 끝을 맺고 하나님의 복은 그의 '외아들'(22:2)인 이삭에게로 옮겨 간다.

이 부분은 네 단락으로 이루어져 있다. (1) 아브라함의 다른 아들들의 출생(25:1~4), (2) 이삭의 기업 상속(5~6절), (3) 아브라함의 죽음과 장사(7~10절), (4) 이삭에게 임한 하나님의 복(11절).

25:1~4 아브라함이 언제 그두라와 결혼했는지에 대해서는 알려진 바가 없다. 그러나 '맞이했다'는 동사와 '또 다른'이라는 형용사는 그것이 사라가 죽은 다음이었음을 암시한다(실제로 **그두라**는 아브라함의 첩이었다, 대상 1:32). 이는 그두라의 여섯 아들들이 다 출생하기까지 넓게 잡아서 37년 정도의 세월이 흘렀다는 것을 의미한다(아브라함은 사라가 죽었

을 때 138세였으며, 175세에 죽었다). 아라비아에 있던 스바와 드단 족속 (25:3)뿐만 아니라 미디안 족속(4절)도 아브라함으로부터 유래했다. 이는 그가 큰 민족을 이룰 것이라는 하나님의 약속(12:2)의 성취였다. 지금도 '많은 민족들'이 아브라함을 자기들의 조상으로 여기고 있다(17:4).

25:5~6 아브라함은 그의 모든 아들들을 사랑해서 그들에게 각각 재물을 주었다. 그러나 그들과 그들의 후손은 아마도 이삭에게 위협적인 존재가 되었을 것이다. 그래서 아브라함은 이스마엘에게 했던 것과 마찬가지로 그들을 내보냈다(참조, 21:8~14). 그는 그들을 동방 곧 동쪽 땅으로 가게 함으로써 자신의 상속자인 이삭의 우선권을 보전했다.

25:7~11 이삭과 이스마엘이 함께 사라가 묻힌(참조, 23:19) 동굴에 그들의 아버지(175세에 죽음)를 장사했을 때, 그들의 아버지가 죽었다는 사실로 인해 이스마엘은 이삭이 가진 권리들에 대해서 어떤 위협이 되었는지도 모른다. 그러나 하나님의 복은 이삭 위에 머물렀다.

당시에 이삭은 브엘라해로이에 살고 있었다. 이곳은 하나님이 응답하신 것으로 알려진 곳이었다. 하나님은 거기에서 하갈의 고통을 들으시고 그녀를 구출하셨다(16:14). 그리고 거기에서 이삭은 장차 맞이할 아내를 기다리면서 묵상을 한 적이 있었다(24:62). 이처럼 이삭은 하나님이 기도에 응답해 주신 특별한 곳에 거주하고 있었다.

아브라함은 믿음으로 모든 다른 아들들을 내보냈을 때, 자신이 받은 복이 하나님을 의지하는 이삭에게 옮겨 가도록 예비했다. 아브라함은 세상을 떠났지만 하나님의 계획은 계속될 것이다. 어떠한 언약의 지도자도 절대적으로 필요한 인물은 아니다. 왜냐하면 복을 주시려는 하나님의 계획은 계속 발전해 모든 세대에게 미칠 것이기 때문이다. 모든 하나님의 종들은 하나님의 역사(役事)가 계속될 수 있도록 최선을 다해야 한다. 그러나 그 역사는 어떠한 개인보다도 중요한 것이다.

B. 이스마엘의 계보(25:12~18)

25:12~18 이스마엘 역시 아브라함의 아들이었다. 그래서 하나님은 선택하신 계보인 이삭의 계보로 넘어가기 전에 이스마엘과 그의 후예(이스마엘의 톨레도트[תֹּלְדֹת])에 대해서 말씀하셨다. 이스마엘은 하나님이 예언하신 바와 같이(17:20) 열두 아들을 가졌으며 137세에 죽었다. 그의 아들들은 하윌라(북부 중앙 아라비아에 있음)에서부터 술(브엘세바와 애굽 사이에 있음)에 이르기까지 아라비아 반도에 거주했다. 이스마엘 족속은 모든 형제들에 대해 적대 관계를 가지고 있었다. 이는 하갈에게 하신 하나님의 말씀의 성취였다(16:20).

C. 이삭의 계보(25:19~35:29)

본문은 이스마엘의 후예를 간단하게 언급한 후에(25:12~18) 이삭의 선택된 계보를 좇고 있다. "아브라함의 아들 이삭의 족보(톨레도트[תֹּלְדֹת])는 이러하니라"(25:19). 첫 부분(25:10~28:22)은 약속의 땅에서 일어난 사건들 – 이삭의 번성과 야곱의 투쟁 – 을 기록하고 있다. 29~32장은 약속의 땅을 떠난 야곱이 받은 복에 대해서 이야기하고 있으며, 33~35장은 그가 약속의 땅에 돌아온 것과 그 땅의 타락 가능성에 대해서 기록하고 있다.

1. 야곱으로의 약속 이전(25:19~28:22)

a. 쌍둥이 탄생의 신탁(25:19~26)

에서와 야곱의 출생에 관한 이야기는 다음에 계속될 내용에 대한 서론으로 적절하다. 왜냐하면 상속권을 향한 그들의 투쟁은 이미 태어나기 전부터 있었기 때문이다(참조, 호 12:3).

25:19~20 이삭의 아내 리브가는 그의 사촌이기도 했다(참조, 24:15). 나홀 역시 그의 조카딸과 결혼했다(11:29. 참조, 11장 27~32절의 '데라의 가계'). 이삭과 리브가의 결혼은 이삭을 아브라함의 고향과 친족 및 북서 메소포타미아에 있던 아람 족속(나중에는 시리아로 알려짐) 등과 연결되게 만들었다.

25:21~23 하나님은 초자연적인 방법으로 이삭에게 아들을 주셨다. 하나님이 아브라함에게서 많은 민족들이 나올 것이라고 약속하셨음에도 불구하고 리브가는 사라와 마찬가지로 임신하지 못했다(21절). 아브라함과는 대조적으로(16:1~4) 이삭은 하나님께 기도했고 하나님은 그에게 응답하셨다. 이것은 후손의 출생이 때때로 초자연적인 하나님의 섭리에 의

존한다는 것을 보여 준다. 나중에 야곱의 아내 라헬 역시 잠시 동안 아이를 낳지 못했다(29:31).

한편 리브가의 태 속에서는 두 아이가 서로 싸우고 있었다. 그녀는 이것을 하나님께 물었고 하나님으로부터 예언을 받았다. 두 민족, 곧 두 민족의 조상이 태 속에서 싸우고 있으며 어린 자가 승리를 거둘 것이다(23절). 실제로 이스라엘 자손(야곱의 후손)과 에돔 족속(에서의 후손) 사이에는 전쟁이 끊이지 않았다. 하나님이 형 에서 대신에 동생 야곱을 선택하신 것은 자연적인 질서를 거스른 것이었다.

25:24~26 그들의 부모는 그러한 기이한 상황을 관찰한 끝에, 하나님의 신탁에 근거해 각자에게 적합한 이름을 지어 줌으로써 그 사건을 기념했다.

쌍둥이 중 첫째 아이는 어린 짐승처럼 붉고 털이 많았기 때문에 에서라는 이름을 얻었다. '붉다'는 것은 후에 에서의 억센 성품과 연결되었다(27~34절).

첫째 아이의 이름에는 재미있는 언어유희가 포함되어 있다. 에서(עֵשָׂו)라는 이름은 사해 남동쪽에 있는 에돔(나중에 에서는 이곳에 거주했다)의 초기 이름인 '세일'(שֵׂעִיר)과 희미하게 연결된다(32:3; 36:8). '붉은'(아드모니[אַדְמוֹנִי])이라는 히브리어는 '에돔'(אֱדוֹם)이라는 말과 관계가 있으며(참조, 25:30), '털이 많은'(세아르[שֵׂעָר])이라는 말은 '세일'과 비슷하다. 이 단어들은 나중에 이스라엘의 원수가 된 에돔의 특징을 묘사하기 위해 신중하게 선택된 것들이었다.

두 번째 아이는 에서의 발꿈치를 잡은 채로 나왔다(26절). 부모가 받은 신탁(23절)에 의하면 이 아이에게 이 사건을 기억하게 해 줄 이름을 지어 주는 것은 적절한 것으로 보였다. 야곱(יַעֲקֹב: 그가 보호해 주시리라)이라는 이름이 선택된 이유는 그 소리와 의미가 '발꿈치'(아케브[עָקֵב])와 관련되어 있기 때문이다. 아카브(עָקַב)라는 동사는 '뒤에서 바라보다'라는 뜻을 가지고 있다. 그러나 에서와 마찬가지로 야곱의 이름도 나중에 남을 속이는 그의 성품이 드러나게 됨에 따라 색다른 의미를 갖게 된다. 따라서 그의 이름은 '발꿈치를 움켜잡는 자' 또는 '걸려 넘어지게 하는 자'를 뜻하기도 한다. 이처럼 쌍둥이의 출생은 나중에 그들의 생활 속에서 경험한 사건들에 대한 커다란 의미를 갖는다.

하나님이 아브라함에게 주신 약속의 성취는 그가 야곱(나중에는 국가 이스라엘)을 선택하신 것에 의해서 수행되었다. 동시에 인간의 편에서는 기도가 필연적으로 요청되었다(21절). 하나님의 약속은 그의 초자연적인 사역을 믿는 믿음 없이는 성취되지 않는다. 하나님은 나중에 선민 이스라엘에게 약속을 주셨다. 그러나 그것은 이스라엘의 투쟁 없이 성취되지는 않을 것이다.

처음부터 이스라엘 민족의 출생은 초자연적인 성격을 갖고 있었다. 바울은 쌍둥이의 출생 이전에 이미 동생이 형에 우선하여 선택되었다는 사실을 지적했다(롬 9:11~12). 하나님은 종종 인간의 자연스러운 질서를 역행하신다. 그의 길은 인간의 길과 다르기 때문이다.

b. 에서에게서 장자권을 사들임(25:27~34)

불행하게도 영적인 가치가 큰 것들이 종종 세속적이거나 교활한 방법에 의해 취급된다. 어떤 사람들은 영적이고 영원한 것들을 멸시한다. 왜냐하면 그들은 그것들을 무가치한 것으로 여기기 때문이다. 또 어떤 사람들은 그러한 것들을 중시하면서도 기교와 술책으로 그것들을 보다 고차원적인 목적에 이용한다. 에서와 야곱은 이 두 유형들의 표본에 해당한다.

25:27~34 야곱과 에서는 그들의 첫 성격에 걸맞게 성장했다. '붉은 사람' 에서는 붉은 죽(30절)에 대한 식욕을 이겨 내지 못하고 장자권을 팔아 버렸다. 그리고 '발꿈치를 잡은 자'인 야곱은 교활하게도 형을 앞질러서 장자권을 획득했다.

야곱은 의롭지는 못했지만 이 경우에는 속임수를 썼다고 볼 수 없다. 그는 솔직했고 분명했지만 근신하지를 못했다. 그는 가치 있는 것이 무엇이며 그것을 얻은 후에는 어떤 일이 있을 것인가를 잘 알고 있었음에 틀림 없다. 그러나 에서는 전적으로 '불경건했다'(KJV에서는 '세속적이었다'로 번역되었다. 참조, 히 12:16).

이 단락은 또한 몇 가지 중요한 언어유희를 포함하고 있다. 에서는 익숙한 사냥꾼(문자적으로는 '사냥감(차이드[צַיִד])을 아는 사람')이요 들의 사람(창 25:27)이었지만 이번에는 사냥감을 발견하지 못했다(29절). 그의 아버지는 그가 사냥한 고기(차이드[צַיִד]. 28절)를 좋아했으므로 그를 사랑했다. 이처럼 에서의 성품과 직업이 아버지의 미각을 만족시켰기 때문에 그는 이삭의 총애를 받았다. 이삭과 에서는 이 때문에 서로를 선택한 셈이었다.

야곱은 리브가의 사랑을 받았는데(28절) 이는 아마도 그녀가 종종 언급했을 하나님의 신탁(23절)에 어느 정도 기인했을 것이다. 그리고 그는 조용한 사람이어서 장막에 거주했다(27절). 그러나 아이러니하게도 야곱은 굶주린 '동물'(형 에서)에게 미끼를 던짐으로써 형보다 더 나은 사냥꾼 기질을 보여 주었다. 어느 날 그는 팥으로 만든 죽(나지드[נָזִיד], 29, 34절)을 쑤고(바야제드[יָּזֶד], 문자적으로는 '끓이고') 있었다. 여기에서 사용된 단어들은 그 발음에 있어서 '사냥감'(차이드[צַיִד]. 27~28절)이라는 단어를 연상시킨다. 그러나 지드(זיד : 끓이다)라는 동사 역시 야곱의 주제넘음을 암시하고 있다. 왜냐하면 그것은 '높임 받다' 혹은 '주제넘다'를 의미하기도 하기 때문이다. 따라서 끓고 있는 죽은 자신의 한계선을 넘어서는 인간에 대해서 묘사하고 있다고 볼 수 있을 것이다.

에서는 장남으로서 **장자권**을 가지고 있었고 **야곱**은 **팥죽**을 가지고 있었다. 그러나 서로 교환해서 에서는 팥죽을 갖고 야곱은 장자권을 가졌다. 에서는 **장자권을 대수롭지 않게 여겼다**(34절). 그것은 당장 배가 고파 죽을 지경인 그에게 아무것도 해 주지 못했기 때문이다(32절).

차남인 **야곱**은 이제 **장자권**을 갖게 되었다. 조용하면서도 타산적인 그는 장자권이 갖는 영적인 가치를 잘 알고 있었으므로 세속적인 형으로 하여금 그것을 포기하게 만들었다. 아마도 하나님의 신탁(23절)을 알고 있는 그로서는 이러한 기회를 계속 기다려 왔을 것이다. 그러나 나중에 하나님은 야곱에게 하나님의 약속들이 그러한 방식으로 이루어지지 않는다는 것을 깨닫게 하셨다(참조, 그의 조부인 아브라함의 방법, 16:1~6).

확실히 에서의 세속적인 성품은 이스라엘에게 경고가 되었다. 자신의 육체적인 만족을 위해서 영적인 양식들을 희생하는 것은 올바르지 못하다. 이것은 우선권의 문제이다. 에서는 오로지 먹을 것만을 보았으며, 그가 원하는 것을 얻기 위해 필요하다고 생각되는 것을 아낌없이 포기했다(하와와 선악과, 참조, 3:6).

에서는 감정적인 인물로 묘사되어 있다. 그는 심히 피곤해했으며(25:29) 급히 먹었고 가볍게 여겼다(34절). 이 경우에 있어서 그는 익숙한 사냥꾼이 못 되었다. 오히려 그는 그가 미끼로 잡은 동물과도 같았다. 이처럼 낮은 차원에서 자신의 욕구 충족만을 위해 사는 것은 필연적으로 영적인 것들을 경시하는 결과를 가져온다.

야곱은 가정적이었음에도 불구하고 에서보다는 유능한 사냥꾼이었다. 그도 역시 욕심이 많았지만 무언가 가치 있는 것을 탐한다는 점에서 형과는 달랐다. 한때는 발꿈치를 잡기까지 했지만 이제는 한술 더 떠서 행동했다. 그러나 그러한 영적인 야심 속에도 위험은 있게 마련이다. 신자들은 영적인 가치가 있는 것들을 추구해야 한다. 그러나 육체에 속한 방법들을 피해야 한다. 야곱은 나중에 자신의 인간적인 편의주의를 청산한 후에 유능한 하나님의 종이 되었다. 그의 삶의 우선권이 바로잡혔기 때문이다.

c. 이삭이 받은 번성의 복(26:1~33)

26:1~5 어떤 이들은 이삭이 그랄에서 아비멜렉을 만난 이야기가 아브라함이 애굽에서 경험한 일(12:10~20)과 그랄에서 아비멜렉을 만난 이야기(20장)와 그 전승에 있어서 혼동되었다고 주장한다. 그러나 주제들의 반복은 계획적인 것이다. 그것은 하나님의 복이 아브라함의 후손들에게 계속 전달되었다는 것을 보여 준다. 이삭에게 **아브라함과 평행되는 요소**는 많다. (1) 기근(참조, 12:10), (2) 애굽으로 가려는 계획(참조, 12:11), (3) 그랄에 거주함(참조, 20:1), (4) 두려움으로 인해 아내를 '누이'라고 부름(참조, 12:12~13; 20:2, 11), (5) 아내의 아름다움(참조, 12:11, 14), (6) 간음에 대한 아비멜렉의 관심(20:4~7), (7) 아비멜렉의 책망(20:9~10). 26장 1절의 아비멜렉은 아마도 20장의 아비멜렉과 동일 인물이 아니었을 것이다. 왜냐하면 두 사건은 90년 정도의 간격을 사이에 두고 있기 때문이다.

아비멜렉이라는 이름이 하나의 칭호(바로나 가이사와 마찬가지로)였을 기능성도 배제할 수 없다. 아기스(삼상 21:10) 역시 아비멜렉으로 알려져 있었기 때문이다(참조, 시편 34편의 표제구). 마찬가지로 비골(창 26:26)이라는 이름 역시 증거는 없지만 하나의 칭호였는지 모른다. 혹은 26장의 비골은 21장 22, 32절에 나오는 비골과 동명이인이었을지도 모른다.

아브라함은 이제 죽고 없다. 그에게 주신 하나님의 약속은 어떻게 될 것인가? 분명한 것은 그 약속이 그가 죽은 후에도 계속될 것이라는 점이다. 26장은 수사학적인 방법을 통해 그 약속이 이삭에게로 이어졌다는 것을 강조하고 있다.

26장 1~11절의 기본적인 주장은 순종하는 종 아브라함의 후손이 그로 인해 복을 받을 것이지만, 그들 역시 약속된 복을 향유하기 위해서는 믿음으로 응답해야 한다는 데 있었다. 하나님의 약속들에 대한 참된 신앙은 두려움 없이 하나님과 동행하는 것을 가능케 한다. 그러나 두려움 가운데 겁을 먹는 것은 하나님의 복을 위태롭게 하며 신앙을 우롱하는 결과를 가져온다.

한 사람의 순종이 후손에게 복을 가져다주었다. 여호와께서는 아브라함에게 주셨던 약속들을 이삭에게도 주셨다(하나님의 함께하심, 그의 복, 땅의 소유, 하늘의 별과 같이 많은 후손. 참조, 12:2~3; 15:5~8; 17:3~8; 22:15~18; 28:13~14). 하나님은 이 모든 것이 "아브라함이 내 말을 순종하고 내 명령과 내 율례와 내 법도를 지켰기" 때문이라고 말씀하셨다 (26:5). 이것들은 구약의 율법서에 있는 표준 용어들이다. 이스라엘은 즉각적으로 아브라함의 기록에서 토라(율법) 용어를 보았을 것이며, 그 율법을 지켜야겠다는 자극을 받았을 것이다. 아브라함은 하나님의 말씀에 순종하는 것이 참된 신앙이라는 것을 배웠다.

26:6~11 이삭은 그랄에서 그의 아버지와 마찬가지로 아비멜렉을 속였으며, 간음에 대한 형벌이 **죽음**이라는 것을 알고 있는 이교국의 **왕**에게 책망을 받았다(10~11절). 이러한 법적인 사항 역시 이스라엘에게 민족의 장래를 위해 결혼의 순수성을 보존하는 것이 중요하다는 것을 상기시켰을 것이다. 그러한 핵심적인 규칙이 무시될 경우 그 사회는 무너지고 만다(만일에 이삭과 리브가의 부부 관계가 여기서 끝이 났다면 이스라엘 공동체도 존재하지 않았을 것이다).

그러나 재미있는 것은 이삭의 이름에 반영되어 있는 언어유희이다. 이삭은 아비멜렉에게 리브가를 누이라고 속인 후에 그녀를 **껴안고** 있는(메차헤크[מצחק], 분사 형태, 8절) 장면을 발각당했다. 이 분사는 이삭(יצחק)이라는 이름에 대한 언어유희면서 동시에 이스마엘의 조롱을 상기시킨다(메차헤크[מצחק], 21:9). 여기에서 재미있는 것은 어휘의 선택이다. 이것은 마치 모세가 이삭의 신앙적인 탈선(그랄에 가서 아내를 누이라고 부름)으로 말미암아 그의 이름 속에 함축되어 있는 하나님의 약속이 우롱을 받았다고 기록하고 있는 것 같다. 사실 이삭은 속임수를 써서 아비멜렉을 우롱했다. 그의 아내를 '껴안았다'는 것은 그가 속이려고 노력했던 아비멜렉을 우롱한 셈이었다. 이삭은 하나님으로부터 받은 약속을 보다 신중하게 받아들여야 했다(26:2~5).

이삭도 아브라함과 마찬가지로 하나님의 위대한 약속을 받았으나 두려움으로 인해 아비멜렉을 속임으로써 약속된 복을 우롱한 셈이 되었다. 두려움은 신앙을 우롱하지만 신앙은 담대하게 승리의 웃음을 웃는다. 하나님의 약속들을 진정으로 믿는 자는 그의 명령과 율례와 계명에 순종한다.

26:12~22 이삭은 그 땅에 거하면서 크게 번성했다(수확이 심히 많아져

서 마침내 거부가 되었다). 그러나 그의 부를 시기한 블레셋 사람들이 이삭
의 우물들을 흙으로 메워 버렸다.

여기에서 우물들은 중요한 주제를 제공해 주고 있다. 그것들은 하나
님의 복에 대한 눈에 보이는 증거물이다(참조, 아브라함이 블레셋 사람들
과 우물에 관해 분쟁한 것, 21:25, 30). 이삭은 어디에서 우물을 파든, 그
리고 블레셋 사람들이 얼마나 빈번하게 우물을 메우든 아랑곳하지 않고
과거에 그들이 흙으로 메웠던 우물을 다시 팠다. 이삭에게 예비된 하나님
의 복은 훼방받을 수가 없었다.

블레셋 사람들에게 밀려난 이삭은 그랄 골짜기에 장막을 치고 우물 찾
는 작업을 계속했다. 그는 거기에서도 반대에 직면해야 했다. 그랄 사람
들은 이삭이 판 세 개의 우물 중 두 개의 우물에서 나온 물이 자기들 것이
라고 주장했다. 그가 그 세 우물에 붙여 준 이름은 그의 투쟁뿐만 아니라
그의 승리를 반영하고 있다. 에섹(다툼)과 싯나(대적함)는 두 우물에 대한
분쟁을 반영하고 있으며, 르호봇(장소가 넓음)은 하나님이 예비하신 넓은
장소를 반영하고 있다. 이삭은 맞대결하는 것을 피했다. 그는 블레셋 사
람들이 스스로 지쳐서 그를 내버려 둘 때까지 우물을 하나씩 포기했다.

26:23~25 이삭이 브엘세바로 옮겨 간 후에 하나님이 그에게 나타나셔
서 아브라함 언약을 다시금 확증하셨다(23~24절). 이삭은 그의 아버지
와 마찬가지로 단을 쌓고 여호와의 이름을 선포함으로써 응답했다(참조,
12:7~8; 21:33).

26:26~33 우물에 관한 분쟁이 종결되자 아비멜렉은 이삭에게 조약을
체결하자고 제안했다. 이전의 아비멜렉도 하나님이 아브라함과 함께 계시

다는 것을 인정했는데(21:22), 여기의 아비멜렉도 하나님이 이삭과 **함께** 계시다는 것을 인정했다. 이삭은 거기에 있는 우물을 세바(맹세 혹은 일곱)라고 이름 지었다. 왜냐하면 그들은 이전에 아브라함이 브엘세바라고 이름 지은 곳에서 조약을 맺은 것과 마찬가지로(21:23~24:31), 서로 맹세한 후 조약을 맺었기 때문이다(26:28~31, 33). 아브라함이 맺었던 조약은 필연적으로 이삭과 더불어 갱신되었다. 하나님의 복이 이삭에게 머물러 있었다. 이는 이삭이 정당한 상속인이었기 때문이다.

하나님의 복은 그것을 훼방하는 어떠한 반대 세력에도 불구하고 성공한다. 다른 민족들은 하나님의 손이 아브라함의 후손 위에 있다는 것을 인식할 것이며, 그들도 그 복을 누리기를 원한다면 이스라엘과 화목해야 할 것이다.

d. 에서의 실패(26:34~35)

26:34~35 에서가 헷 족속의 두 여인(유딧과 바스맛)과 결혼한 것은 그의 부모에게 근심거리가 되었다. 이러한 사실은 에서가 하나님의 복을 받기에 얼마나 부적절하며 나중에 이삭이 에서를 축복하려고 한 것(27:1~40)이 얼마나 어리석은 일이었는가를 보여 준다. 에서는 후에 세 번째 여인 마할랏과 결혼했다(28:9).

e. 복을 받기 위한 야곱의 속임수(27:1~40)

하나님은 그의 종들이 영적인 책임을 믿음으로 완수하기를 기대하신다. 불행하게도 믿음은 항상 있는 것이 아니며 그럴 때마다 문제는 복잡해진다. 27장은 자신의 책임을 믿음 없이 육체를 따라 완수하려고 시도하는 가족 전체를 묘사하고 있다. 이것은 야곱이 속임수를 통하여 어떻게 아버지로부터 축복을 받았는가를 설명해 주는 잘 알려진 이야기이다. 그것은 영적인 문제에서 가족이 어떻게 분열되었는가를 설명하는 이야기이기도 하다.

연관된 모든 사람들이 잘못에 빠져 있었다. 이삭은 하나님이 리브가에게 주신 신탁(25:23), 곧 큰 자가 작은 자를 섬기리라는 것을 알고 있었다. 그러나 그는 그것을 물리치고 에서를 축복하려고 했다. 아버지의 계획에 동조한 에서는 야곱에게 맹세했던 것(25:33)을 파기했다. 리브가와 야곱은 정당한 동기에서 제각기 믿음이나 사랑을 배제한 채 속임수로 하나님의 복을 얻으려고 노력했다. 승리는 그들의 것이 되었다. 그러나 그것은 증오심을 낳아서 리브가로 하여금 다시는 야곱을 보지 못하는 쓰라린 이별을 맛보게 했다. 야곱과 에서 사이의 갈등은 야곱이 추구하던 것, 곧 장자에게 속한 하나님의 복으로 인해 더욱 심화될 수밖에 없었다. 그러나 이 이야기는 야곱에 관한 이야기만은 아니다. 그는 혼자서 가정을 분열시킨 것이 아니었다. 부모의 편애가 그러한 일을 초래했던 것이다.

27:1~4 제1장(이삭과 에서): 이삭은 에서를 불러 그를 축복할 계획을 말했다. 이삭의 시력이 약하고 나이가 많다는 중요한 사실이 지적되고 있다. 뿐만 아니라 그가 사냥한 고기로 만든 **별미**를 좋아한다는 사실도 강조되어 있다(참조, 25:28, 34). 그의 입맛이 그의 마음을 지배하고 있었다. 그러나 이삭이 말하고자 했던 것은 그가 에서를 **축복**할 계획을 가지고 있다는 점이었다. 바로 여기에 리브가의 행동을 재촉한 안타까운 현실이 있었다.

27:5~17 제2장(리브가와 야곱): 리브가는 이삭을 제지하기 위해 야곱에게 선수를 치게 했다. 리브가는 염소 고기로 에서의 별미와 똑같은 맛을 내게 할 수 있다고 확신한 듯하다(9절). 그러나 야곱은 아버지를 속일 수 있다는 확신을 그렇게 강하게 갖지는 못했다. 결국 야곱은 만일 아버지가 자기를 만진다면, 이삭이 에서의 **털이 많은** 피부와 야곱의 부드러운 피부 사이의 차이를 알게 될 것이라고 말했다. 야곱은 그러한 계획에 대해서 죄책감을 가지고 있지는 않았으나 두려움에 가득 차 있었다. 그러나 **축복**이 위기에 처해 있었기 때문에 리브가에게 임할지도 모르는 저주를 포함해 어떠한 희생도 감수해야만 했다(12~13절). 그리하여 **야곱**은 어머니가 그에게 말한 대로 시행했다. 리브가는 야곱에게 에서의 **좋은 옷**을 입히기까지 했다.

27:18~29 제3장(야곱과 이삭): 야곱은 그의 아버지를 속이고 축복을 받았다. 어머니의 사주를 받은 **야곱**은 아버지에게 두 번씩이나 거짓말을 했다. 첫 번째 거짓말은 자신의 정체("나는 아버지의 맏아들 에서로소이다," 19절)에 관한 것이었고, 두 번째 거짓말은 하나님이 쉽게 사냥을 끝낼 수 있게 해 주셨다(20절)는 것이었다. 이삭은 세 번씩이나 의문을 제기했다(20, 22, 24절). 그러나 감촉(16, 23절)과 냄새(27절)에 속은 그는 야곱을 에서라고 생각하고 그를 **축복했다**(27~29절). 그 축복은 수확물의 번성(28절), 다른 민족들과 그의 형제들에 대한 지배권(참조, 37절), 그를 저주하는 자에게 저주가 임하고 그를 축복하는 자에게 복이 임하는 것(29절) 등을 포함했다.

27:30~40 제4장(에서와 이삭): 얼마 안 있어 에서가 집으로 돌아와서

아버지에게 축복을 간구했다. 에서는 별미를 가지고 들어가면서 자신이 크게 흥분하고 있음을 느꼈을 것이다. 자초지종을 알게 된 이삭은 심히 크게 떨었으며 에서는 비통함과 분노를 느꼈다(34절). 이삭은 자신이 하나님의 계획에 간섭했으며, 동시에 하나님의 지배하에 있었음을 깨달았다. 이제는 돌아설 수가 없었다. 에서는 야곱의 진면목을 깨닫기 시작했다. 그는 장자권을 취하고(25:27~34), 이제는 축복까지 취함으로써 두 번씩이나 에서를 속였던 것이다. 이제 남아 있는 것이라곤 세속적인 사람을 위한 축복밖에 없었다(27:39~40). 에서는 하늘의 이슬과 땅의 기름짐을 맛보지 못할 것이다(참조, 28절). 에서의 후손인 에돔 족속은 팔레스타인보다 덜 비옥한 땅에 거주할 것이다. 또한 에서는 칼을 믿고 살 것이며, 동생 야곱을 섬길 것이요, 안식을 누리지 못할 것이다(참조, 16장 12절의 이스마엘).

이처럼 어떤 의미에서 볼 때 리브가와 야곱은, 비록 하나님이 그들에게 주셨을지도 모를 것들을 얻지는 못했지만, 승리를 거둔 셈이었다. 그러나 그들은 잃은 것도 많았다.

하지만 하나님은 그들의 공모를 넘어서서 역사하셨다. 그들의 활동은 하나님의 신탁이 예고한 것에 있어서만 성공을 거두었다. 하나님의 계획은 종종 인간의 활동에 아랑곳하지 않고 승리를 거둘 것이다.

이 이야기는 가정을 완전히 분열시키는 부모의 편애에 관한 이야기이다. 또한 영적인 무감각성에 대한 이야기이다. 이삭은 다른 모든 감각에 있어서는 뛰어났다. 특히 미각에 상당한 자부심을 가지고 있었다. 하지만 그것은 그에게 잘못된 결과를 가져다주었다. 영적인 문제를 분별함에 있어서 자신의 감각에 의존하는 것은 잘못되기 쉬울 뿐 아니라 종종 심하게 삶을 망쳐 놓기도 한다.

그러나 무엇보다도 중요한 것은 이 이야기가 속임수에 관한 이야기라는 점이다. 야곱이 주저했던 것은 단지 그가 축복을 받는 대신에 저주를 받을지도 모른다는 두려움 때문이었다(27:12). 적어도 그는 그러한 행동이 하나님의 약속을 위태롭게 할 것이라는 점을 알고 있었다. 야곱은 후에 축복이 속임수를 통해서 얻어지는 것이 아니라 하나님에 의해서 주어지는 것임을 배웠을 것이다.

f. 도망하는 야곱(27:41~28:9)

27:41~46 이 부분에서 창세기는 라반에 대한 이야기로 옮겨 간다. 야곱은 속임수를 쓴 것 때문에 피신해야만 했다. 그러나 간접적인 동기로 제시된 것은 고향의 친족들 중에서 아내를 취한다는 명분이었다. 이삭은 아브라함의 종이 그의 아내를 찾아 데려오는 동안에 그 땅에 그냥 머물러 있었지만(24장), 야곱은 분노한 형에 의해 죽임을 당할지도 모르는 급박한 상황 때문에 먼길을 떠나야 했다(27:41~42). 뿐만 아니라 하나님은 외삼촌 라반의 집에 있는 야곱을 심하게 다루셨다. 참으로 야곱이 그 땅을 떠나 메소포타미아에 머물게 된 것은 후에 야곱의 가족이 애굽에 머물게 된 것과 여러 가지 점에서 평행된다.

리브가는 야곱에게 에서의 분노에 대해 이야기하면서 즉시 하란에 있는 그녀의 오빠 라반에게 가라고 재촉했다. 아들 때문에 다시금 남편을 속이기 위해 그녀는 헷 족속의 두 며느리 유딧과 바스맛에 대한 불만을 표시했으며(27:46; 26:34~35), 이삭에게 그녀 자신의 친족에게서 야곱의 아내를 구할 수 있게 해 달라고 재촉했다. 이런 식으로 해서 야곱은 이삭의 축복을 받으면서 피신할 수 있었다(참조, 28:1).

28:1~5 이삭은 다시금 야곱을 축복한 후 가나안 사람의 딸들 중에서 아내를 맞이하지 말라고 그에게 당부했다. 가나안 사람들은 혼혈 종족이었다. 그들은 조약이나 결혼을 통해 여러 종족과 집단을 그들의 사회 안에 통합시켰다. 아브라함의 가족은 그러한 혼합에 저항해야 했다(참조, 이삭이 가나안 여인과 결혼하는 것을 반대한 아브라함의 경우, 24:3). 이처럼 같은 부족 안에서 결혼을 하려고 하는 이유는 혈통의 순수성을 보존하고 자신의 가계에 충실하려고 하는 욕구 때문이었다. 종족 간의 차이를 없애는 가장 확실한 방법은 혼합 족속과 교혼(交婚)하는 것이었다. 모세가 이스라엘 자손에게 조상들이 가나안 사람들과의 결혼을 반대했다고 계속

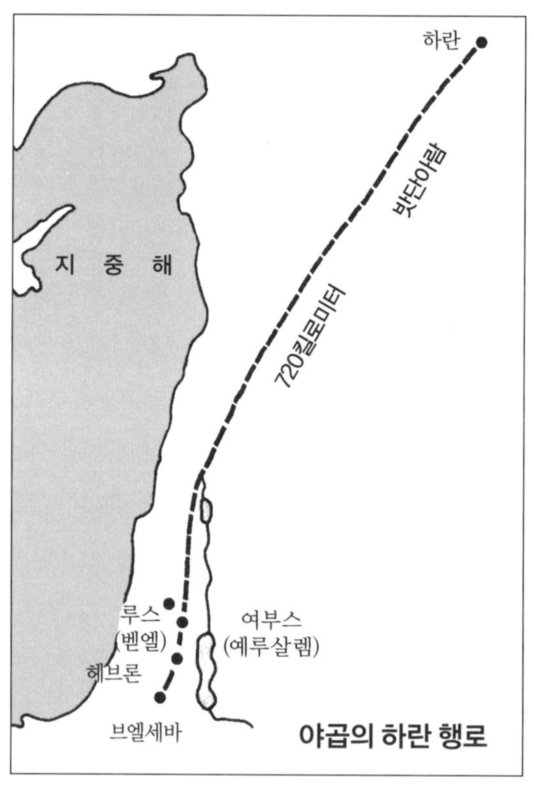

해서 말하는 것은 경고의 의미를 가지고 있다. 가나안 사람들과 결혼하는 것은 확실히 혈통의 순수성까지 파괴하는 것이었지만, 이보다 더 심각한 것은 그것이 이스라엘 신앙의 순수성을 파괴할 것이라는 점이었다.

야곱이 떠나기 전에 이삭은 그에게 순전하고 정당한 축복을 해 주었다. 이제는 돌이킬 수 없게 된 까닭에 이삭은 특별히 하나님이 아브라함과 자기에게 주셨던 복을 야곱에게 전해 주었다. 이삭은 번영과 땅의 소유를 약속해 주는 전능하신 하나님(엘 샤다이[אֵל שַׁדַּי]. 참조, 17장 1절의 주해)의 복을 되풀이했으며(참조, 28:3~4; 15:5, 18~20), 그의 아들에게 밧단아람으로 갈 것을 재촉했다. 아브라함 언약의 복들을 물려받은 자들은 가나안 사람들과 결혼함으로써 그 복들을 위태롭게 해서는 안 되었다. 모든 세대를 통해 영적인 순전함이 유지되어야만 했다.

28:6~9 그와는 대조적으로 에서는 아버지를 기쁘게 할 양으로 이스마엘을 통한 아브라함의 후손과 결혼했다. 이스마엘의 딸인 마할랏은 에서의 사촌이었다. 아이러니하게도 선택받지 못한 이삭의 아들은 선택받지 못한 이스마엘 가계와 더불어 결혼했다. 이처럼 에서는 세 번째 아내(참조, 26:34)를 취함으로써 그의 결혼 생활에 대한 평판을 개선하려고 노력했다. 에서는 아브라함 언약과 그것의 순전함을 이해하지 못했다. 그는 여전히 인간적인 차원의 삶을 살고 있었다.

g. 벧엘에서의 언약 확증(28:10~22)

야곱이 벧엘에서 경험한 환상은 순전히 하나님의 은혜에 기인한 것이었다. 하나님은 그에게 나타나셔서 복과 보호의 약속을 확신시키고, 그로 하여금 충성을 맹세하고 경건하게 응답하지 않을 수 없게 만드셨다. 이 본문은 (1) "여호와께서 과연 야곱의 하나님이시기도 한가?"라는 물음에 답하고, (2) 야곱의 사고방식이 어떻게 극적으로 바뀌었는가를 보여주고 있다.

28:10~15 밧단아람의 하란에 있는 외삼촌 라반에게 가는 길에(참조, 25:50; 28:2) 밤을 지새우기 위해 노숙하던 야곱은 하늘에 닿은 사닥다리 위에서 천사들이 오르락내리락하는 꿈을 꾸었다. 이 이야기의 요점은 야곱이 어디를 가든 하나님이 그와 함께하셨다는 점이다. 이것은 '사닥다리'라는 상징을 통해 표현되었고 하나님의 말씀에 의해 확증되었으며 (13~15절) 야곱의 믿음에 의해 인식되었다(20~22절). 하나님은 아브라함 및 이삭과 체결한 언약을 야곱에게 되풀이하시면서, 그에게 땅의 소유와 티끌같이 많은 자손(참조, 13:16; 22:17) 및 그를 통한 복의 확산(참조, 12:2~3; 15:5, 18; 17:3~8; 22:15~18; 35:11~12) 등을 약속하셨다. 하나님은 또한 그가 약속의 땅 밖에 있을 때에도 그를 보호하고 그와 함께하실 것이며 그를 다시 돌아오게 할 것이라고 약속하셨다.

28:16~22 야곱의 경건한 응답은 (1) 여호와 앞에서 두려워함, (2) 기념으로 돌기둥을 세움, (3) 돌 위에 기름을 부어 그것을 성별함, (4) 그곳을 벧엘(하나님의 집)이라 이름 지어 그 사건을 기념함, (5) 처음으로 여호와께 대한 믿음을 서원 형식으로 표현함("여호와께서 나의 하나님이 되실 것이요"), (6) 십일조를 약속함(22절) 등을 포함하고 있었다. 이 모든 것들은 하나님이 보호하시며 함께하신다는 중심 사상을 확고히 했다.

후기 이스라엘의 관습에 속하는 몇몇 주제들이 여기에 확립되어 있다. 가장 주목할 만한 것은 벧엘의 기념비이다. 나중에 가나안을 정복한 이스라엘 자손은 이곳을 하나님을 만나 볼 수 있는 거룩한 곳으로 여겼을 것이다.

또한 야곱의 서원 역시 이 사건에 있어서 중요한 요소였다. 그는 만일 하나님이 그를 지키시고 먹을 양식과 입을 옷을 주시며 고향으로 돌아가게 해 주신다면 그곳이 자신에게 중요한 예배의 중심지로 삼을 것이라고 서원했다. 서원은 후에 이스라엘에게도 중요한 것이었다.

뿐만 아니라 돌기둥 역시 여기서부터는 중요한 의미를 갖게 된다. 그것은 제단과는 다르다. 기념비는 하나님이 나타나신 것을 회상하기 위해 세운 것으로서 "이 돌들은 무슨 뜻이냐?"(수 4:6)고 묻는 사람들이 하나님에 관해 배울 수 있게 해 주는 역할을 수행했다.

이러한 중요한 종교적인 주제들은 익명의 '장소'가 이스라엘의 중요한 예배 중심지가 되었다는 점을 강조한다. 28장 10~13절과 16~19절 사이의 평행 구조는 예배가 환상에 대한 응답임을 보여 준다. 예로 '머리'라는 단어가 세 번 반복되어 나타난다. 돌베개 위의 야곱의 머리(11절), 계단 꼭대기(문자적으로는 '머리,' 12절), 돌기둥의 꼭대기(18절) 등이 그것이다. 또 다른 언어유희는 '서 있는'(standing)이라는 단어에서 발견된다. 여호와께서 계단 꼭대기에 서 계셨으며(13절) 돌기둥이 기념비로 세워졌다(18절). 이러한 평행들은 야곱이 세운 소형 제단이 환상을 대면하고 있다는 점을 보여 준다.

하나님이 자기 백성과 함께 계신다는 약속은 성경 전체에서 반복되는 주제이다(예로 하나님은 이삭에게 "두려워하지 말라. 내가 너와 함께 있느니라"고 말씀하셨다[26:24]). 하나님의 임재하심에 대한 확신은 모든 신자들에게 야곱의 경우처럼 예배와 신뢰의 응답을 불러일으켜야만 한다.

이것은 처음부터 강조된 메시지이다. 하나님은 은혜로 그의 백성을 방문하시고 그들에게 보호와 먹을 양식을 약속하심으로써 그들로 하여금 다른 사람들에게 복이 되게 하신다. 그들은 믿음으로 응답하는 가운데 그를 두려워하고, 그를 예배하며, 그에게 예물을 드리고, 그에게 서원하며, 후세의 예배자들을 위해 기념비를 세워야 한다.

이러한 점에서 볼 때 벧엘의 사건은 족장 야곱을 모방한 이스라엘 예배의 원형이었다.

2. 야곱이 하란에서 받은 복(29~32장)

이 장들은 하나님이 어떻게 자신의 약속을 지키시고 야곱에게 풍성한 복을 주셨는가를 나타내고 있다. 또한 하나님이 그러한 과정 속에서 어떻게 야곱을 훈련시키셨는가를 보여 준다.

a. 라헬과의 만남 및 라반의 속임수(29:1~30)

29:1~6 이 부분의 구조와 내용은 벧엘 경험의 중요성을 반영하고 있다. 야곱은 원래 에서에게서 피신하는 중에 있었으나 이제는 신붓감을 구하고 있다. 이러한 목적의 변화는 그가 벧엘에서 받은 하나님의 약속에 기인했다. 이제 그가 구하는 것은 비록 그가 약속의 땅 밖에 있기는 했지만 그 약속의 중심 부분, 곧 후손에 대한 약속의 성취였다. 뿐만 아니라 이제 그의 마음은 관대해졌고 이기적이지도 않았다.

의미심장하게도 야곱이 라헬과 만나는 것은 그의 아버지가 리브가를 만나는 것과 유사하다(24장). 리브가의 오라비인 라반은 하나님이 엘리에셀을 어떻게 인도하셨는가를 잘 알고 있었을 것이다. 그러나 이 설화는 24장과는 달리 하나님의 인도하심을 강조하지 않는다. 그것은 단지 함축되어 있을 뿐이다. 야곱은 놀라운 환상을 받은 사람이었다. 그는 자기에게 복을 주고 자기를 인도하실 하나님의 계획을 알고 있었다. 그래서 그는 자신의 갈 길을 재촉했다. 그는 '우연히도' 우물이 있는 어느 지역에 도착했다. 그곳은 '우연히도' 라반이 살고 있는 하란과 가까운 곳이었으며(29:5), '우연히도' 라반의 딸, 라헬이 그 우물로 다가오고 있었다(6절). 이러한 시간 조절은 모든 길을 인도하시는 하나님의 주권적인 사역의 결과였다(참조, 24:27). 그 만남이 우물가에서 이루어졌다는 사실은 중요한 의미를 갖는다. 왜냐하면 우물은 종종 하나님의 복과 관련되어 있기 때문이다(16:13~14; 21:19; 26:19~25, 33 참조).

29:7~14 야곱이 라반의 양 떼에게 물을 먹일 때 거기에는 이미 한 가지 예감이 있었다. 후속되는 30~31장은 야곱과 함께 있는 중에 **라반**과 그의 양 떼가 얼마나 번성했는가를 보여 준다(12:2~3). 라반의 게으른 목자들(29:7~8. 본문에 나오는 목자들은 라반의 양을 치는, 라반의 목자들이 아니다. 9절은 라헬이 라반의 양을 친다고 제시한다)과는 대조적으로 야곱은 관대하고 열심 있고 근면했다(10절). 그는 해야 할 일이 하나 있었다. 앞선 경험에서 비롯된 그 불타는 목표는 그에게 성공을 가져다주었다. 친족에게 입 맞추는 것(11, 13절)은 본래의 인사법이었다. 아마도 **라반**은 **야곱을 내 혈육**(14절)이라고 부름으로써 그의 조카인 야곱을 아들로 받아들인 듯하다.

29:15~30 라헬을 아내로 맞으려던 야곱의 즐거운 희망은 라반의 속임

수로 인해 악몽으로 변했다. 야곱은 외삼촌 라반이라는 호적수를 만난 셈이 되었으며 동시에 나름대로의 훈련을 받았다. 야곱은 과거에 형과 아버지를 속인 적이 있었는데 이제는 어머니의 오빠에게 속임을 당했다. 20년 동안의 고된 일과 고통과 속임수가 앞에 놓여 있었다(31:38). 그는 라반을 통해 자신의 표리부동함을 치료할 수 있었다. 그러나 야곱의 집요함은 그러한 고생을 사소한 패배로 간주하고 있음을 보여 준다. 하나님은 그를 취하시고 그의 성격을 변화시켜 그가 속임수를 써서 얻은 결과들을 복으로 바꾸어 놓으셨으며, 약속의 자손, 곧 이스라엘 민족을 이루어 가셨다.

야곱은 7년 동안 일해서 라헬을 아내로 맞이하려는 계획을 갖고 있었다. 그 7년의 시간은 그가 라헬에 대해 품고 있던 **사랑** 때문에 순식간에 지나가 버렸다(29:20). 흥미롭게도 처음 세 족장들의 아내들(사라[12:11], 리브가[24:15~16], 라헬[19:17])은 미모를 갖추고 있었다.

결혼할 때가 되자(21~22절) 모든 이들의 마음은 즐거웠고 기분도 좋았다. 그러나 밤중에 라헬의 언니 레아가 라헬을 대신했다. 사랑받지 못한 레아가 라헬을 사랑하는 사람에게 주어진 것은 뻔뻔스러운 배신 행위를 가장 잘 보여 준 사건이었다.

화를 내 보았자 소용이 없었다. 이제 속임을 당한 당사자로서 그는 에서가 어떠한 감정을 느꼈을지 이해했을 것이다. 라반은 "언니보다 아우가 먼저 결혼하는 것은 옳지 못하다"고 말하면서 그 지방의 관습을 이유로 들었다. 라반의 이 말은 **야곱**의 마음을 뜨끔하게 했음이 분명하다. 과거에 그는 속임수를 써서 아버지 앞에서 자신을 형으로 가장했기 때문이다(27장). 만일 사회적인 관례가 무시되어야 했다면 속임수를 쓰지 말고 하나님의 섭리에 맡겨야 했다. 그의 양심을 찌르는 라반의 말에는 별다른 설명이 없다. 그 사건은 단순히 야곱에 대한 하나님의 판결과도 같은 것이기 때문이다.

성경은 누구든지 심는 대로 거둔다는 원리를 계속해서 보여 주고 있다(갈 6:7). 어떤 사람들은 이것을 아이러니 혹은 시적인 정의(poetic justice)라고 부르지만 거기에는 그 이상의 것이 포함되어 있다. 그것은 종종 인과응보의 성격을 갖는 하나님의 갚으심이다. 하나님은 세상의 일들이 바른길로 돌아서도록 조정하신다. 야곱에게 있어서 라반의 속임수는 대단히 적절한 것이었다. 야곱이 자신의 교활함을 직접 깨닫게 된 것은 하나님의 징계와도 같았다. 그는 장남 에서로 위장해 아버지를 속였다. 그러나 이제는 맏딸 레아가 동생 라헬로 위장해 그를 속였다. 야곱은 즉각적인 반응을 통해서 그러한 속임수가 뜻하는 바를 깨달았으며 군소리 없이 그것을 받아들였다. 그는 신부를 맞이하는 기간인 7일을 다 채운 후(창 29:27) 라헬을 아내로 맞이했다(한 주 동안에 두 아내를 얻음). (두 딸은 당시 사회의 관습대로 제각기 결혼 선물로 여종을 건네받았다. 레아에게는 실바가 주어졌으며[24절], 라헬에게는 빌하가 주어졌다[29절. 참조, 30:4~13]) 그리고 나서 야곱은 라헬을 얻은 대가로 다시 7년 동안 라반을 섬겼다(참조, 29:30; 31:38, 41).

라반을 통한 훈련을 필요로 하는 사람들이 또 있었다.

b. 약속의 자손의 증가(29:31~30:24)

애정을 독차지하려는 욕구는 종종 위험한 결과를 초래한다. 라헬과 레아 사이의 자녀 경쟁은 가정 내부의 그러한 갈등을 보여 주고 있다. 이 이야기는 사랑받으려 하고 인정받으려 하는 인간의 욕구와 그것을 방해하는 행동의 대가에 관한 이야기이다.

29:31~35 야곱은 여전히 그의 가정 안에 좋지 못한 씨앗을 뿌리고 있었다. 그는 처음부터 원하지 않았던 레아에게는 냉담했다. 그러나 레아뿐만 아니라 하나님도 그러한 사실을 알고 계셨다. 라헬은 사라나 리브가와 마찬가지로 자식을 얻지 못했다(31절. 참조, 16:1; 25:21).

레아는 빠른 속도로 네 명의 아들을 낳았다. 그것은 조상들이 오랫동안 기다리던 것과는 대조를 이루고 있음에 틀림없다. 이러한 출생의 이야기는 서글픈 이야기이다. 그러나 그것을 통해서 하나님은 인간적인 노력과는 무관하게 생명을 주시는 분으로 인식되고 있다.

레아는 첫아들을 르우벤(רְאוּבֵן)이라고 지음으로써 여호와께서 자신의 괴로움을 보셨다(라아 베온이[רָאָה בְּעָנְיִי])고 고백했다. 이 이름에도 또 다른 언어유희가 함축되어 있다. "이제는 내 남편이 나를 사랑하리로다"(예에하바니[יֶאֱהָבַנִי]). 이러한 이름은 그녀의 희망뿐만 아니라 그녀의 위안과 믿음까지 보여 주었다. 야곱은 그녀의 괴로움을 본 적이 없었지만 하나님은 보신 것이다(참조, 16:14; 24:62; 25:11).

시므온이라는 이름은 여호와께서 레아가 사랑받지 못하고 있음을 들으셨다(샤마[שָׁמַע])는 뜻으로 지어진 이름이었다. '하나님이 들으셨다'는 것은 하나님의 예비하심에 대한 그녀의 믿음을 나타낸다(참조, 16장 15절의 '이스마엘'이라는 이름).

레위는 그녀의 남편이 자기와 **연합하리라**(일라베[יִלָּוֶה])는 그녀의 희망을 반영하는 이름이었다.

유다는 그녀가 받을 위로를 반영했다. 그녀는 만족스럽게 주를 **찬양할** 것이다(오데[אוֹדֶה]). 레아는 커다란 고통 중에서 자신의 순전한 신앙을 표현했다.

30:1~8 빌하를 통해 낳은 라헬의 아들들은 레아가 가졌던 것과 같은 신앙을 반영하지 못하고 있다. 라헬은 자신이 자식을 낳지 못하는 것으로 인해서 부당한 대우를 받고 있다고 생각했다. 여종을 통해 자식을 얻으려는 그녀의 노력은 하갈을 통해서 자식을 얻으려 했던 사라의 노력과 유사하다(16:1~4). 빌하에게서 난 두 아들의 이름은 라헬의 고통스러운 경쟁과 승리의 기쁨을 반영했다. 단이라는 이름은 다나니(דָּנַנִּי), 즉 하나님이 라헬의 억울함, 곧 자식을 낳지 못함을 변호해 주셨다는 뜻을 가지고 있었다. 납달리라는 이름은 그녀가 언니와 더불어 싸운(니프탈티[נִפְתַּלְתִּי]) 큰 싸움(나프툴레[נַפְתּוּלֵי])을 반영했다(30:8).

30:9~13 레아 역시 여종 실바를 야곱에게 주어 갓(행운)과 아셀(기쁨)을 낳았다. 레아는 자신이 하나님의 도우심으로 번성하고 있음을 보았다.

30:14~21 레아의 첫아들 르우벤은 일종의 최음제인 합환채를 발견했고, 라헬은 그것이 자신에게 좋은 결과를 가져올 것이라고 생각했다(14~15절). 그리하여 레아는 합환채를 라헬에게 주고 그 대가로 야곱과 동침해서 잇사갈을 낳았다. 잇사갈이라는 이름은 쉐카르티카(שְׂכַרְתִּיךָ : 내가 당신을 샀노라)라는 뜻을 가지고 있다. 레아의 여섯 번째 아들 스불론의 이름은 '선물' 또는 '명예'라는 이중의 의미를 가지고 있다. 레아는 하나님이 그녀에게 스불론을 선물로 주셨으며 이제 그녀의 남편이 그녀를 명예롭게 대할 것이라고 말했다. 이처럼 레아의 희망은 결코 그녀를 떠나지 않았다. 마지막으로 그녀는 딸 디나를 낳았다.

30:22~24 마침내 라헬은 요셉(יוֹסֵף)을 낳았다. 그러나 합환채 덕분에

아이를 갖게 된 것은 아니었다. 이것은 자손의 출생이 인간의 힘에 의해서가 아니라 하나님에 의해 주어지는 것임을 보여 준다. 요셉의 이름은 스불론과 마찬가지로 이중적인 의미를 가지고 있었다. 라헬은 "하나님이 내 부끄러움을 씻으셨다"(아싸프[אָסַף])고 말했으며, 하나님께 다시 다른 아들을 더해(요쎄프[יֹסֵף]) 주시기를 간구했다. 마침내 라헬은 믿음으로 두 번째 자식을 기대하면서 기뻐할 수 있었다.

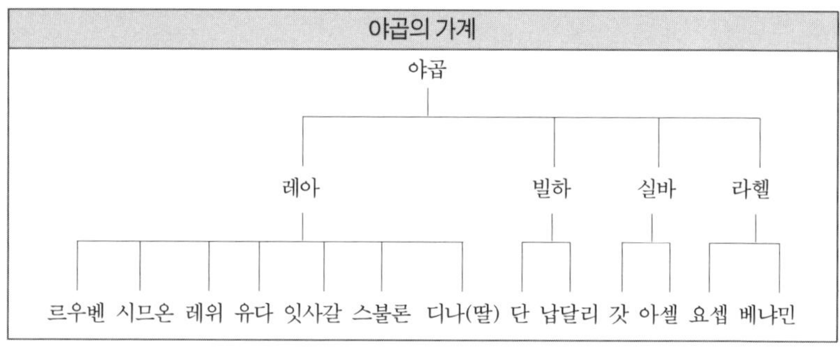

이 부분(29:31~30:24)은 야곱의 아들들의 이름에 대한 언어유희를 강조하는 작은 설화들의 결합으로 이루어져 있다. 레아와 라헬은 생명을 주시는 하나님께 대한 신앙에 의거해 각 이름을 해석하면서 거기에 구체적인 가족 상황들을 반영시켰다.

확실히 이 부분은 하나님이 어떻게 야곱을 번성하게 하셨으며 어떻게 그에게서 큰 민족을 이루기 시작하셨는가를 보여 준다. 모든 이스라엘 자손은 이러한 것들을 돌아보면서 야곱과 그의 두 아내 사이의 경쟁 속에서 그들의 선조를 볼 수 있었을 것이다. 나중에 '이스라엘'로 이름이 바뀐 야곱의 아들들은 형제들로서 그들의 어머니들과 같이 서로를 시기하지 않아야 했다.

이스라엘에게 있어서 이 설화들은 흥미 있는 작은 이야기들 이상의 것이었다. 여기에서 나타나는 경쟁 관계는 그 다음에 계속되는 지파 간 경쟁 관계를 잘 설명해 준다. 그러나 창세기에서 분명한 것은 하나님이 멸시당하는 어머니 레아를 선택하시고 그녀를 첫 번째 어머니의 자리로 높이셨다는 점이다. 야곱이 라헬과 그녀의 아들 요셉을 사랑했음에도 불구하고 왕족 지파인 유다와 제사장 지파인 레위는 레아에게 그 기원을 두었다.

c. 야곱의 소유의 확장(30:25~43)

이 이야기는 야곱이 부를 얻은 것에 관한 색다른 이야기이다. 머리가 좋은 야곱은 자신의 적수에 해당하는 외삼촌 라반의 허점을 잘 파고들었거나 또는 그렇게 보였다. 그러나 야곱의 승리는 그가 당시에 느꼈던 것보다 훨씬 더 하나님의 도우심에 기인한 것이었다.

30:25~36 야곱이 라반에게 고향으로 보내 줄 것을 요청하자 라반은 그에게 조건을 내걸면서 머물러 줄 것을 부탁했다(27~28, 31절). 이처럼 두 유목민 지도자들이 신중하게 협상에 임하는 모습에서 우리는 고대 근동의 외교술의 한 단면을 엿볼 수 있다. 라반은 하나님이 **야곱**으로 인해 그를 번성하게 하셨음을 점술을 통해 깨달았노라고 말했다. 그는 어떤 징조를 구했는지도 모른다. 아니면 단순히 그러한 사실을 감지했을지도 모른다. 검은색 양은 좋은 일에 대한 징조였는데 아마도 그러한 양들이 매우 많았다는 것이 그것을 말해 주었을 것이다(32절). **야곱**은 하나님이 라반에게 복을 주셨다는 점에 동의했다(30절). 동시에 그는 외견상 그에게 별

다른 이익이 되지 못할 계획을 제안했다. 그는 검고 얼룩덜룩한 염소(잘 태어나지 않는 종류임)와 점이 있고 얼룩진 양이 태어나면 그것들을 그가 일한 것에 대한 삯으로 받겠다고 했다. 라반은 이 제안을 검토해 본 후 즉시 받아들이기로 결정했다(34절). 그는 자기에게 유리한 것밖에 보지 못하는 사람이었다.

야곱의 계획은 모험에 가까운 것이었다. 그럼에도 불구하고 그는 자신의 몫을 가지려고 했으며 이로써 번성하기를 희망했다. 그러나 그 모험에는 라반의 계획이 곁들여 있었다. 안전을 위해서 라반은 즉시 비정상적인 색깔을 가진 양과 염소를 모두 **가려내어** 야곱에게 맡기지 않고 그의 **아들들에게 맡겼다**. 그리고 추가 조치로 야곱과 그의 아들들 사이에 **사흘 길 거리를 두게** 했다. 이처럼 그는 야곱으로 하여금 양과 염소를 쉽게 늘릴 수 없게 하려고 노력했다.

30:37~43 하나님은 색다른 방법으로 **야곱**에게 복을 주셨다. 여기에서 우리는 라반이라는 이름에 대한 언어유희가 있음을 발견할 수 있다. 야곱은 나뭇가지의 껍질을 벗겨 그것들의 흰 부분(라반[לָבָן])을 드러나게 한 결과 자신의 양과 염소가 많아지는 것을 보았다. 그는 라반 놀이를 통해서 승리를 거두었던 것이다.

분명히 나중에 야곱도 인정한 바와 같이(31:7~12), 하나님은 야곱이 나뭇가지를 통해 이루어지기를 바랐던 기대들을 이루시기 위해 친히 개입하셨다. 껍질이 벗겨진 채로 **물구유** 안에 놓인 **나뭇가지들은** 그 구유 앞에서 교미하는 짐승들을 다산(多産)하게 해 주는 듯했다. 뿐만 아니라 **야곱**은 **튼튼한** 짐승들을 자기를 위해 교미시키고 **약한** 짐승들은 **라반**을 위해 교미시킴으로써 선택적인 양육법을 사용했다. 그러나 하나님이 야곱의 성공에 관여하신 일이 제삼자에게 드러난 것보다 훨씬 더 많았던 경우가 이번만은 아니었다.

그리하여 야곱은 벧엘에서 하신 하나님의 약속이 성취됨으로써, 그리고 부분적으로 자신에게 마땅한 보응을 받은 라반으로 인해서 크게 번성할 수 있었다(30:43). 야곱과 라반 사이에 진행된 경쟁은 매우 흥미 있는 것이었다. 에서를 축복하려고 했던 이삭의 시도가 야곱의 속임수를 유발한 것과 마찬가지로 야곱의 계획은 라반의 불의와 책략을 전제하고 있었다. 어느 경우에든 야곱을 속이려는 시도는 결국 야곱에 의해 압도당했다. 그러나 나중에 야곱은 비록 자신의 간교함의 결과들(두려움과 위험)을 감수해야 했지만, 그가 얻은 모든 것을 하나님의 복으로 이해했다.

d. 라반으로부터의 도피와 하나님의 보호(31장)

야곱이 라반과 함께 있으면서 크게 번성했고 손해 보는 일 없이 고향으로 돌아왔다는 것은 하나님의 복에 대한 증거이다. 이러한 하나님의 보호와 번성의 증거는 하나님의 백성들로 하여금 믿음으로 살게 하는 데 도움이 되어야 할 것이다.

31:1~16 야곱은 서로 관련된 두 가지 이유 때문에 가나안을 향해 떠났다. 첫째로 라반의 아들들이 야곱에 대해 품고 있는 적대감이 점차 증가하고 있었고 라반의 안색 역시 위험스러워 보였다(1~2절). 아마도 하나님이 그러한 분위기를 조장하셨을 것이다. 둘째로 하나님이 야곱에게 고향으로 돌아가라고 말씀하셨다(3절). 여기에서 우리는 약속의 땅으로 떠나라는 하나님의 부르심을 볼 수 있다.

야곱은 두 아내를 들로 불러다가 그들에게 놀라운 이야기를 전해 주었다(4~16절). 그러나 이것은 자기방어 이상의 것이었다. 그는 기꺼이 따라올 기족들과 함께 가기를 원했기 때문에 그들에게 하나님의 인도하심과 예비하심에 대해서 증거했다. 그는 이제 벧엘에서 약속한 서원(28:20~22)을 지켜야만 했다. 두 여인의 반응 역시 믿음에 근거한 것이었다(31:14~16). 라반은 그 딸들의 재산을 착취했던 까닭에 그들에게 좋은 인상을 주지 못했다. 그래서 그들은 기꺼이 그들의 아버지를 떠나기를 원했다.

31:17~21 그리하여 야곱 일가의 도피가 이루어졌지만 라헬이 라반의 가신상(家神像, '드라빔')을 도둑질하는 바람에 생각했던 것보다 위험스러운 도피가 되고 말았다. 가신상은 라반의 집안이 이교의 영향을 받았다는 것을 보여 준다. 언어유희에 의하면 라헬이야말로 진짜 '야곱'이다. 왜냐하면 그녀가 드라빔을 훔친 것은 야곱이 장자권에 속한 축복을 도적질한 것과 평행되기 때문이다. 아마도 그녀는 자기가 그 드라빔을 가질 자격이 있다고 생각했을 것이다. 왜냐하면 아버지 라반은 갑작스럽게 사회 관습을 구실 삼아 먼저 결혼할 수 있는 그녀의 권리를 빼앗았기 때문이다. 이유가 무엇이든 간에 그녀의 냉혹한 이기주의는 재난을 초래할 지경에 이르렀다. 드라빔을 갖는 것은 곧 상속권을 갖는 것을 의미했다(BC 15 세기경의 누지 문서에 의해 이러한 의미가 밝혀짐). 그것은 분명히 라반이 그를 보호해 준다고 생각하던 것을 잃는다는 것을 의미했다.

바로 이러한 이유 때문에 라반은 야곱의 뒤를 쫓았던 것이다. 자신의 가축 떼와 식구들을 데려가는 것은 야곱이 해야 할 일이었다. 드라빔을 가져가는 것도 그의 일이었는가? 아마도 야곱은 언젠가 몰래 하란으로 돌아가서 라반의 모든 재산에 대한 권리를 주장하려고 했을 것이다(가신상을 찾는 데 실패한 라반은 다시는 말썽 많은 야곱을 그의 땅에 들어오지 못하게 하는 조약을 체결했다. 43~53절).

31:22~35 칠 일간의 추적 끝에 요단 동편의 길르앗에서 야곱을 따라 잡은 라반은 꿈속에서 야곱에게 선악 간에 말하지 말라는 하나님의 경고를 받았다. 하나님의 이러한 결정적인 행동이 없었더라면 야곱은 고향에 아무것도 가지고 가지 못했을 것이다.

　야곱과 라반의 말다툼은 민사소송과 관련된 법률 용어로 묘사되어 있다. 첫 번째 '논쟁' 혹은 '고소'(리브[ריב]. 참조, 36절)에서 라반은 야곱이 그의 물건을 훔쳤다고 주장했다(26~27, 30절). 그는 또한 상처받은 아버지의 심정을 토로하면서(28절) 보복을 저지당한 자신의 처지를 이야기했다(29절). 라반이 야곱에게 드라빔을 돌려달라고 요구하자 야곱은 부지중에 라헬에게 사형 선고를 내렸다(32절).

　그러나 당시에 라반은 라헬의 속임수에 넘어갔다(33~35절). 그녀는 드라빔을 낙타 안장 밑에 숨겨 둔 채 자기 장막 안에서 그 안장 위에 앉아 있었다. 라반은 여자가 가신상을 훔쳐 그것을 모독하리라고는 꿈에도 생각 못했다. 그러나 라헬의 행위는 드라빔에 타격을 준 셈이 되었다. 왜냐하면 부정하다고 주장하는 여자가 그 위에 앉음으로써 드라빔 자체가 신(神)이 아닌 부정한 것이 되어 버렸기 때문이다(34~35절. 참조, 레 15:20).

31:36~42 두 번째 '논쟁' 혹은 고소는 야곱에게서 비롯되었다. '라반을 책망하여'라는 말은 '라반과 논쟁하여'(바야레브[וַיָּרֶב] : '논쟁' 또는 '고소'를 의미하는 명사 리브 [ריב]와 같은 어근임)라는 뜻이다. 고소자였던 라

반은 이제 피고인이 되었다. 야곱은 라헬이 가신상을 도둑질했다는 사실을 알지 못한 채 분노에 가득 차서 강력한 반론을 제기했다. 그는 자신이 라반 밑에서 20년 동안 겪은 고생에 대해(29:27~30 참조), 그리고 낮에는 더위를 무릅쓰고 밤에는 추위를 당하면서 라반의 양 떼를 지키는 동안 받았던 경제적 손실에 대해서 상세하게 이야기했다. 그는 이삭이 경외하는 이가 자신과 함께 계셨으며 자신의 고생과 수고를 **보셨다**고 말했다.

31:43~55 라반은 그들 사이에 경계선을 만들기 위해 언약을 체결하자고 제안했다(44, 52절). 라반은 앞장서서 그 언약을 추진했다. 왜냐하면 야곱은 그것을 필요로 하지 않았고 그것에 신경을 쓰지도 않았기 때문이다.

야곱은 큰 돌을 세우고 그 주위에 돌무더기를 쌓았다. 라반은 그것을 아람어인 **여갈사하두다**로 불렀지만 **야곱**은 히브리어인 **갈르엣**으로 불렀다. 라반은 그 이름이 증거의 무더기를 의미한다고 설명하면서, 하나님이 그들 사이를 **살펴** 주시기를 바라는 마음으로 히브리어 이름인 **미스바**(망대)를 덧붙였다. 이 언약의 규정은 야곱이 라반의 **딸들**을 박대하지 않고(50절), 야곱과 라반이 서로 경계선을 넘지 않고 갈라선다는 내용의 것이었다(52절).

언약 규정을 표현함에 있어 **라반**은 자신의 신실하지 못함을 감추기 위한 어휘들을 많이 사용했다. 그는 야곱이 일련의 규정들에 묶여야 할 믿을 수 없는 사람이라는 인상을 주려고 노력했다. 라반은 마치 야곱이 불경건하고 협박을 받아야 할 인물인 것처럼 야곱을 위협하려고 애썼다. 그는 심지어 야곱이 세운 돌무더기를 자기가 세운 것으로 치부했다("내가 나와 너 사이에 둔 이 무더기"[51절]).

경계선 설정과 야곱의 아내들의 권리를 확실하게 한 것은 라반과 야곱이 현상 유지를 원하고 있었다는 것을 보여 준다. 그러나 그 언약은 또한 야곱의 가족이 동쪽 지역과 분리되었음을 의미했다. 이러한 경계선 조약은 길르앗 지역 내에서 경계선을 구획하는 결과를 가져왔다.

이들의 마지막 상면 과정에서 하나님은 꿈속에서 각각 야곱(3절)과 라반(24절)을 만나심으로써 이들을 분리시키려는 목적을 이루셨다. 이 사건 전체는 라헬이 드라빔을 훔치고 라반이 이기적인 반감을 표현한 것과 같은 현세적이고 자기중심적인 이해관계로 얽혀 있었다. 흥미롭게도 마지막에 가서 하나님은 그들 사이를 살피실 것을 요청받으셨다(49절).

이 사건은 나중에 이스라엘에게 큰 의미를 갖게 되었다. 하나님은 이스라엘을 애굽에서 약속의 땅으로 이끌어 내실 때에 그들을 인도하시고 보호하실 것이다. 여기에서 이스라엘은 우상과 우상숭배자들에 대한 하나님의 승리, 인도와 보호를 위한 꿈의 사용, 원수들로부터 그의 백성을 구별하는 경계선 등에 대해서 깨닫는 바가 있었을 것이다. 이 모든 것은 후에 이스라엘 자손과 아람 족속 사이의 관계에 중요한 의미를 갖게 되었다(라반은 아람, 곧 시리아 사람이었다. 25:20).

e. 에서를 위한 준비(32 :1∼21)

32:1∼2 하나님은 야곱에게 천사들을 보내심으로써 그에게 에서를 만날 준비를 시키셨다. 야곱은 이제 막 라반을 떠나 약속의 땅으로 가는 중이었으며 다시 한번 에서를 만나야 할 형편에 놓여 있었다. 이러한 시점에서 하나님의 보이지 않는 세계가 공공연히 야곱의 보이는 세계와 접촉했다.

그 만남은 매우 간단하게 묘사되어 있다. 히브리어 단어 네 개가 그 만남을 설명하고 있다. "하나님의 사자들이 그를 만난지라." 야곱은 그곳 이름을 '두 군대'를 의미하는 '마하나임'이라고 칭했다. 그는 약속의 땅으로 다시 들어가려고 하는 중에 그를 위로하기 위해 그의 장막 곁에 진을 친 천사들의 진영을 보았을 것이다.

야곱이 그 땅을 떠날 때 벧엘에서 천사들을 만났던 일(28:10~22)과 비교해 보면 깨닫는 바가 많다. '하나님의 사자들'이라는 표현은 구약에서 32장 2절과 28장 11절에서만 나타난다. 28장 11절(도착했다)과 32장 2절(만났다)에서 히브리어 파가(פָּגַע)는 전치사 베(בְּ)와 더불어 나타난다. 28장 16~17절에서 제(זֶה: 이것)는 네 번 사용되고 있으며 32장 2절에서는 야곱의 반응 속에서 중요한 의미를 가지고 나타난다(참조, 28장 17절의 "이는 하늘의 문이로다"와 32장 2절의 "이는 하나님의 군대라"). 어느 경우든 야곱은 이름을 짓기 전에 그가 본 것을 해석했으며, 그 해석과 동일한 표현을 그 지역의 이름으로 삼았다(28:19; 32:2). 그리고 마지막으로 28장 20절과 32장 1절에서 할라크(הָלַך)와 데레크(דֶּרֶך : '계속해서 길을 가다' 즉 '여행을 떠나다')가 사용되고 있다.

분명히 이 두 본문은 상관성을 가지고 있다. 약속의 땅을 떠난 야곱이 벧엘이라는 이름을 짓게 만든 그 사건이, 이제 그가 약속의 땅으로 돌아가면서 마하나임이라는 이름을 지을 때에 또다시 발생했던 것이다. 하나님의 사자들을 본 그는 하나님의 보호하심을 다시금 확신했다. 그리고 그 사자들은 약속의 땅으로 돌아오는 그를 환영했다. 이러한 재확신은 그가 그것을 간절히 필요로 할 때에 주어진 셈이었다.

하나님이 관여하시는 다툼은 영적인 것이지 물질적인 것이 아니다. 이것은 야곱에게 적용되었고 이스라엘에게 적용되었으며 오늘날에도 여전히 적용되고 있는 진리이다. 인간의 어떠한 노력도 충분하지는 못하다. 보호의 근원과 승리의 수단은 하나님을 섬기는 천사들로부터 온다.

32:3~8 천사들을 봄으로써 힘을 얻은 야곱은 에돔에 있는 에서에게 사자들을 보냈다('천사들'을 의미하는 히브리어는 '사자들'을 의미하기도 한다). 이 부분에는 많은 중요한 개념들과 언어유희들이 있다. 야곱은 바로 전에 천사들(하나님의 사자들)을 보았으며 이제 자신의 사자들을 에서에게 보냈다. 그는 천사들을 '하나님의 군대'(마하네[מַחֲנֶה])로 인식하고서 그 곳 이름을 마하나임(מַחֲנָיִם, 2절)이라 칭했으며, (400인을 거느리고 그를 만나러 오는 에서를 두려워한 나머지) 그의 가족을 두 떼, 혹은 두 군대(마하노트[מַחֲנוֹת])로 나누었다.

32:9~12 야곱은 두려움을 못 이기고 하나님께 구원을 청했다. 의심할 여지없이 그는 자신을 죽이려고 했던 에서의 행동을 회상했을 것이다 (27:40). 야곱은 여전히 두려워하고 있었지만 하나님이 그를 형에게서 구원하시리라는 것을 알고 있었을 것이다. 사실 야곱의 심한 두려움은 이 기도를 포함한 본문에서 여러 차례 나타난다.

야곱은 하나님을 내 조부 아브라함의 하나님, 내 아버지 이삭의 하나님으로 불렀으며, 하나님이 그에게 고향으로 돌아가라고 명하신 것과 그에게 복을 주시리라고 약속하신 것을 앞에 내세웠다. 하나님은 그의 백성이 기도할 때 하나님이 하신 말씀을 앞에 내세우는 것을 원하신다. 이것은 믿음을 불러일으킨다. 그러고 나서 야곱은 자신이 하나님의 은총과 진실하심과 물질적인 복을 받을 자격이 없는 자임을 고백했다. 그는 기도의 올바른 자세, 곧 전적으로 하나님께 의존하는 자세를 갖추고 있었다. 야곱은 자신의 두려운 마음을 시인하면서 하나님께 자신을 에서에게서 구원해 달라고 간구했다. 그러고 나서 그는 하나님이 그에게 그의 자손이 바다의 모래같이 많아질 것이라고 말씀하신 약속(참조, 22:17)을 되풀이했다. 이 모든 것은 야곱의 확신을 더해 주었으나 그의 죄의식과 두려움은 그를 완전히 궁지에 몰아넣었다.

32:13~21 야곱은 에서의 비위를 맞추려고 그가 받은 복의 일부를 취하고 에서를 위한 선물(민하[מִנְחָה])을 준비했다. 민하는 종종 상급자의 신임을 얻기 위해 바치는 선물을 지칭했다. 야곱은 에서에게 염소와 양, 약대, 소, 나귀 등 전부 550마리(새끼 약대는 숫자가 안 나타나 있음)를 보냈다. 그는 각각 나누어 보낸 이 다섯 종류의 가축 떼가 에서의 **감정을 풀게** 할 것이라고 생각했다. 그러나 야곱은 하나님이 그러한 **선물** 없이도 그를 구원하시리라는 것을 깨달아야 했다. 이스라엘 자손 역시 구원은 원수에게 공물을 바침으로써 이루어지는 것이 아니라 하나님께 대한 믿음에 의해서 이루어진다는 사실을 배워야 했다.

이 부분은 21절의 중요한 언어유희로 끝난다. 이 언어유희는 야곱이 형 에서에게 보낸 선물이 하나님이 그를 보호하신다는 확신을 안겨 준 환상(1절)과 얼마나 대조되는가를 보여 준다. 그 예물(문자적으로 '선물': 하민하[הַמִּנְחָה])은 그에 앞서 보내고 그는 무리 가운데서(바마하네[בַּמַּחֲנֶה]) 밤을 지냈다.

f. 브니엘에서 받은 복(32:22~32)

약속의 땅으로 들어가기 전에 야곱은 그를 불구자로 만들고 그에게 복을 주신 하나님과 대면했다. 이 사건은 그의 생애의 중요한 전환점이었다.

이 이야기의 목적을 이해하기 위해서는 몇 가지 특징들을 주목할 필요가 있다. 첫째로 천사와의 씨름은 야곱이 약속의 땅 문턱에 들어섰을 때 발생했다. 길르앗에 있는 얍복 강은 동쪽 경계로부터 요단 강으로 흘러들고 있었다(22~24절). 둘째로 야곱은 이스라엘이라는 새 이름을 얻게 되었다(28절). 그의 새 이름은 이 설화와 연결되어 있을 뿐 아니라 이 설화에 의해서 설명되고 있다. 셋째로 이 설화는 야곱이 새 이름을 받은 것에 대한 응답으로 지은 브니엘이라는 지명과 관련되어 있다(30절). 넷째로 이 이야기는 이스라엘 자손의 식사 규정을 포함하고 있다(32절). 이 금기 사항은 이스라엘의 한 관습이 되었으나 모세의 율법에 포함되지는 않았다. 정통 유대인들은 아직도 동물 뒷다리의 힘줄을 먹지 않는다.

이 설화의 강조점은 '어떤 사람'과의 씨름에 있는 것이 분명하지만, 그 목적은 야곱이 이스라엘로 변화하는 데 있다. 야곱의 생애의 전후 관계를 무시할 수가 없다. 그것은 이름들에 대한 언어유희에 두드러지게 나타난다. 첫 장면에서 나타나는 것은 야아코브(יֲעֲקֹב : 야곱)라는 사람과 야보크(יַבֹּק : 얍복)라는 지역과 예아베크(יֵאָבֵק : 그가 씨름했다)라는 시합 등이다(22, 24절). 이것들은 요드(י), 코프(ק), 베트(ב)의 세 자음을 공통적으로 가지고 있어서 즉시 히브리 독자의 관심을 끈다. 야곱(יֲעֲקֹב)은 얍복 강(יַבֹּק)을 건너 약속의 땅으로 가기 전에 씨름을 해야 했다(יֵאָבֵק). 그는 한 번 더 그를 대적하는 자를 물리쳐야만 했다. 왜냐하면 이 무렵에 그는 그를 개인적으로 만나기를 원하는 누군가와 대면해 그와 더불어 싸워야 했기 때문이다.

32:22~25 야곱이 그의 가족과 종들, 그의 소유 등을 뒤이어 **얍복 강**을 건너기 전에 **어떤 사람**이 그를 공격해 씨름을 했다. 그 씨름에 대해서는 상세한 설명이 없다. 왜냐하면 그것은 가장 중요한 부분인 그들 사이의 대화를 위한 서론에 불과했기 때문이다. 그러나 그 씨름은 실제로 힘을

겨루어 싸우는 것이었다. 이쉬(אִישׁ: 어떤 사람)라는 단어는 그가 누구인지에 대해 아무것도 암시하고 있지 않다. 그 '사람'이 나중에 자신을 직접 밝히는 것을 거절한 것으로 보아 그 단어를 쓴 것은 적절한 표현 방법이었다(29절).

그 씨름이 새벽까지 계속되었다는 것은 중요하다. 어두움은 야곱이 처한 상황을 상징한다. 불확실성과 두려움이 그를 사로잡고 있었다. 만일 야곱이 하나님과 씨름할 것이라는 사실을 알았다면 그는 결코 그 씨름에 관여하지 않았을 것이며 밤새도록 계속하지도 않았을 것이다.

반면에 그 씨름이 새벽까지 계속되었다는 사실은 그 씨름이 시간이 오래 걸리는 결정적인 한판 승부였음을 암시한다. 사실 야곱을 공격한 그 사람은 어떤 특별한 방법에 의존하기 전까지는 **야곱**을 이기지 못했다.

마침내 그 공격자는 야곱을 **쳐서** 그의 **허벅지 관절**이 위골되게 만들었으며, 이로써 야곱의 기선을 제압할 수 있었다. 속임수를 잘 쓰던 야곱은 초자연적인 일격에 의해 불구가 되어 버렸다. 한마디로 말해서 그의 많은 경쟁자들과 마찬가지로 이제는 야곱 자신이 이길 수 없는 적수를 만난 셈이 되었다.

32:26~29 비록 불구가 되어 승리를 거둘 수 없게 되었지만, 야곱은 그 사람에게 매달려 축복을 요구했다. 동시에 자신을 공격한 사람의 정체와 그 씨름이 갖는 의미를 어렴풋이 깨닫게 되었다. 일단 그 공격자의 정체를 깨달은(28절) 야곱은 그를 붙잡고 늘어지면서 축복해 줄 것을 간청했다. 야곱이 축복을 간청하는 것에 대해서 그 **사람**이 "네 이름이 무엇이냐"고 물은 것은 중요한 의미를 가지고 있다. 구약성경에서 사람의 이름은 그 사람의 본성과 관련되어 있다는 사실을 염두에 둘 때 그 의미는 분명

하게 밝혀진다. 야곱의 삶의 양식이 근본적으로 바뀌어야 한다는 점이 그 것이다. 야곱은 자신의 이름을 말하면서 자신의 본성 전체를 고백해야만 했다. 여기에서 '발꿈치를 잡은 자'는 이제 자기 스스로가 사로잡혀서 복을 받기 전에 먼저 자신의 참된 본성을 고백해야만 했다.

그 축복은 새 이름 이스라엘이라는 형태를 취했다. 어원 분석에 의하면 이 이름은 아마도 '하나님이 싸우신다'라는 뜻을 가지고 있는 듯하다. 본문은 이 이름과 관련해 야곱이 하나님과 및 사람들과 더불어 싸웠다고 설명하고 있다. 그가 사람들과 더불어 싸웠다는 것은 이해하기가 쉽지만 '하나님과' 싸웠다는 것은 이해하기가 쉽지 않다. 야곱은 이제까지의 삶을 통해서 어떤 환경에서든 자기 스스로의 힘으로, 자신의 유익만을 위해 하나님의 복을 추구해 왔다. 그는 지나치게 자기중심적이고 자존심이 강한 사람이어서 하나님의 복이 자연스럽게 그에게 주어지지는 않았다.

그래서 '하나님이 싸우신다'가 이제 그의 이름이 되었다. 첫째로 이것은 하나님이 야곱의 완고함과 교만함을 보시고 그를 대적해 싸우기로 작정하셨다는 것을 의미한다. 둘째로 그것은 하나님이 이스라엘을 위해 싸우실 것임을 의미한다.

야곱의 새 이름은 그와 다른 사람들에게 그가 이긴 이 싸움을 상기시킬 것이다. 이스라엘이라는 어휘는 이스라엘 자손의 입장에서 볼 때 희망으로 가득 차 있었다. 만일 누군가가 하나님과 겨루어 이길 수 있다면 그는 사람과의 싸움에서도 이길 수 있을 것이다. 이처럼 '하나님이 싸우신다'는 이름과 야곱이 '이겼다'라는 설명은 이스라엘 민족이 장차 싸우게 될 싸움들에 대한 약속의 의미를 지니게 되었다.

32:30~32 야곱은 하나님과 대면해 보았으나 자기 생명이 보전되었다는

이유로 그곳 이름을 브니엘(하나님의 얼굴)이라 칭했다. 이전과 마찬가지로(28:19; 31:47; 32:2) 그는 자신이 경험한 사건을 기념하기 위해 그러한 이름을 지었던 것이다. 그러나 "하나님을 본 사람은 없다"(요 1:18. 이러한 모순에 대한 설명은 출애굽기 33장 11, 20절과 요한복음 1장 18절 등에 관한 주석을 참조하라).

하나님은 될 수 있는 대로 야곱에게 가까이 가셔서 그에게 손을 얹으셨다. 여기에서 중요한 것은 '그가 하나님을 보았으나' 그의 생명이 보전되었다는 것이 아니라, '그가 하나님을 보았고' '그의 생명이 보전되었다'는 점이다. 그는 하나님의 구원(나찰[נצל], 창 32:11. 30절의 '보전되었다'에서도 같은 단어를 사용함)을 위해 기도했다. 야곱이 구원을 위해 기도한 것에 대해서 하나님은 그를 대면해 만나시고 그에게 복을 주심으로써 응답하셨다.

하나님이 야곱의 가장 튼튼한 힘줄을 치시자 그의 관절은 위골되었으며 그의 완고한 자기 신뢰 역시 위골되었다. 그의 신체적인 무기가 불구가 되고 무기력하게 됨으로써 그는 하나님과의 싸움에서 패배할 수밖에 없었다. 지난 20년 동안 그가 깨닫지 못했던 것이 이제 그에게 분명하게 밝혀졌다. 그는 맞서서 싸워 봤자 결코 이길 수 없는 분의 손안에 있었던 것이다. 불구를 경험한 야곱의 싸움은 새로운 국면에 접어들게 되었다. 이제 자신의 본래적인 힘이 꺾인 것을 느낀 그는 담대한 신앙을 갖게 된 것이다.

이러한 방식으로 하나님을 만난 사람은 야곱뿐만이 아니었다. 모세는 아직 하나님의 뜻에 완전히 동의하기도 전에 하나님과 대면해 만났다(출 4:24). 야곱의 만남은 아브라함의 후손에게 약속된 땅의 경계에서 이루어졌다. 그 땅의 진정한 '소유자'이신 하나님은 그가 '야곱'인 채로 그 땅에 들어가는 것을 허락하지 않으셨다. 자기중심적이고 자신의 힘을 믿는 모습

그대로는 결코 그 땅에 들어갈 수 없었다.

이 이야기가 출애굽하여 약속의 땅으로 들어가는 이스라엘 민족에게 주는 교훈은 분명하다. 이스라엘의 궁극적인 승리는 강대국이 사용하는 방법들에 의해서가 아니라 하나님이 주시는 복의 힘에 의해서 이루어진다. 어느 시대든 자만심은 하나님의 사역과 양립할 수 없다. 믿음만이 세상을 이긴다.

3. 야곱의 귀향과 타락의 위험(33~35장)

a. 에서와의 화해(33:1~17)

야곱이 오랫동안 기대해 온 에서와의 만남은 놀라운 사건이었다. 하나님이 에서의 마음을 돌아서게 하신 결과 그는 동생과 기꺼이 화해할 마음을 가지고 있었다. 이전에 에서는 자신의 장자권에 전혀 신경을 쓰지 않았고(25:32~34), 이제는 묵은 원한에 거의 신경을 쓰지 않았다. 에서에게 적대감이 없다는 것으로 인해서 안도감을 느낀 야곱은 다시 한번 하나님이 그가 깨달은 것보다 훨씬 더 많은 것을 예비해 두셨다는 것을 인정해야만 했다.

33:1~7 야곱은 에서를 만날 때 여전히 심약함과 두려움을 간직하고 있었다. 그는 그의 자식들과 아내들을 자기에게 중요한 순서대로 정렬시키되, 라헬과 요셉은 가장 안전한 뒤에 서게 했다.

20년 후에 만난 이들 형제는 서로 간에 흥미로운 대조를 보이고 있다. 야곱은 몸을 일곱 번 땅에 굽히면서 에서에게 나아갔다(3절). 그러나 에서는 달려와서 그를 안고 입 맞추었고, 그들은 서로 울었다. 야곱이 하나님과 겨루는 사이에 얼마나 놀라운 변화가 일어났는가! 야곱은 에서와 말하면서 계속해서 자신을 당신의 종(5절. 개역개정에는 '주의 종'으로 잘못 번역되어 있음 – 역자 주) 또는 '그의 종'(14절. 개역개정에는 소유격 '그의'가 빠져 있음 – 역자 주)으로 칭했으며 그의 형을 '나의 주'(8, 13~15절)로 불렀다. 반면에 에서는 단지 야곱을 '내 동생'(9절)이라고만 불렀다. 이것은 야곱을 에서의 주(主)로 높인 그들의 아버지 이삭의 축복과 대조를 이룬다(27:29). 야곱은 혹시 있을지 모르는 보복을 예방하기 위해 조심스럽고 신중하게 에서에게 나아간 것이 분명하다.

33:8~11 야곱은 에서에게 550마리의 선물을 받아 달라고 간청했다(참조, 32:13~15). 에서가 그것을 받는 것을 주저하자 야곱은 계속 간청했다. 그는 "이 예물(민하티[מִנְחָתִי] : 나의 선물. 32장 13절에서 사용된 단어와 같은 단어임)을 받으소서"라고 말했다. 그러고 나서 그는 추가로 "내가 형님께 드리는 예물(비르카티[בִּרְכָתִי] : 나의 예물)을 받으소서"라는 말을 덧붙였다. 11절의 '예물'이라는 단어는 '축복하다'는 뜻을 가진 바라크(בָּרַךְ)에서 유래한 단어이다. 비르카티(בִּרְכָתִי)라는 말을 씀으로써 야곱은 자기가 하나님으로부터 받은 복을 에서와 함께 나누기를 원한다는 것을 보여 주었다. 이로써 자신의 과거 행동들을 약화시키려고 노력했다. 에서의 얼굴을 보는 것이 마치 하나님의 얼굴을 보는 것 같다는 야곱의 설명은 그가 하나님의 도우심으로 에서에게서 건짐 받았다는 것을 깨닫고 있음을 보여 준 셈이었다. 브니엘에서 야곱은 하나님의 얼굴을 보았고 구원을 받았다(32:30). 그러한 과정을 거친 그는 이제 에서에게서 건짐을 받았다. 에서의 호의적인 반응은 하나님의 은혜와 도우심의 결과였다.

33:12~17 야곱은 현명하게도 에서와 같이 여행하는 것을 피했다. 그는 에서에게 자기가 어린 자식들과 어린 짐승들 때문에 천천히 여행해야 할 것 같다고 이야기하면서 세일에서 그를 만나겠다고 말했다. 그러나 야곱은 남쪽인 세일로 가지 않고 반대 방향인 북쪽의 **숙곳**으로 향했다. 숙곳은 요단 강의 동쪽에 있는 지역으로서 얍복 강의 북쪽에 위치하고 있었다. 그가 에돔을 피한 것은 현명한 행동이었을 것이다. 그는 이제 더 이상 그의 형을 속일 필요가 없었다.

이처럼 야곱과 에서에게 제각기 기적이 일어났다. 하나님은 **야곱**에게 겸손과 관용의 정신을 주셨고, 에서는 복수하려는 마음에서 화해하려는 마음으로 변화되었던 것이다. 이러한 변화들은 하나님이 야곱의 기도에 응답하셔서 그를 구원해 주셨음을 보여 주었다(32:11).

b. 세겜 정착(33:18~20)

33:18~20 이 부분은 야곱이 약속의 땅 밖에서 지내던 이야기의 결론에 해당한다. 그는 평안히 돌아와서 얍복 강 바로 서쪽, **가나안의 요단 강**에서 32킬로미터 정도 떨어진 세겜 근처에 장막을 쳤다. 이곳은 아브라함이 가나안에 도착했을 때 처음으로 장막을 친 곳이었다(12:6). 세겜은 에발 산과 그리심 산 사이에 있었다.

야곱은 아브라함과 마찬가지로 그 땅의 일부를 사서, 아브라함과 마찬가지로 거기에 **단을 쌓고**(12:7) 그것을 '엘엘로헤이스라엘'(엘은 이스라엘의 하나님이다)이라 칭했다. 이러한 방식으로 그는 주님이 고향으로 돌아오는 그의 여정을 인도하셨음을 인정했다.

34장부터는 초점이 야곱의 자식들에게로 옮겨간다. 야곱이 약속의 땅에 돌아와서 단을 쌓은 것은 그의 '라반 경험'의 절정이었다. 33장에서 야곱은 두 곳의 지명을 더 지었다(참조, 28장 19절의 벧엘, 31장 47절의 갈르엣, 32장 2절의 마하나임, 32장 30절의 브니엘). 숙곳(장막들)은 그가 가축 떼를 위해 우릿간을 지은 것과 관련된 이름이었으며, 세겜 근처에 세운 단의 이름은 하나님이 이스라엘(야곱의 새 이름)과 맺으신 관계의 중요성을 기념하는 이름이었다. 하나님은 그에게 약속하신 대로 그를 번성케 하시고 그를 보호하셨다.

c. 더럽힘 받은 디나(34장)

일단 야곱이 그 땅에 정착하자 가나안 족속의 위협이 문젯거리로 등장했다. 모든 족장 설화가 그러하듯이 34장의 이야기도 선과 악이 복잡하게 얽혀 있는 모습을 보이고 있다. 이스라엘에게 이것은 분명히 가나안 족속과의 혼합(설령 그것이 속임수에 의한 것이라 할지라도)이 부정한 결과를 가져온다는 것을 경고하는 이야기일 것이다. 이스라엘은 가나안 사람과 결혼하거나 그들과 조약을 맺는 일을 해서는 안 되었다. 34장은 또한 그 땅의 여자들을 방문하는 행동에 대해서 경고하고 있다(1절). 뿐만 아니라 거짓으로 언약을 체결하는 일도 금지되었다(13절). 왜냐하면 이로 인해서 이스라엘의 이름이 위태롭게 되었기 때문이다(30절). 이러한 이유 때문에 시므온과 레위(25절)는 장자권의 축복을 받지 못했다(49:5~7).

34:1~4 야곱의 유일한 딸인 디나가 그 땅 여자들을 보러 나갔다. 이러한 행동은 돌멩이를 건드려 산사태를 일으키는 것과도 같았다. 야곱은 세겜과 상업적인 관계를 맺은 적이 있었다(33:39). 그러나 사회적인 관계까

지 추구한 디나의 행동은 여러 가지 복잡한 문제를 일으켰다. 가나안 족속을 피하는 것이 훨씬 안전했을 것이다.

그 땅의 추장 세겜은 그녀와 강제로 동침함으로써 그녀를 욕되게 했다(아나[עָנָה] : 괴롭히다, 억압하다). 이런 식으로 강간을 당한 디나는 정상적인 결혼을 할 수가 없게 되었다. 그러나 세겜은 그녀를 사랑했으며 그녀를 자기의 아내로 맞이하기를 원했다.

34:5~7 디나가 당한 일에 대한 야곱의 반응은 매우 의외였다. 세겜이 디나를 더럽혔다(티메[טָמֵא])는 소식을 들은 그는 그의 아들들이 들에서 돌아올 때까지 아무 말도 하지 않았다. 그러나 그의 아들들은 이스라엘에 부끄러운 일(네발라[נְבָלָה])이 발생했다 하여 크게 분노했다(이스라엘이 민족의 이름으로 언급된 것은 여기가 처음이다). 그러한 성적인 범죄는 행치 못할 수치스러운 일이요, 공동체 전체를 부정하게 하는 일이었다. 그의 아들들이 슬픔과 분노에 가득 차 있는데도 야곱은 수동적인 자세를 보였고 그 일을 원만하게 수습할 것 같지도 않았다. 만일 디나가 레아의 소생이 아니라 라헬의 소생이었다면 야곱의 반응도 달라졌을 것이다.

34:8~12 가나안 사람들이 한 가지 제안을 했다. 세겜의 아버지 하몰은 그들과 이스라엘이 통혼(通婚)하면 양편 모두에게 많은 유익이 있을 것이라고 그럴듯한 말을 했다(8~10절). 그는 이스라엘에게 땅을 주겠다고 제안함으로써 이스라엘의 약점을 찔렀다(10절). 그러나 땅은 하나님이 주시는 것이지 가나안 사람들이 주는 것이 아니었다. 하몰이 나중에 자기의 동족에게 한 말을 보면 그가 야곱의 소유를 넘겨받으려는 속셈으로 거짓말을 하고 있었음을 알 수 있다(23절). 부정한 가나안 사람들을 신뢰하는

것은 어떠한 좋은 결과도 가져다주지 않을 것이다. 세겜은 곤경에서 벗어나기 위해 야곱과 디나의 형제들이 어떠한 **예물**을 청구할지라도 그대로 지불하겠다고 제안했다.

34:13~24 디나의 형제들(야곱이 아니다!)은 세겜이 할례를 받지 않은 상태에서 **통혼**하는 것은 부끄러운 일(헤르파[חֶרְפָּה])이라는 이유를 들어 그러한 제안을 거절했다. 그들과 세겜이 할례에 응한다면 그들과 언약을 맺겠다는 말을 했으나 본심에서 우러나온 말은 아니었다. 그들 역시 아버지 야곱과 마찬가지로 속임수를 사용했던 것이다(13절). 그들은 세겜과 하몰이 통혼의 조건으로 그들의 모든 **남자**가 할례를 받아야 한다는 것에 결코 동의하지 않을 것이라고 생각했다. 그러나 가나안 사람들은 그들의 제안을 받아들여 성읍에 있는 **모든 남자들**에게 할례를 받게 했다. 그들이 이처럼 순순히 할례를 받은 것은 그로써 세겜이 디나와 결혼할 수 있기 때문이기도 했지만, 동시에 이스라엘의 모든 **가축과 재산**을 그들의 소유로 만들 수 있다는 생각 때문이기도 했다.

34:25~31 그러한 계획은 비극적인 결과를 가져왔다. 시므온과 레위(이들의 가속들까지 포함)는 할례를 받았으나 아직 낫지 않아 **고통** 중에 있는 가나안의 남자들을 모두 죽였다. 그들은 디나를 구출한 후 세겜 족속의 소유에 속한 성읍에 있는 것들을 약탈하고 그곳의 모든 재산과 가축과 여자들과 아이들을 노략했다. 이 모든 행위는 **야곱**을 두려움 속에 빠뜨렸다. 그것이 야곱과 그의 가족에게 심각한 위험을 가져다줄 수도 있었기 때문이다. 그러나 그의 아들들은 간단하게 "그가 우리 누이를 창녀같이 대우함이 옳으니이까"라고 대답했다.

나중에 이스라엘 자손은 가나안 족속과의 혼합을 피하라는 가르침을 받았다. 이스라엘의 외교 정책은 그들이 이스라엘 자손을 더럽히기 전에 그들을 완전히 멸절시키는 것이었다(20:16~18).

이 이야기에서 시므온과 레위의 본능적인 행동은 정당한 것이었다. 그러나 그들의 무절제한 격정으로 인해 그들은 나중에 야곱의 축복을 받지 못했다(창 49:5~7). 뿐만 아니라 거짓 언약으로 족속들을 유혹한 것 역시 옳지 못했다. 그러나 하나님은 필요에 따라서 시므온과 레위 같은 사람, 또는 예후(왕하 10~11, 17~31) 같은 사람을 심판의 도구로 사용하신다.

d. 벧엘로 돌아옴(35:1~15)

35장에는 완성과 교정이라는 두 가지 주제가 흐르고 있다. 야곱이 그의 모든 가족과 모든 재산과 더불어 약속의 땅에 돌아왔기 때문에 그것은 완성의 이야기이다. 승리가 쟁취되고 목표가 이루어지고 약속이 성취되었던 것이다. 그러나 그것은 또한 교정의 이야기이기도 하다. 왜냐하면 그의 가정은 아직 완전한 믿음의 길에 들어서지 못해서 이방 신상들을 땅에 묻어야 했고 르우벤의 문제를 해결해야 했기 때문이다.

35:1 첫 15절은 야곱이 세겜에서 남쪽으로 24킬로미터 정도 떨어진 벧엘에 돌아옴으로써 그의 서원을 이루었음을 기록하고 있다. 그가 과거에 벧엘에서 했던 서원은 여호와를 그의 하나님으로 섬기고, 벧엘을 하나님의 집으로 만들며, 하나님께 십일조를 서약하는 것 등을 포함했다(28:13~15; 31:3). 그러나 벧엘에 돌아오기까지 오랜 시간이 걸렸다. 하나님은 야곱에게 그가 잊어버린 서원을 상기시키셔야 했다. 그가 자신의 서

원에 무관심했던 것 때문에 디나가 세겜에게 더럽힘 당하는 일이 발생했음이 분명하다(34장). 야곱은 세겜에 머무르지 말고 곧바로 그의 부모의 고향인 브엘세바(28:10)로 가야 했다.

35:2～5 자신의 서원을 지키기 위해서는 정결케 하는 예식이 필요했다. 야곱의 가족은 모두 다 그들의 이방 신상들을 제거해야만 했다. 하나님은 어떠한 우상도 허락하지 않으신다. 그는 오직 한결같은 충성만을 허용하시며 어떠한 주술적인 장식물도 거절하신다. 이 모든 정결 예식(우상을 제거하고, 그들 자신을 정결케 하며, 의복을 바꾸는 것 등)은 나중에 약속의 땅에 들어갈 때, 그러한 예식이 필요하게 될 이스라엘에게 많은 도움을 주었다(수 5:1～9).

세겜에 모든 우상과 귀고리(주물[呪物]로서 어떤 방식으로든 우상과 관련되어 있는 것이 분명함)를 묻은 후 야곱과 그의 가족은 벧엘을 향해 떠났다. 주위에 있는 성읍 백성들은 세겜에서의 대량 학살(창 34:25～29)에 관한 소문을 들은 탓인지 야곱을 두려워했다.

35:6～8 벧엘(루스라고도 불림, 28:19)에 돌아온 야곱은 하나님이 명하신 대로(35:1) 거기에 단을 쌓았다. 그러는 동안에 야곱의 어머니 리브가의 유모였던 드보라가 세상을 떠났다. 이 죽음은 족장 설화의 또 다른 장면이 막을 내리고 있음을 보여 주는 듯하다. **알론바굿**(곡함의 상수리)이라는 이름은 상수리나무 아래에 묻힌 이 나이 많은 유모의 죽음을 애곡한 것을 기념하는 이름이었다. 흥미로운 것은 야곱의 아내들이 가지고 있던 우상들 역시 세겜에 있는 상수리나무 아래에 묻었다는 점이다(4절).

35:9~15 벧엘에서 하나님은 과거에 거기에서 야곱에게 주셨던 약속 (32:28)을 확증하셨다. 야곱의 이름이 이스라엘로 변한 것은 약속된 하나님의 복을 나타내는 증거였다. 하나님이 자신을 전능한 하나님(엘 샤다이 [אֵל שַׁדַּי]. 참조, 17장 1절의 설명)이라고 칭하신 것 역시 그의 약속의 성취를 보증하는 것이었다(참조, 28:3). 이제 야곱이 약속의 땅으로 돌아왔기 때문에 민족(후손)과 열왕과 땅 등의 약속(참조, 12:2~3; 15:5, 18; 17:3~8; 22:15~18; 28:13~14)은 다시 한번 확증된 셈이다. 여기에서의 야곱의 행동은 이전의 벧엘 경험에서 취했던 행동과 거의 동일하다. 돌 기둥을 세우고 그 위에 기름을 붓고 그곳의 이름을 벧엘이라 칭한 것 등이 그것이다(35:6~7, 14~15. 참조, 28:16~19). 어느 경우에든 하나님은 야곱에게 그 땅에서 많은 후손이 나오리라고 약속하셨다(28:13~14; 35:11~12). 그러나 여기에서 하나님은 야곱의 후손 중에 왕들이 포함될 것이라는 점을 추가로 말씀하셨다.

e. 베냐민의 출생과 르우벤의 범죄(35:16~29)

35:16~20 베냐민이 출생함으로써 야곱의 가족은 그 땅에서 완결을 보았다(흥미롭게도 이스라엘의 12지파의 조상이 된 야곱의 12아들 중 11명은 밧단아람에서 태어났다, 29:31~30:24). 라헬은 해산하는 중에 세상을 떠났다. 그녀의 죽음은 35장에서 두 번째의 과도적인 죽음이었다(참조, 8절).

그녀가 지어 준 '베노니'(내 슬픔의 아들)라는 이름은 그 아이에게 적절하지 않았다. 그래서 야곱은 '베냐민'(내 오른손의 아들)이라는 이름을 다시 지어 주었다. 야곱은 이 슬픔의 순간을 승리와 미래에 대한 희망으로 바꾸어 놓았다. 뿐만 아니라 라헬이 그 아이를 낳은 것은 하나님이 두 번째 아들을 달라고 간구한 그녀의 기도(30:24)에 응답하신 결과였기 때문에, 그 아이에게 좋은 이름을 지어 주고 싶은 마음도 가지고 있었다(요셉이라는 이름은 야싸프[יֹסֵף : 더하다]라는 동사에서 파생한 이름이다).

이 부분은 또한 이스라엘이 그 땅에서 하나님의 복을 통해 계속 번성해 나갈 것임을 암시하고 있다. **야곱**은 벧엘과 **베들레헴** 사이에 있는 그녀의 무덤 위에 **돌기둥**(그가 세운 다른 돌기둥에 대해서는 28장 18절, 31장 45~47절, 35장 14절 등을 참조)을 세웠다. (에브랏은 베들레헴의 옛 이름이었다. 참조, 미가 5장 2절의 '베들레헴 에브라다,' 룻 4:11; 대상 2:50~51).

35:21~22 이삭의 계보는 몇몇 짧은 보고들을 가지고 있는 21~29절에서 끝난다. 첫 번째 보고는 르우벤이 야곱의 **첩**이요 라헬의 여종으로 야곱에게 두 아들(단과 납달리, 30:3~8)을 낳아 준 빌하와 동침함으로써 야곱의 가정을 파괴하고 있음을 이야기하고 있다. 르우벤의 범죄 행위는 베들레헴과 헤브론 사이에 있는 **에델 망대** 부근에서 발생했다. 아마도 야곱의 장자인 르우벤은 이러한 이교적인 행위를 통해서 섣불리 아버지의 자리를 대신하려고 했던 듯하다. 그러나 그렇게 함으로써 그는 오히려 장자권을 상실하고 말았다(49:3~4. 참조, 대상 1~2장). 야곱(35장 21~22절에서는 세 번이나 **이스라엘**이라고 불림)은 르우벤의 그러한 행동을 알아차렸다(참조, 32:28; 35:10. 그의 딸 디나가 강간당했다는 소식을 들었을 때 그가 침묵을 지킨 것, 34:5).

35:23~26 두 번째 보고는 12지파의 우두머리가 된 12아들의 이름을 열거하고 있다(참조, 29장에 있는 '야곱의 가계'). 이것은 하나님의 약속들이

선하다는 것을 확실하게 보여 준 또 하나의 사실이었다. 이 목록은 말하자면 후에 큰 민족을 이루에 된 12지파의 출발점을 보여 주고 있는 셈이다.

35:27~29 35장의 마지막 보고는 180세를 산 이삭의 죽음에 관한 보고였다. 이삭은 33장에 기록된 세 번째의 과도적인 죽음이다(참조, 8, 18절). 당시에 이삭은 **헤브론** 근처에 거주하고 있었다(참조, 28:10). **야곱과 에서**는 힘을 합해 그를 장사 지냈다. 아마도 이 만남은 두 형제가 헤어진 후 처음으로 갖는 만남이었을 것이다(33:16~17). 야곱은 35장에 있는 사건들을 통해 그가 가나안으로 돌아온 것이 약속의 성취이긴 했지만, 그것 역시 새로운 시작이기 때문에 완전히 마음을 놓을 수 있는 상황은 아니라는 것을 배웠다. 드보라와 라헬과 이삭은 각각 죽으면서 한 시대의 종말을 고했다. 르우벤은 범죄 행위의 대가로 축복을 받을 수 있는 권한을 빼앗겼다(참조, 49:3~4). 모든 식구들은 야곱이 벧엘에서 한 서원을 이루기 위해 모든 우상들을 버리고 자신을 정결케 해야 했다. 이스라엘 민족은 그 땅에서 12아들(지파)로 완결되어야 했다. 이 중대한 과도기에 하나님의 언약이 계속 실행되기 위해서는 하나님에 대한 믿음이 새로워져야만 했다. 이러한 이유로 인해 35장은 야곱의 서원과 하나님의 약속을 강조했다.

D. 에서의 계보(36:1~8)

36장은 복잡한 내용으로 인해 이해하기가 쉽지 않다. 이삭의 계보(25:19~35:29)가 끝나자 그의 아들의 계보가 논의되고 있는바, 이는 선택받은 계보(37장)로 넘어가기 전에 선택받지 않은 계보의 역사(36장)를 먼저 언급하는 관례(4~5장. 참조, 10:1~31; 21:8~21; 22:1~18)를 따른다.

36:1~8 이 부분은 에서의 **톨레도트**를 보여 주고 있다. 그는 아다와 오홀리바마와 바스맛 등 세 아내를 거느리고 있었다. 이들 중 두 아내의 이름은 앞서 언급된 이름들(26:34; 28:9)과 같지 않다. 여기서 우리가 생각할 수 있는 것은 26장과 28장의 아내들이 이미 죽었거나, 아니면 에서가 여섯 명의 아내들 중에서 36장에 있는 아내들을 더 사랑했거나, 아니면 두 아내가 다른 이름을 겸해서 가지고 있는 경우 등이다.

오홀리바마는 호리족 세일의 증손이었는데 세일의 후손은 에서가 에돔 지역에 갔을 때 이미 거기에 거주하고 있었다(36:20, 25). 이 세 아내들로부터 에서는 다섯 아들들을 얻었다.

이 설화는 두 가지의 요점을 강조하고 있다. 첫째로, 에서의 아들들은 그가 세일로 가기 전에(8절) 이미 **가나안 땅**에서 태어났다(5절). 이것은 야곱의 자녀들이 약속의 땅 밖에서 태어나서 그 땅으로 옮겨 간 것과 큰 대조를 이루고 있다. 둘째로, 에서는 **에돔**이었다. 실제로 독자는 36장 전체를 통해서 이러한 사실을 생각하게 된다. 종종 에서의 후손인 에돔 족속(36:43)과 싸워 온 이스라엘(참조, 오바댜)은 이 점을 잘 이해하고 있었을 것이다.

7절은 인상적인 내용을 이야기하고 있다. 독자는 여기서 롯을 연상할 수 있을 것이다. 두 사람의 소유가 풍부해 그 땅에 함께 거할 수가 없었다(참조, 13:5~6). 에서는 롯과 마찬가지로 동쪽의 보다 비옥한 땅을 향해 떠났다(참조, 13:8~12).

36:9~19 36장의 후반부(9~40절) 역시 톨레도트(9절. 참조, 1절)로 시작한다. 물론 대부분의 사람들은 이것을 에서의 결말을 추적하는 내용의 작은 한 부분으로 보고 있다.

에서의 아들들 역시 아들들을 데리고 있었다. 결국 에서는 다섯 명의 아들과 열 명의 손자(이들은 문자 그대로의 후손이거나 그들에게 기원을 둔 족속들임)들을 거느리게 되었다(16절의 고라를 포함시킬 경우 에서에게는 11명의 손자가 있었던 셈이 된다. 히브리어 성경은 여기서는 그를 언급하고 있으나 11절이나 역대상 1장 36절에서는 언급하고 있지 않다. 아마도 그는 족장이 된 후 곧 죽었을 것이다. 혹은 16절에 있는 고라는 14절의 고라를 중복해서 베껴 쓴 서기관의 잘못에 기인한다고도 볼 수 있을 것이다). 히브리 성경을 보면 10명의 손자들과 3명의 아들들은 제각기 '족장'(알루프[אַלּוּף]. 15, 17~18절)으로 불리고 있다. 군주로서의 에서의 모습도 나타나고 있다(40~43절).

36:20~30 이 부분은 그 땅에 거하는 호리 족속 세일의 자손(즉 아들들, 손자들, 손녀들)을 열거하고 있다. 이들은 아마도 에서에 의해 정복된 에돔의 원주민들이었을 것이다(신 2:12). 세일의 일곱 아들들은 호리 족속의 족장들이 되었고(창 36:20~21. 참조, 29절), 이들로부터 20명의 자녀(또는 지파)가 생겨났다. 세일의 증손녀인 **오홀리바마**는 에서의 아내들 중 한 사람이었다(참조, 2, 14, 18, 25절. 세일은 시브온을 낳았고[20절], 시브온

은 아나를 낳았으며[24절], 아나는 딸 오홀리바마를 낳았다).

36:31∼39 에돔의 왕들이 에서와 어떠한 관련이 있는지는 분명하지 않다. 그러나 그들은 **에돔 땅을 다스리던 왕들**이었으며 에서는 곧 에돔이었다(8절). 에돔 족속의 조직은 외견상 이스라엘과 비슷했다. 그들은 그들 중의 한 지파에서 왕을 선택하고 그로부터 왕권을 세습해 나갔다. 여기에 언급되어 있는 여덟 왕들의 계보가 야곱과 에서의 시대를 넘어서까지 계속되는지는 불분명하다. 그러나 여기서 중요한 것은 이스라엘 자손을 다스리는 왕이 있기 전에 에돔에 왕이 있었다는 비교 자료이다(31절).

36:40∼43 이 부분은 에서에게서 나온 족장들의 이름을 그 종족과 거처와 이름대로 열거하고 있다. 이처럼 에서는 크고 강한 군주였으며 11명의 족장들을 거느린 **에돔 족속의 조상**이었다(43절). 이리하여 이삭이 에서에게 준 약속들이 성취되어 갔으며 야곱에게서 떨어져 나옴으로써 그는 동생의 '멍에'를 그의 '목'에서 떨쳐 버린 셈이 되었다(27:39∼40).

37:1 점차 강성해져 가는 에서와는 크게 대조되게 야곱은 그의 아버지가 우거하던 가나안 땅에 거주하고 있었다. 에서와는 달리 야곱은 아직 '족장'도, 왕도, 다스려야 할 땅도 그리고 완전한 지파 조직도 가지고 있지 않았다(35:11). 그는 여전히 나그네였다. 델리취(Delitzsch)는 세속적이고 세상적인 강성함이 영적인 강성함보다 그 속도가 빠르다는 점을 적절하게 지적해 주었다(*A New Commentary on Genesis*, 2:238). 하나님이 약속하신 복은 인내와 신앙을 요구한다. 다른 사람들이 잘되는 동안에 기다리는 것은 신실함과 인내심의 시금석이다.

F. 야곱의 계보(37:2~50:26)

애굽에서의 야곱의 이야기는 창세기에서 독특한 문학적인 단위를 구성하고 있다. 이 설화에 반복적인 요소들이 있다고 해서, 많은 비평학자들이 제안하는 바와 같은 두 개의 상이한 전승이 섞여 있는 것은 아니다. 반복은 히브리 문체의 특징으로서 메시지를 강조해 주고 그 메시지에 다양한 강조점을 부여한다. 반복의 한 예로서 야곱 이야기와 요셉 이야기 사이의 유사성을 들 수 있다. 이 두 설화군(說話群)은 아버지가 속임을 당하고 형제들이 모의를 꾸미는 것으로 시작한다(27, 37장). 양 설화군은 20년의 이별 기간을 포함하고 있으며 그 기간에 에돔은 이국땅에 머물러 있었다(참조, 야곱에 대해서는 31장 38절. 요셉은 17세[37:2]에서 30세에 이르기까지의 13년[41:46]을 보디발의 집과 감옥에서 보냈으며, 풍년이 지난 후에는 그의 형제들이 애굽에 왔다. 41:53~54; 42:1~2). 양자는 형제들의 재결합과 화해로 끝맺고 있다(33:1~15; 45:1~15). 하나님은 야곱의 문제를 만족스럽게 해결하신 것과 마찬가지로 그의 아들 요셉의 문제도 잘 해결해 주셨다.

요셉의 이야기는 또한 이스라엘에게 교훈을 주는 내용을 담고 있다. 요셉이 구원받기 전에 애굽에서 속박의 세월을 보낸 것처럼, 야곱의 후손도 거기서 속박을 당하다가 마침내 구원을 받을 것이다. 요셉에게 있어서 그가 당한 시련은 그의 믿음을 연단시켰을 것이고, 이스라엘 민족에게 있어서 그들이 애굽에 머문 것은 그들을 보존하고 훈련시키는 결과를 가져왔을 것이다.

요셉의 생애에 대한 기록 속에는 몇 가지의 사건군(事件群)들이 있다. 세 종류의 꿈과 네 종류의 평행 관계(요셉과 그의 가족, 요셉과 보디발의 가족, 요셉과 죄수들, 요셉과 바로의 왕실) 및 두 종류의 삽화적인 사건(겉옷을 구실 삼은 거짓 고발과 그의 형들의 잇단 애굽 방문이 포함되어 있음) 등이 그것이다. 이러한 사건군들은 야곱의 **톨레도트**를 구성하고 있다(37:2).

이 설화들은 앞에 있는 자료들과 그 분위기가 다르다. 여기서의 강조점은 요셉을 지혜로운 통치자(41:39)로 설명하는 것을 포함해 잠언과 전도서의 지혜 문학과 밀접한 관계를 가지고 있는 듯하다.

요셉과 그의 형제들에게 두드러지게 나타나는 것은 고난의 주제이다. 요셉은 의로운 사람이었으나 고난으로부터 면제되지는 않았다. 그는 고난 속에서도 그의 믿음에 의해 하나님의 보호를 받았다. 마침내 그는 하나님이 자기에게 고난을 주신 것은 선을 위함이었다고 고백할 수 있었다(50:20). 성경의 지혜 문학은 하나님을 믿는 자에게 하나님이 악과 고난으로부터 선을 이루신다는 사실을 확신시킨다. 악인들은 잠시 동안 낙을 누릴지 모르나 의인들은 보다 차원 높고 지속적인 삶의 원리를 알고 있기 때문에 그들의 순전함을 고수한다(참조, 욥기). 지혜로운 자들은 여호와 하나님이 나라와 열방들의 주권자이시며 그의 백성의 모든 일들을 올바르게 주관하신다는 것을 알고 있다. 때때로 하나님의 방법이 불공정하고 역설적인 것으로 보이기도 하지만 믿음으로 인내하면 그것은 의인들에게 복을 가져다준다.

1. 요셉이 애굽으로 팔림(37:2~36)

a. 요셉의 꿈(37:2~11)

37:2~4 창세기의 마지막 톨레도트인 야곱의 족보를 서두로 하여 요셉의 이야기가 시작된다. 요셉은 말 잘 듣는 17세의 소년으로서 그의 이복형제들의 과실을 아버지에게 고하곤 했다(친동생인 베냐민의 과실은 고하지 않음). 무슨 의도로 이러한 사실을 보고했는지는 분명하지 않다. 그런 일을 하는 것이 널리 유행하는 것은 아니었지만, 그것은 요셉이 신실한 종의 이미지를 가지고 있었음을 보여 준다. 자연히 그의 형제들은 이로 인해 그를 미워했다.

그는 또한 아버지의 사랑을 많이 받았는데, 야곱은 그를 위해 **채색옷**을 지어 주었다. 이것은 야곱이 그에게 유산의 전부 내지는 대부분을 물려줄 의도로 그를 다른 아들들보다 더 사랑하고 있었음을 보여 준다. 왜냐하면 요셉은 야곱의 사랑하는 아내인 라헬의 첫아들이었기 때문이다(30:22~24). 그러나 야곱은 부모의 편애가 가정에 어떤 결과를 가져오는가를 기억해야 했다. 그 자신이 부모의 편애로 인해 사랑하는 어머니와 이별해야 했는데(27:1~28:5), 이제는 그것이 요셉을 야곱에게서 떠나가게 하는 요인으로 작용하고 있다.

37:5~11 하나님은 야곱이 그의 신실한 아들 요셉을 선택한 것을 두 가지의 꿈을 통해 확증하셨다. 구약성경에서 하나님의 계시는 여러 가지 다른 방식으로 나타났다. 하나님은 그의 백성이 약속의 땅을 떠나거나 약속의 땅 밖에, 즉 이방 민족의 땅에 있을 때에는 꿈을 사용하셨다. 꿈속에

서 하나님은 처음으로 아브라함에게 그의 자손이 애굽에서 속박을 당할 것이라고 말씀하셨고(15:3), 야곱이 라반과 함께 있을 때에는 꿈을 통해 그에게 번성과 보호를 약속하셨다.(28:12, 15). 그리고 하나님은 두 개의 꿈을 통해 요셉이 그의 가정을 다스릴 것이라고 예고하셨다.

형들은 그를 더욱 미워하고(37:5, 8) 그를 시기했으나, 야곱은 그 일을 마음에 두었다(11절). 그는 하나님이 어떻게 역사하시는가를 알고 있었다. 또한 하나님이 작은 자를 택해 큰 자를 다스리게 하실 수 있으며, 신탁이나 꿈을 통해 자신의 선택을 미리 말씀하실 수 있다는 것을 잘 알고 있었다.

첫 번째 꿈의 장면은 농업에 관계된 것이었다(7절). 이 꿈은 요셉이 그의 형들을 어떻게 다스리게 될 것인가를 암시해 주는 것 같기도 하다(참조, 42:1~3). 그의 곡식단은 일어서 있는데 형들의 곡식단이 그의 곡식단을 향해 절하는 것이 그 꿈의 내용이었다. 두 번째 꿈의 장면은 하늘과 관련된 것이었다(9절). 해와 달과 열한 별이 그에게 절을 했다. 고대 문화에 있어서 이러한 상징은 통치자에게 적용되었다. 따라서 이 꿈은 요셉이 야곱의 모든 식구들 위에 높임 받으리라는 것을 상징적으로 예고한 셈이다 (해는 요셉의 아버지를, 달은 그의 어머니를, 그리고 별들은 그의 열한 형제를 상징함, 10절).

요셉이 자기들 위로 높임 받으리라는 것을 알아차린 형들이 그를 미워하고 시기한 것은 충분히 이해할 만한 일이다. 그러나 요셉의 정직함과 신실함에 대조되는 그들의 반응은 야곱이 그를 선택한 것이 왜 적절했는가를 보여 주었다. 하나님의 주권적인 지도자 선택은 종종 복종해야 하는 사람들의 시기심을 불러일으킨다. 요셉의 형들은 하나님의 선택에 순종하기보다는 그를 없애려는 방침을 세웠다. 그들의 행위는 그들이 지도자가 되어야 한다는 신념에서 비롯된 것이었지만 결국은 그들이 왜 지도자가 되어서는 안 되는가를 보여 준 셈이 되었다.

b. 팔리는 요셉(37:12~36)

37:12~17 요셉의 형들은 요셉이 그들의 안부를 물어 오라는 아버지의 명령에 순종해 도단까지 그들을 찾아오자(17절) 그를 죽여 버릴 계책을 꾸몄다. 요셉은 형들이 자기를 미워한다는 것을 알면서도 아버지의 요구에 응했다. 헤브론 골짜기에 있는 야곱의 집으로부터(14절) 북쪽의 세겜(12절)까지는 대략 80킬로미터 정도가 되었으며, 도단은 거기서 또 24킬로미터 정도 북쪽에 떨어져 있었다. 아마도 그들은 그들의 누이 디나를 강간했던 세겜(34장)의 땅을 정탐하려는 숨은 목적을 가지고 도단까지 간 것인지도 모른다.

37:18~24 형들은 요셉의 꿈이 이루어지는 것을 막기 위해서 그를 죽일 계책을 꾸몄다. 과거에 그들은 그들의 누이에 대한 보복으로 많은 사람들을 죽이려는 계책을 꾸몄는데(34:24~29), 이제는 대조적으로 동생을 죽이려고 모의하고 있었다!

르우벤은 요셉을 야곱에게 돌려주려는 마음으로 그의 형제들에게 그러한 범죄를 저지르지 말라고 설득했다. 그는 요셉을 살아 있는 채로 구덩이에 던지자고 제안했다. 나중에 자기가 요셉을 구출할 수 있으리라고 생각했던 것이다. 그리하여 형들은 요셉에게서 채색옷을 벗기고 그를 마른 구덩이에 던져 넣었다.

37:25~28 그때에 유다가 형제들에게 길르앗에서 애굽으로 가는 이스마엘 사람들에게 요셉을 팔아넘기자고 제안했다. 이스마엘 사람은 하갈에게서 비롯된 아브라함의 후손이었고(16:15), 미디안 사람(37:28)은 그두라라는 첩에게서 비롯된 아브라함의 후손이었다(25:2). 이스마엘 사람이라는 용어는 사막에 거하는 족속들을 지칭하는 일반적인 용어가 되었다. 따라서 미디안 상인들 역시 이스마엘 사람으로 알려져 있었다. 요셉은 형들에 의해 거칠게 취급당했지만 은 20세겔에 팔려 애굽으로 감으로써 생명을 건질 수 있었다.

37:29~35 야곱의 가정에 다시금 속임수의 주제가 나타난다. 야곱은 이제 자기 자신의 아들들에 의해 속임을 당했다! 그의 아들들은 요셉의 채색옷을 숫염소의 피에 적심으로써 야곱으로 하여금 요셉이 악한 짐승에게 먹혀 죽었다고 생각하게 만들었다. 야곱은 그의 사랑하는 아들을 잃음으로 인해 크게 애통해했으며 위로받기를 거절했다(자신의 옷을 찢고 베옷을 입는 것은 슬픔과 애통의 표시였다, 44:13. 참조, 욥 1:20; 16:15). 이 속임수 때문에 많은 사람들이 함께 고통스러워해야만 했다.

37:36 헤브론에서의 슬픈 광경(참조, 14절)은 요셉이 바로의 친위대장 보디발에게 팔렸다는 내용과 대조를 이루고 있다.

지금까지의 이야기는 미움과 속임수에 관한 이야기이다. 요셉의 형들은 악한 방법을 사용해 그들의 아버지를 속임으로써 그들의 운명을 개선하려고 노력했다. 야곱 역시 그의 아버지에게 이와 비슷한 방법을 사용했다. 그러나 요셉의 형들은 야곱과 마찬가지로 하나님이 그러한 일을 행하는 자들에게 계속해서 복을 주시지 않는다는 사실을 배워야 했을 것이다. 그들이 숫염소의 피를 사용한 것은 아이러니하다. 왜냐하면 야곱 역시 그의 아버지를 속이기 위해 숫염소의 가죽을 사용했기 때문이다 (27:16). 오래전에 야곱이 저질렀던 범죄가 다시금 그를 괴롭혔다. 요셉의 형들의 태도 역시 하나님에 의해 변화되어야 할 것이다. 그렇지 않으면 큰 민족을 이룰 수 없기 때문이다.

이제 순종의 종인 요셉의 고난이 시작된다. 하나님은 그가 겪은 고난들을 통해 그의 사람 됨을 시험하실 것이고, 이로써 그는 높임을 받을 수 있을 것이다.

2. 유다 가족의 타락과 하나님의 선택의 확정(38장)

언뜻 보기에는 요셉의 이야기에 이상한 사건이 끼어드는 것처럼 보인다. 그러나 그것은 창세기에서 중요한 목적을 수행하고 있다. 그것은 작은 자를 택해 큰 자를 다스리게 하시는 하나님의 계획이 그것을 부정하려는 어떠한 시도에도 불구하고 반드시 이루어진다는 것을 확증해 준 사건이었다.

38:1~5 요셉을 이스마엘 사람들에게 팔자고 제안했던(37:26~27) 유다 는 형제들을 떠나 **아둘람**(헤브론에서 북서쪽으로 24킬로미터 정도 떨어 짐)에 머물면서 가나안 여자와 결혼했다. 이들은 세 아들, 곧 엘과 오난과 셀라를 낳았다. 가나안 여자와의 이러한 결혼은 유다의 가정을 거의 파멸 로 몰아넣었다. 앞서 가나안 사람들과의 결혼은 금지되었으나 지금 여기 서는 그렇지 못하다. 그 땅 거주민과의 동화(同和)에 대해서 기록하고 있 는 38장은 왜 하나님이 아직 어린 이스라엘 민족을 그 성장 기간 동안 안 전하게 애굽에 정착시키셨는가를 이해할 수 있게 해 준다.

38:6~11 유다의 첫 번째 아들 엘은 악을 행했기 때문에 죽었다. 당시의 결혼법인 수혼(嫂婚) 제도(Levirate: 라틴어 *levir*. '남편의 동생')에 의해 두 번째 아들 오난은 형의 아내였던 다말과 결혼해서 형을 위해 씨(후손)가 있게 해야만 했다. 그러나 오난은 그의 형에게 씨를 주지 아니하려고 형수에게 들어갔을 때에 계속해서 땅에 설정함으로써 그 법을 피하려고 했다. 그는 자신에게 주어진 기회를 이용하기는 했으나 그것과 결부되어 있는 책임은 회피했다. 그리하여 하나님은 그의 생명도 거두어 가셨다.

이러한 상황 속에서 유다는 그의 셋째 아들 셀라를 엘의 과부인 다말에게 주지 않았다. 셀라가 아직 어렸기 때문이다(그리고 그가 장성했을 때에도 유다는 셀라를 다말에게 주지 않았다, 14절).

솔로몬에서 요셉까지의 연대 역산표	
연도(BC)	사건
971	솔로몬 통치의 시작
- 4	
967	솔로몬 통치 제4년(왕상 6:1)
- 1	솔로몬 통치 4년 중 실제적인 통치 기간을 위해서 조정한 것
966	성전 건축 시작
+480	출애굽에서부터 솔로몬의 성전 건축 시작 연대(왕상 6:1)
1446	출애굽 연대(왕상 6:1)
+430	애굽 체재 기간(출 12:40)
1876	야곱과 그의 가족이 애굽으로 이주한 연대(창 45:6)
+ 2	야곱이 애굽에 이르기 전 2년 동안의 기근 상태(창 45:6)
1878	7년 기근이 시작됨
+ 7	풍년 기간(창 41:47)
1885	요셉이 감옥에서 나와 30세에 총리 대신이 됨(창 41:46)
+13	보디발의 집과 감옥에 있었던 기간
1898	요셉이 17세에 애굽에 팔림(창 37:2, 28)

38:12~23 이리하여 유다 가정의 장래가 위기에 처하게 되었다. 다말은 그가 정당하게 수혼 제도의 권리를 누리기 위해서는 그녀 스스로 이 문제를 해결해야 한다고 생각했다. 이 제도는 나중에 죽은 사람의 이름을 보전하기 위한 목적으로 성문화되었다(신 25:5~10). 다말은 적절한 기회를 타서 자신을 신전 창기로 위장한 채로(창 38:15, 21), 그녀의 시아버지 유다를 유혹해 그로 하여금 자신과 부도덕한 결합을 갖게 했다. 유다는 염소 새끼를 삯으로 주겠다고 약속하면서, 그 보증으로 도장(끈으로 연결해 목에 걸고 다님)과 지팡이를 그녀에게 맡겼다. 그는 자신의 친구 히라를 통해 그것들을 되찾으려고 했으나 어디에서도 그녀를 발견하지 못했다. 다시금 야곱의 가정은 속임수에 걸려들었는데, 이번에는 그의 가나안 며느리에 의해서였다!

38:24~26 유다는 정직함이 부족했다(16절). 그래서 이제는 위선자로 보였다. 다말이 임신한 지 삼 개월이나 되었다는 소식을 들은 그는 창기에게 해당하는 벌인 사형을 그녀에게 선고했다. 그때에 그녀는 도장과 끈과 지팡이를 가지고서 유다가 바로 죄를 범한 사람임을 입증했다. 다말은 비록 속임수를 쓰기는 했으나 유다 자식들의 어머니가 될 수 있는 권리를 획득했다. 그녀의 행동은 필사적이고 모험적인 것이었다.

38:27~30 이 마지막 부분은 전체 이야기의 의미를 밝혀 주고 있다. 하나님은 다말에게 쌍둥이를 주셨고 유다의 가계는 그녀로 인해 계속될 수 있었다. 그러나 그 쌍둥이는 야곱과 에서의 경우와 마찬가지로 유별난 상황 속에서 출생했다. 쌍둥이 중 한 아기의 손이 나왔다가 다른 아이가 먼저 터뜨리고 출생했다. 그리하여 그는 '베레스'(터뜨림)라는 이름을 얻게

되었다. 그리고 두 번째 아기는 산파가 그의 손목에 매어 준 **홍색 실**로 인해 '세라'(주홍)라는 이름을 얻게 되었다. 이것은 마치 야곱이 그의 형을 다스릴 것이라는 신탁이 유다의 가계에서 재현되고 있는 것 같았다(27:29).

여기서 중요한 것은 그러한 출생이 유다가 요셉에게 취한 행동과 어떤 관계를 가지고 있는가이다(37:26~28). 그와 그의 형제들은 형들로 하여금 동생을 섬기게 하려는 하나님의 계획을 망쳐 놓을 수 있다는 생각으로 그들의 동생을 애굽에 팔았다. 그러나 하나님은 다말의 결혼을 막으려는 유다의 노력에도 불구하고 바로 그의 가정 안에서 형이 동생을 섬기리라는 원리를 철저하게 확증하셨다. 약속의 자손은 베레스를 통해 계속될 것이다(참조, 마 1:3). 하나님의 계획은 그렇게 쉽게 포기될 수 없기 때문이다.

3. 요셉의 입신출세(39~41장)

a. 보디발의 아내의 유혹(39장)

39:1~6상 유다 가정의 탈선이 있은 후(38장) 이야기는 다시 요셉에게로 옮겨 간다. 그는 하나님의 인도하심으로 범사에 형통함을 입었으며 보디발의 가정 총무가 되었다. 보디발은 바로의 친위대장이었다. 이 바로는 아마도 세소스트리스 2세(Sesostris II, BC 1897~1879년)였을 것이다. 보디발이 요셉과 함께 있다는 것은 하나님이 보디발에게 복을 주시는 한 수단이기도 했다.

39:6하~10 그러나 하나님은 요셉이 정말로 순종하는지를 보기 위해서

보디발의 아내를 통해서 그를 시험하셨다. 그녀가 용모가 빼어난 요셉을 유혹하자 그는 그녀와 동침하기를 거절했다. 그것은 곧 하나님과 주인에게 죄를 범하는 것이기 때문이었다. 그는 현명하게도 그녀와 함께 있는 것도 거절함으로써 그녀의 계속적인 유혹을 피했다. 그는 하나님이 자신을 특별한 사역으로 부르셨다는 것을 확신하고 있었기 때문에 그녀의 유혹을 단호하게 거절할 수 있었다. 그는 자신이 노예의 신분에서 벗어났다는 사실 속에서 하나님의 부르심의 증거를 발견했다. 만일 우리가 하나님의 계획을 이루기를 원한다면 그것을 성취시키시는 하나님께 죄를 범할 수가 없다.

39:11~20상 요셉의 계속적인 거절에 자존심이 상한 보디발의 아내는 요셉이 자기를 겁탈하려 했다는 거짓말을 꾸며 댔다. 그녀는 집안에 있는 종들에게, 그리고 나중에는 보디발에게 요셉이 버리고 달아난 옷을 보여 주었다. 이것은 요셉의 옷이 그에 관한 거짓된 보고를 하는 데 사용된 두 번째 경우였다(참조, 37:31~33). 어떤 경우에도 요셉은 신실하게 행동했다. 그러나 그는 결국 감옥에 갇히는 몸이 되었다.

39:20하~23 요셉은 하나님의 은총으로 감옥에서도 형통함을 입었다. 그 결과 간수는 감옥의 제반 사무를 요셉에게 위임하게 되었다. 요셉은 보디발의 집에 있을 때 하나님의 도우심으로 형통함을 입어 모든 일을 위임 받았는데, 여기서도 하나님의 은총으로 형통함을 입어 모든 일을 위임 받기에 이르렀다. 39장은 네 번이나 여호와께서 요셉과 함께하신다는 것을 강조하고 있다(2~3, 21, 23절).

39장은 요셉이 신실한 하나님의 종이었음을 보여 주고 있다. 그는 하나님이 주신 꿈(37:6~7, 9)을 기억하면서, 처음으로 높은 자리에 올랐을 때에 자기에게 주어진 유혹에 굴복하기보다는 끝까지 하나님께 충성했다. 지혜로운 통치자는 이상적인 왕에게 가장 먼저 요구되는 것이 바로 하나님께 대한 충성이라는 사실을 알고 있다. 이스라엘 역시 의인의 고난을 포함한 여러 가지 사건 속에서도 하나님께 끝까지 충성해야 한다는 것을 배웠을 것이다.

이 이야기는 솔로몬의 잠언에 자주 나타나는 권면과 유사하다. 아첨하는 여자나 남자의 유혹에 굴복함으로써 하나님을 섬기는 삶의 모든 희망을 상실하는 것은 어리석은 일이다. 지혜의 길은 죄악의 대가를 충분히 고려하는 데 있다. 요셉은 하나님이 그에게 무엇인가 놀라운 일을 맡기셨다고 확신하고 있었기 때문에 유혹에 굴복하지 않았다. 요셉은 죄악의 즐거움으로 인해 하나님의 복을 내던질 사람이 아니었다. 또한 그는 자신의 신실함으로 인해 고난을 받았기 때문에 어떠한 일도 염려하지 않았다. 하나님은 원래 그에게 약속하신 대로 그를 높여 주실 것이었다.

b. 죄수들의 꿈을 해석해 준 요셉(40장)

요셉이 하나님의 약속에 대한 믿음을 잃지 않았다는 것은 그가 기꺼이 남의 꿈을 해석해 주는 사실을 통해서 입증된다. 그는 하나님이 이전의 두 꿈(37:5~7, 9)에서 보여 주신 계시가 성취되리라는 것을 여전히 확신하고 있었다.

40:1~8 감옥 안에는 바로의 두 신하, 곧 술 맡은 관원장과 떡 굽는 관원장이 있었는데, 이들은 제각기 하룻밤에 이상한 꿈을 꾸었다. 요셉은 그

들이 근심하는 것을 알고서 그들의 꿈을 해석해 주기로 했다. 그는 그들의 꿈이 하나님께로 말미암은 것임을 알았으며 그 꿈들을 통해서 그의 뜻을 이루기 시작하신다는 것을 깨달았다.

40:9~15 요셉은 바로의 두 신하의 꿈을 해석해 주었다. 술 맡은 자의 꿈은 좋은 꿈이었다. 그의 꿈은 그의 직위가 속히 회복될 것임을 반영하고 있었다. 익은 포도송이가 매달린 세 가지는 바로가 그의 머리를 들 것임을, 즉 그가 사흘 안에 전직을 회복할 것임을 의미했다. 이러한 해석에 더해 요셉은 그에게 자기를 기억해 줄 것과 그의 석방을 주선해 줄 것을 부탁했다.

40:16~19 떡 굽는 자의 꿈은 좋은 꿈이 아니었다. 그의 꿈 역시 그의 직위를 반영하고 있었으나 그의 머리의 세 광주리에 있는 떡을 새들이 먹는 내용의 꿈이었다. 요셉은 바로가 사흘 안에 그의 머리를 들게 할 것이지만, 이 경우에는 나무에 매달려 새들에게 뜯어 먹히는 것을 의미한다고 설명했다.

40:20~23 요셉의 해석은 정확하게 들어맞았다. 사흘 후에 생일을 맞이한 바로는 술 맡은 관원장을 복직시키고 떡 굽는 관원장을 처형했다. 그러나 술 맡은 관원장은 감옥 속에 있는 요셉을 금방 잊어버렸다.

여기서 요셉에게 중요한 것은 그가 그들의 꿈을 정확하게 해석했다는 사실이다. 그는 꿈을 통해서 자신에게 주어진 하나님의 계시를 잘못 이해하지 않았다. 그는 자신이 감옥에 갇힌 것을 이해하지 못했을지도 모르나, 그럼에도 불구하고 믿음을 잃지 않았다. 술 맡은 관원장은 그를 잊어버렸지만 하나님은 그를 잊지 않으셨다. 이러한 희망 속에서 요셉은 믿음을 지켜 나갔다. 그가 처해 있던 환경은 그의 믿음을 무너뜨리지 못했다.

c. 바로의 꿈을 해석한 요셉(41:1~40)

하나님은 요셉을 비참한 감옥 생활로부터 영화로운 궁중 생활로 높여 주기 위해 두 가지 꿈을 사용하셨다. 요셉은 하나님에 대한 신실함을 입증한 바 있었기 때문에 그럴 만한 자격이 있었다.

41:1~8 바로는 그가 꾼 두 가지 꿈에 의해 혼란에 빠졌다. 특히 애굽의 술객들과 박사들 중 어느 누구도 그 꿈들을 설명하지 못했기 때문에(8절) 그의 혼란은 더욱 가중되었다. 하나님은 이스라엘 국적의 요셉이라는 종을 통해 애굽의 지혜를 부끄럽게 하셨다. 나중에 모세 시대에는 또 다른 바로가 하나님의 권능에 굴복하고 있는 것을 볼 수 있다.

이 꿈들에는 애굽의 색채가 농후하다. 암소는 더위와 파리 떼를 피하기 위해 나일 강의 갈대밭 속에 반쯤 잠긴 채로 서 있기를 좋아한다. 물론 풀을 뜯어 먹을 때에는 강물 밖으로 나온다. 첫 번째 꿈에서 바로를 당혹하게 만든 부분은 **흉하고 파리한 일곱 암소**가 올라와 **아름답고 살진 일곱 암소**를 삼킨 장면이었다. 두 번째 꿈 역시 비슷한 메시지를 담고 있었다. 이 꿈에서는 한 줄기에 있는 **무성하고 충실한 일곱 이삭**이 그 후에 나온 가늘고 마른 일곱 이삭에게 삼켜진 바 되었다.

애굽의 술객들은 마술과 사제술에 통달한 사람들을 중심으로 한 집단을 구성하고 있었다. 그러나 그들은 바로의 꿈을 해석하지 못했다. 나중에 바벨론의 술객 집단이 왕의 꿈을 해석하지 못했을 때, 하나님은 또 다른 히브리 종인 다니엘을 통해 아무리 강대한 나라라 할지라도 하나님의 주권적인 통치를 벗어나지 못한다는 것을 보여 주셨다(단 2장).

41:9~27 술 맡은 관원장이 요셉이 꿈을 해석하는 재능을 가지고 있음을 기억해 냄으로써 요셉은 감옥에서 풀려 나왔다. 바로 앞에 선 요셉(애굽의 관습대로 수염을 깎고 새 옷으로 갈아입음)은 그 해석이 하나님께만 있다고 말했다(참조, 40:8). 바로가 두 가지 꿈의 내용을 자세하게 설명하자(41:17~24) 요셉은 하나님이 그가 하실 일을 바로에게 보이시려고 그러한 꿈들을 꾸게 하셨다고 설명했다(25~27절).

41:28~32 두 꿈은 7년 동안의 풍년 후에 7년 동안의 극심한 흉년이 있을 것임을 예고하고 있었다. 뿐만 아니라 요셉은 바로가 그 꿈을 두 번이나 겹쳐서 꾼 것은 하나님이 그 일을 정하시고 그 일을 속히 이루시리라는 것을 의미한다고 설명했다. 이러한 해석 과정에서 요셉은 그가 꾼 두 꿈(37:5~7, 9), 두 번이나 감옥에 갇힌 일(37:36; 39:2), 감옥 안에 있던 두 죄수들(40:5~23), 그리고 바로의 두 꿈 등을 생각했을 것이다.

41:33~36 하나님의 계시는 응답을 요구한다. 요셉은 바로에게 명철하고 지혜 있는 사람을 택해 매해 풍년에 수확할 곡물의 20퍼센트를 저장하게 해서 다가올 흉년에 대비하라고 조언했다. 지혜 문학은 지혜롭게 미리 계획을 세우는 것이 실제 생활의 기본 원리라고 가르친다.

41:37~40 바로가 그러한 일을 하기에 적합하다고 본 사람은 하나님의 영이 가득한 요셉이었다. 수세기 후에 다니엘 역시 같은 이유로 바벨론에

서 세 번째로 높은 직위에 임명되었다(단 5:7, 16).

요셉은 하나님이 그에게 맡기신 모든 작은 일들에 충실했기 때문에 이제는 애굽 온 땅을 다스리는, 바로 다음가는 통치자가 될 수 있었다.

d. 높임 받음(41:41~57)

41:41~46 바로가 요셉에게 준 인장 반지는 최종 결재권을 나타내는 반지였다. 일단 그 반지가 부드러운 진흙 토판 문서 위에 찍혀 그 자국이 굳으면 그것은 그 누구도 지울 수 없는 권위를 갖게 되었다. 바로는 또한 요셉에게 **세마포 옷**을 입히고 **금사슬**을 목에 걸어 주었으며, 그를 바로 다음가는 제2인자로 삼고 그를 **버금 수레**에 태움으로써 모든 사람들로 하여금 그에게 경의를 표하게 했다. 요셉이 새로운 지위에 오르게 된 기념으로 바로는 그에게 **온**(카이로에서 북쪽으로 11킬로미터 떨어진 태양 숭배의 중심지로서 헬리오폴리스라고도 불림) 제사장 가문의 **아스낫**을 아내로 주었다. 그는 또한 요셉에게 **사브낫바네아**(무슨 뜻인지는 알 수 없음)라는 애굽식 이름을 지어 주었다. 요셉은 당시에 30세로, 형들에 의해 팔린 지 13년째를 맞이하고 있었다(참조, 37:2). 요셉의 직위는 그에게 애굽 전역을 두루 여행할 수 있는 기회를 제공해 주었다(시편 105편 16~22절은 요셉의 투옥, 석방 및 입신출세 등에 대해서 기록하고 있다).

41:47~52 마침내 바로의 꿈이 그대로 이루어졌다. 7년 동안의 풍년으로 인해 **토지 소출**이 심히 많아 셀 수 없는 지경에 이르렀으며, 요셉은 절대적인 권세로 그 곡물들을 애굽의 각 성에 저장했다.

그는 자신의 성공에도 불구하고 히브리적인 유산을 포기하지 않았다.

그는 그의 두 아들들에게 히브리식 이름을 지어 주었다. 므낫세(잊어버림)는 하나님이 그의 이산가족의 슬픔을 잊어버리게 하셨다는 뜻을 가지고 있었다. 에브라임(창성함)은 하나님이 그를 애굽 땅에서 창성하게 하셨다는 뜻을 가지고 있었다.

41:53~57 요셉의 지혜가 그 열매를 거두게 되었다. 7년 동안의 **풍년**이 지난 후 7년 동안의 극심한 **흉년**이 닥치자, 애굽 사람들과 주변의 각 나라 백성들이 애굽 전역에 있던 곡물 창고에서 **곡물**을 사려고 모여들었다.

마침내 요셉은 애굽에서 막대한 권력을 갖게 되었다. 하나님이 꿈을 통해 그에게 주신 계시가 이루어지고 있었다.

4. 애굽으로의 이주(42:1~47:27)

다음의 설화들은 하나님이 기근을 이용하셔서 이스라엘을 요셉 치하에 있던 애굽으로 들어가게 하셨음을 보여 준다. 이스라엘 자손은 하나님이 아브라함에게 예언하신 것(15:13)같이 거기에서 400여 년 동안 머물러 있을 것이다. 이스라엘은 속박 속에서도 하나님이 언젠가는 그들로 하여금 애굽에 대해 승리를 거두게 하실 것이라는 믿음 속에서 위로를 얻을 것이다.

a. 형들의 첫 번째 애굽 방문(42장)

42:1~5 가나안 땅에도 기근이 심했다. 야곱은 그의 아들들을 애굽으로 보내어 곡식을 사오게 했다. 그는 라헬의 다른 아들인 베냐민마저 잃고 싶

지 않아서 베냐민만은 보내지 않았다. 야곱이 베냐민을 보내지 않은 것은 그가 어떠한 의심을 가지고 있었는가를 보여 준다. 요셉의 운명이 어떻게 되었는지 아직 밝혀지지 않았지만, 나이 많은 야곱은 요셉 형들의 성격을 웬만큼 알고 있었다. 그들이 베냐민도 헤칠지 알 수 없는 노릇이었다.

42:6~17 그의 형들을 알아본 요셉은 그들을 시험하기 위해 네 번이나 그들에게 **정탐꾼** 혐의를 뒤집어씌웠다(9, 12, 14, 16절). 그는 그들을 거칠게 다루었지만(7, 30절), 그의 냉혹함 배후에는 나중의 재회가 분명히 보여 준 바와 같이 애정이 깃들어 있었다. 아이러니하게도 그의 **형들**은 그들이 죽었다고 생각한 사람과 이야기하고 있었다("또 하나는 **없어졌나이다**" [13절]).

그들이 애굽에 있다는 사실 자체는 요셉이 꾼 꿈의 진실성을 확증해 주는 것이었지만 그 꿈이 완전히 성취된 것은 아니었다. 요셉은 그의 온 가족이 그가 다스리고 있을 때 애굽에 와야 한다는 것을 알고 있었다. 그는 그들 중 하나가 막내 아우를 데려옴으로써 그들이 정탐꾼이 아니라는 사실을 증명하라고 요구했다. 그의 형들이 과거에 그를 구덩이에 던져 넣었던 일과 비교해 볼 때 그가 그들을 감옥에 가두어 둔다는 것은 흥미로운 사건 변화가 아닐 수 없다.

42:18~24 형들을 사흘 동안 가두어 둔 요셉은 그의 계획을 변경해 한 사람만 옥에 갇히게 하고 나머지 아홉 명은 돌아가게 했다. **시므온**만 남았고(24절) 나머지 형제들은 곡식을 가지고 가나안으로 돌아갔다. 만일 그들이 막내 아우를 데리고 돌아오지 않을 경우 시므온은 죽을 수밖에 없었다. 그들이 응분의 벌을 받고 있다는 생각은 요셉의 간청(21절)과 야곱의

눈물(37:34~35)조차도 일깨우지 못했던 그들의 양심을 일깨워 주었다. 그들은 아버지의 의사에 반해 베냐민을 애굽으로 데려가야 하는 것이 그들이 요셉을 팔아넘긴 일에 대한 징계임을 느끼고 있었다. 야곱은 여전히 비탄에 빠져 있었는데 이제는 그들이 비탄에 빠지게 되었다. 그들은 서로 말하는 동안에 요셉이 그들의 말을 알아듣고 있음을 알지 못했다. 요셉은 통역을 두고 있었다. 그들이 양심의 가책을 느끼는 것을 본 요셉은 감정을 억제하지 못한 채 그들을 떠나가서 울었다(참조, 43:30; 45:2, 14; 50:1, 17).

42:25~28 요셉은 하나님께 대한 경외심(18, 28, 35절)을 자극하기 위한 다음 수단으로, 그들이 가져온 돈(그들이 곡식을 구입하는 데 사용한 은)을 그들의 자루에 넣어 두었다. 그가 그 돈이 고향으로 가는 도중에 발견되기를 원했건 고향에 도착한 후 발견되기를 원했건 간에, 그것이 처음에 가져다준 충격은 매우 효과적이었다. 이미 일깨워진 죄책으로 인해 그들은 요셉의 행위 속에서 즉각적으로 하나님의 손길을 발견했다. 따라서 "하나님이 어찌하여 이런 일을 우리에게 행하셨는가?"라는 질문은 그들이 처해 있는 곤경에 대한 올바른 반응이었다. 그들은 요셉이 그들을 절도죄로 고소할 것이며, 이로써 그들을 정탐꾼으로 보는 요셉의 주장이 설득력을 갖게 될 것임을 분명하게 느꼈다.

42:29~38 고향인 가나안 땅에 도착한 아홉 형제들은 그들이 당한 일을 야곱에게 말했다. 또 하나의 아들을 잃었다는 생각("시므온도 없어졌거늘"[36절])에 슬픔을 가누지 못한 야곱은 **베냐민**을 함께 보내려 하지 않았다. 맏아들인 **르우벤**은 그의 아버지에게 반드시 베냐민을 다시 데려오겠다고 보증했다. 아이러니하게도 요셉의 실종을 막지 못한 사람은 바로 르

우벤이었다(37:21~22). 그러나 야곱은 베냐민을 보내려고 하지 않았다. 그는 요셉의 '죽음'에 대해서 들었을 때 했던 말과 마찬가지로(37:35), 만일 베냐민에게 무슨 일이 일어난다면 자신이 여생을 슬픔 속에서 살게 될 것이라고 말했다.

요셉이 형들을 시험한 것은 아브라함의 자손에게 복을 주시려는 하나님의 계획에 있어서 중요한 의미를 가지고 있었다. 하나님은 그의 가족을 애굽으로 인도해 그들로 하여금 거기서 큰 민족을 이루게 하려는 계획을 가지고 계셨다. 그러나 애굽에 들어갈 그들은 먼저 하나님께 대한 믿음을 지킬 필요가 있었다. 요셉의 형들은 하나님의 복에 참여하기 전에 시험을 받을 필요가 있었다. 요셉은 교묘한 방법으로 그들을 자극해야만 했다. 반면에 그들은 하나님의 손길이 그들을 대적하고 있음을 깨닫고서, 그들이 요셉에게 저지른 잘못과 과거에 그의 꿈을 불신한 것 등을 인정해야만 했다. 그러나 한 가지의 시험만으로는 충분하지 못했다. 또 다른 시험이 필요했다.

b. 형들의 두 번째 애굽 방문(43장)

43:1~7 기근이 계속되자 야곱의 가족은 더 많은 양식이 필요했다. 그러나 이번에는 베냐민이 그들과 함께 애굽으로 가지 않으면 안 되었다. 유다는 그의 아버지에게 만일 베냐민이 함께 가지 않으면 그들의 긴 애굽 여행이 허사가 될 것이라는 점을 상기시켰다. 물론 야곱은 주저했다. 그는 그들을 질책("너희가 어찌하여 너희에게 또 다른 아우가 있다고 그 사람에게 말하여 나를 괴롭게 하였느냐"[6절])함으로써 그가 내리기 두려워하는 결정을 피하려고 했다. 그러나 그는 베냐민을 딸려 보냄으로써 그들을 애굽

으로 되돌려 보내지 않으면 안 되었다. 그렇지 않으면 그들은 모두 다 굶어 죽게 될 것이기 때문이다.

43:8~14 유다는 만일 베냐민이 돌아오지 않는다면 자기가 그 책임을 지겠다고 자진하여 나섰다. 유다(야곱의 넷째 아들, 29:31~35)는 르우벤과는 달리(42:37) 야곱을 설득하는 데 성공했으며 베냐민은 형들과 함께 애굽으로 내려갔다. 흥미롭게도 유다는 요셉을 애굽에 팔아넘길 것을 제안한 사람이었다(37:26~27). 그는 이제 베냐민을 요셉과 대면시키기 위해 그의 아버지를 설득해야만 했다.

야곱은 그 사람에게 줄 예물로 유향, 꿀, 향품, 몰약, 유향나무 열매, 감, 복숭아 등 아름다운 소산을 가져가라고 말했다. 이러한 토산품들은 애굽에서 그렇게 쓸모 있는 것들은 아니었다(참조, 37:25). 그들은 또한 그들이 지난번에 자루 속에서 발견한 돈과 함께 배나 되는 양의 돈을 가지고 갔다. 야곱은 세 번째로 아들을 잃을지도 모르는 모험(첫 번째는 요셉이었고 두 번째는 시므온이었으며 이제는 베냐민 차례였다)에 자신을 내맡겼다.

43:15~30 그들은 서둘러서 애굽으로 갔다. 그들은 거기에 도착해 요셉의 집에 인도되었다. 그들은 두려워하면서 자기들이 체포될 것이라고 생각했다. 그들이 첫 번째 여행 때 돌아가는 길에 그들의 자루 속에서 발견했던 돈에 대해서 요셉의 청지기에게 이야기하자, 그 청지기는 그들의 하나님이 그들에게 그 돈을 주신 것이니 두려워하지 말라고 말했다. 아마도 요셉은 그 청지기에게 이미 참하나님이 누구신가에 대해서 분명하게 말해 주었을 것이다.

시므온은 감옥에서 풀려나 형제들에게 보내졌고(23절) 열한 명의 손님들을 위한 점심 식사가 준비되었다. 그들은 **예물**을 요셉에게 바치면서 요셉이 꾼 꿈에서와 같이(37:7) 그 앞에 **엎드려** 절했다. 자기 동생 베냐민을 본 요셉은 기쁨의 눈물을 억제할 수가 없었다. 베냐민은 그의 친동생이었고 다른 형제들은 이복형제들이었다. 그는 앞서 열 명의 형제들과 이야기할 때 그러했던 것처럼(42:24) 그들을 떠나 안방에서 울었다.

43:31~34 식사 때에 요셉은 그들에게 뭔가 이상하다는 안 좋은 느낌을 갖게 했다. 신기하게도 그들이 **나이에 따라** 앉게 된 것이 하나님의 간섭하심이 완전히 드러났다고 느끼는 그들의 불편한 심기를 더욱 부채질한 것이다.

그러나 이 두 번째 방문에서 요셉의 형제들은 요셉을 통해 주어지는 하나님의 은혜를 맛보고 있었다(16, 27, 29, 34절). 43장은 앞으로 있을 일들을 예고하는 성격을 갖고 있다. 왜냐하면 나중에 요셉이 말한 바와 같이 하나님은 기근 중에 그들을 보호하기 위해 그들보다 먼저 요셉을 보내셨기 때문이다(45:5).

c. 요셉의 시험(44장)

44:1~13 형들의 두 차례의 방문을 통해 긴장감을 조성하는 데 놀랍도록 성공한 요셉은 이제 마지막 계책을 사용했다. 그는 형들로 하여금 그들의 잘못을 깨닫게 하려는 목적으로 베냐민에 대한 그들의 애정을 시험했다. 만일 그들이 이 시험에 실패한다면, 다시 말해서 그들이 라헬의 두 번째 아들인 베냐민에 대해서 아무런 애정도 갖고 있지 않다면, 그들은

하나님의 약속의 성취에 참여할 수 없게 될 것이다. 만일 그들이 부적격한 사람들로 밝혀진다면 하나님은 다시 시작하셔서 요셉을 큰 민족으로 만드실 수 있을 것이다(참조, 출 32:10).

그 시험은 그들의 돈을 자루에 넣고(첫 번째 여행에서와 마찬 가지로) 요셉의 은잔을 베냐민의 자루에 넣은 다음, 그들을 쫓아가서 베냐민을 체포하는 것 등을 포함했다. 그들을 따라잡은 후 그들의 절도 행위를 비난한 요셉의 청지기는 나이 많은 자부터 시작해 나이 적은 자까지 그들의 자루를 수색함으로써 계획적으로 그들 사이에 긴장감을 조성했다. 베냐민에게 닥친 위협은 칼처럼 그들의 마음을 찔렀다(참조, 열왕기상 3장 16~28절에 있는 '솔로몬의 지혜'). 베냐민이 고소를 당함으로써 그들의 또 다른 배신행위를 가능하게 하는 모든 조건이 충족되었다.

그러나 이번에 나타난 그들의 반응은 하나님의 징계가 얼마나 철저하게 그 효력을 발하고 있는가를 잘 보여 준다. 그들은 슬픔을 이기지 못한 채 그들의 옷을 찢었는데(참조, 욥 1:20), 이러한 반응은 과거에 그들의 아버지가 그들 때문에 요셉을 잃었을 때 보인 반응과 똑같았다(창 37:34).

44:14~17 그 형제들은 다시 돌아와서 요셉 앞에 엎드렸다(14절. 참조, 37:7; 43:26, 28). 요셉은 그들의 절도 행위를 적발함에 있어서 실제로 점술을 사용한 것은 아니었을 것이다(44:5, 15). 아마도 그는 단순히 그의 형들의 두려움을 가중시키기 위해 그러한 점을 언급했을 것이다. 유다는 다시금 대변인의 입장에 서서 하나님이 그들의 죄악을 적발하셨다고 고백했으며, 그들 모두가 요셉의 종이 되겠다고 말했다. 그러나 요셉은 그의 청지기가 말했던 것같이(10절) '죄를 범한' 자만 종이 될 것이라고 말했다. 다른 형제들은 고향으로 돌아갈 수 있었다.

44:18~34 유다는 베냐민을 위한 중재에 나섰다. 베냐민 대신에 감옥에 갇히겠다고 제안한 그의 긴 탄원은 가장 훌륭하고 감동적인 것이었다. 이는 그가 만일 베냐민이 그들과 함께 돌아가지 못할 경우 죽을지도 모르는 (31, 34절. 참조, 42:38) 그의 아버지에 대해 얼마나 큰 애정을 가지고 있는가를 보여 주었다.

이처럼 요셉의 형들은 그들이 요셉에 대해서 저지른 범죄를 뉘우치고 있음을 나타냈다("하나님이 종들의 죄악을 찾아내셨으니"[44:16]). 또한 그들이 아버지와 막내 동생 베냐민에 대해 크게 염려하고 있음도 보여 주었다. 그리하여 요셉은 마침내 그들에게 자신을 밝히고(45:1~15), 그들과 그들의 식구들을 양식이 있는 애굽으로 데려와 거기서 살게 했다 (45:16~47:12).

d. 형들과 요셉의 화해(45:1~15)

45:1~8 정을 억제하지 못한 요셉은 자기가 누구인가를 형제들에게 밝혔다. 이것은 그가 그의 형제들로 인해 울지 않을 수 없었던 다섯 번의 경우 중 세 번째 것이었다(참조, 42:24; 43:30; 45:14; 50:1, 17). 그들은 그 사실에 깜짝 놀랐으며, 요셉이 자신들을 죽일지도 모른다는 두려움으로 인해 아무 말도 하지 못했다. 여기에서 아직도 엄중한 시험을 요구하는 화해의 사역이 완료될 수 있었던 것은 강렬한 정과 건전한 영적 판단 및 주장 때문이었다. 그것은 지혜자의 과제였는데, 요셉은 오랜 기간을 통해 그 과제를 놀라운 방법으로 완수했다.

요셉은 하나님이 그들을 기근으로부터 구원하기 위해 그를 애굽으로 데려오신 것이라고 설명했다. 그의 말은 하나님의 섭리에 대한 고전적인 진술이었다. "하나님이 생명을 구원하시려고 나를 당신들보다 먼저 보내셨나이다"(45:5). "나를 이리로 보낸 이는 당신들이 아니요 하나님이시라"(8절. 참조, 9절). 사람의 뜻이 아니라 하나님의 뜻이 모든 사건 안에 있는 지배적인 현실이라는 확실성은 처음부터 끝까지 화해의 기초로 작용했다. 의심할 여지없이 요셉은 여러 차례 이러한 신앙의 원리로 자신을 위로했다. 영적인 사람은 모든 사건 속에서 하나님의 손길을 감지할 줄 알기 때문에 자신에게 잘못한 사람들을 용서할 줄도 안다.

45:9~13 요셉은 그의 형제들에게 속히(13절. 참조, 43:15) 야곱에게 돌아가서, 그가 애굽 온 땅에서 가지고 있는 권세와 영광(45장 8절의 '애굽 온 땅의 통치자,' 9절의 '애굽 전국의 주')에 대해서 알리라고 당부했다. 그의 온 가족은 애굽으로 이주해 삼각지의 비옥한 지역인 **고센 땅**(참조, 47장 1~12절에 있는 설명)에 거주해야만 했다. 하나님이 모든 환경을 통해 그러한 길을 예비하셨기 때문이다.

45:14~15 요셉은 베냐민과 재회한 후 마침내 모든 형들과 재회했다. 그들의 재회는 눈물(참조, 42:24; 43:30; 45:2)과 대화로 가득 찬 감동 어린 것이었다. 그들이 이전에 요셉에 대해서 가지고 있던 증오심과 시기심(37:4, 8, 11절)은 이제 다 사라지고 없었다.

e. 가족의 이주(45:16~47:12)

45:16~24 야곱의 온 가족을 애굽으로 데려오는 것에 대한 바로의 명령이 내려졌다. 바로는 친히 그들을 데려오도록 명하고 그들에게 애굽 땅의

아름다운 것을 주었으며, 그들을 데려오는 데 사용할 수레를 준비시켰고 (참조, 46:5) 그들에게 온 애굽의 기름진 것을 약속했다.

요셉은 의복과 양식 및 야곱을 위한 애굽의 **아름다운 물품** 등 여행에 필요한 준비물들을 그의 형제들에게 주었다. 그들이 떠날 무렵에 요셉은 그들에게 길에서 다투지 말라고 당부했다. 이는 서로 비난하고 책망할 때가 아니라 재회의 기쁨을 누릴 때였기 때문이다. 그러나 요셉은 그들이 고향으로 가는 길에 다툴지도 모른다는 것을 알고 있었다.

45:25~28 처음에 야곱은 요셉이 살아 있다고 하는 아들들의 보고를 믿지 못한 채 기색하였다. 그러나 그들의 이야기를 듣고 또 요셉이 그에게 보낸 모든 것을 보고 난 후 그가 살아 있다는 것을 확신하게 되었고, 즉시 이주해 아들을 보리라고 결심했다.

희망을 거의 상실할 지경에 이른 나이 많은 야곱과 죄책에 사로잡혀 있는 열 명의 형제들이 이처럼 바로 왕의 초청을 받은 것은 그들의 삶의 전환점이 되었으며, 그들이 이방 나라에 들어가서 그들의 동일성을 상실함 없이 크게 번성할 것이라는 하나님의 약속(15:13~16)의 성취이기도 했다.

46:1~7 오래전에 아브람은 가나안의 기근 때문에 애굽으로 간 적이 있었다(12:10). 이제 아브람의 손자인 야곱과 11명의 증손자들(이미 애굽에 있는 요셉은 포함되지 않음)이 거기로 가게 되었다. 하나님은 애굽으로 이주하는 **야곱**을 위로하셨다. 헤브론(참조, 37:14)을 떠나 그가 처음 머문 곳은 브엘세바였는데, 그는 거기서 **이삭의 하나님**께 희생 제사를 드렸다. 브엘세바는 이삭이 살았던 곳이요 야곱이 에서의 진노를 피하기 위해 떠났던 곳(28:10)이다. 야곱은 밤중에 하나님이 주신 **환상**을 보았다. 하나님

은 그의 가족으로 애굽에서 **큰 민족**을 이루게 하겠다는 약속을 되풀이하셨으며 그 민족을 다시 인도해 내겠다고 말씀하셨다. 과거에 하나님은 이삭에게 애굽으로 가지 말라고 말씀하셨지만(26:2) 이제 야곱에게는 애굽으로 가라고 말씀하셨다. 야곱에게 위로를 준 이 환상은 모세가 이스라엘 자손에게 하나님의 약속을 받기 위해 애굽을 떠나 가나안으로 돌아가도록 권고했을 때 그들에게 용기를 주었을 것이다.

46:8~27 애굽 이주를 설명하는 내용에는 야곱의 자손들의 목록이 포함되어 있다. 26절에 의하면 그의 자손들은 모두 66명이고, 27절에 의하면 70명이다. 첫 번째 숫자는 야곱과 함께 애굽으로 여행했던 사람들의 숫자이며, 두 번째 숫자는 이미 애굽에 있는 아들과 손자들까지도 포함하고 있다. 다음의 도표는 이 두 숫자가 어떻게 결정되었는가를 보여 준다.

레아의 아들들과 손자들(15절)	33명
실바의 아들들과 손자들(18절)	16명
라헬의 아들들과 손자들(22절)	14명
빌하의 아들들과 손자들(25절)	7명
	70명
디나(15절)	+1명
	71명
엘과 오난(가나안에서 죽음. 12절)	
요셉과 그의 두 아들(이미 애굽에 있음. 20절)	-5명
야곱과 함께 애굽으로 간 사람들(26절)	66명
요셉, 므낫세, 에브라임, 야곱(27절)	+4명
야곱과 애굽에 있던 그의 후손(27절)	70명

이스라엘 민족이 형성된 것은 바로 이 70명(애굽에서 태어난 요셉의 두 아들을 포함함, 20, 27절. 참조, 41:50~52)을 통해서였다(초대교회의 스데반은 야곱의 식구들을 75명으로 언급했다. 참조, 사도행전 7장 14절 의 주석).

46:28~34 마침내 22년(참조, 39장 1~6절 상의 '솔로몬에서 요셉까지 의 연대 역산표')이 지난 후에야 비로소 **요셉**과 **야곱**이 재회했다. 그들은 서로 간에 기쁨으로 화답했다. 다시 한번 요셉은 눈물을 흘렸는데(참조, 42:24; 43:30; 45:2, 14~15) 충분히 그럴 만했다. 요셉이 그의 아버지를 마지막으로 본 것은 그가 17세 때였다(37:2). 야곱은 그의 아들이 살아 있 는 것을 보고서 만족감을 느꼈다. 왜냐하면 요셉은 그의 상속인으로 내 정되어 있었고 하나님이 그의 가족을 다스리도록 선택한 사람이었기 때 문이다. 따라서 이것은 단순한 가족 재회 이상의 의미를 가지고 있었다. 한마디로 그것은 하나님이 약속하신 복이 완전하다는 것을 확증한 사건 이었다. **요셉**은 그들에게 **바로** 앞에서 그들이 양 치는 자들이 아니라 목축 하는 자들이라는 점을 강조하라고 말했다. 애굽 사람은 양 치는 것을 가 증히 여겼기 때문이다. 요셉은 보통 때와 마찬가지로 애굽의 풍속과 관습 을 거스르지 않으려고 노력했다(참조, 41:14; 43:32). 그러나 다섯 명의 형 제들은 요셉이 제안한 방책을 따르지 않았다(47:3).

47:1~12 바로는 야곱의 가족에게 땅의 좋은 곳, 곧 **고센 땅**(참조, 45:10) 을 주었으며 몇몇 **형제들**로 하여금 그의 **짐승**을 주관하게 했다(47:6). 고 센이라는 이름은 애굽의 고대 문헌에는 나타나지 않으나 후기에 **라암세스** 라는 이름을 갖게 되었다(11절. 참조, 출 1:11). 이것은 그 지역이 비옥한

땅이요 왕실에 있는 요셉과 가깝다는 사실과 더불어, 그 지역이 나일 삼각지의 동쪽 지역에 가깝다는 점을 암시하고 있다.

바로 앞에 선 야곱은 자신의 험난한 삶이 130년 동안이나 지속되었음을 인정했다. 그에게 있어서 그것은 나그네(순례자)의 삶이었다. 야곱은 들어오고 나가면서 바로를 축복했다. 이스라엘 자손이 그들과 상이한 문화를 가진 이국땅에 있을 때에 야곱이 바로에게 하나님의 복을 빌었다는 것은 흥미 있는 일이다!

f. 요셉의 지혜로운 통치(47:13~27)

47:13~27 요셉의 치하에서 애굽 사람들이 기근으로부터 건짐 받고 바로 왕도 번영을 구가함으로써, 요셉은 애굽 땅에서 지혜로운 행정가임이 입증되었다. 당시의 바로는 세소스트리스 3세(Sesostris Ⅲ, BC 1878~1843년)였다.

요셉은 극심한 기근 중에 사람들에게 양식을 파는 대신에 돈과 **짐승**(말, 양 떼, 소 떼, 나귀 등)을 대가로 거두어들였고, 마침내는 **제사장의 토지**를 제외한 애굽의 온 땅마저도 거두어 들였다. 일단 그 땅들이 바로에게 속하게 되자 요셉은 사람들에게 **종자**를 주고 그 종자를 땅에 뿌리라고 명했다. 그는 바로에게 모든 생산물의 **오분의 일**을 바쳐야 한다는 규정을 만들었다. 한마디로 말해서 애굽 사람들(제사장들은 제외)은 생명을 부지하기는 했으나 바로에게 예속되어 있었다.

그러나 고센 땅의 이스라엘 자손은 크게 **생육**하고 **번성**했다.

이처럼 하나님은 아브라함에게 주신 약속을 따라 그의 백성에게 복을 주셨다. 그들은 빠른 속도로 큰 민족이 되어 가고 있었다. 뿐만 아니라 하나님은 아브라함의 후손을 애굽의 가장 좋은 곳으로 후대한 바로에게도 복을 주셨다. 나중에 모세의 시대에 또 다른 바로가 이스라엘을 억압했을 때에 하나님은 애굽 사람들을 거칠게 대하셨다.

5. 약속된 복의 연속을 위한 준비(47:28~50:26)

마지막 부분에서 창세기의 이야기는 아브라함의 후손의 미래를 조명하고 있다.

a. 에브라임과 므낫세가 받은 복(47:28~48:22)

히브리서 저자는 야곱의 오랜 생애 중에서 그가 믿음으로 요셉의 아들들을 축복한 사건을 선택했다(히 11:21). 그것은 임종에 직면한 야곱이 하나님의 약속이 이어지게 하려는 마음으로 취한 행동이었다. 아이러니하게도 이것은 그가 과거에 속임수를 써서 얻은 바로 그것이었다(창 27장). 다시금 하나님의 복이 동생에게 주어지긴 했지만 이번에는 계략이나 고통이 없었다. 그것은 믿음의 행위였다.

47:28~31 야곱은 147세가 되기까지 17년 동안(참조, 9절) 애굽에서 생존했다(아브라함은 175세에 죽었고[25:7~8], 이삭은 180세에 죽었다[35:28]). 만일 야곱이 애굽으로 이주한 연대를 BC 1876년이라고 한다면(참조, 39장 1~6절 상의 '솔로몬에서 요셉까지의 연대 역산표') 야곱은 BC 1859년에 죽은 것이 된다. 따라서 그의 출생 연대는 BC 2006년이었을 것이다(참조, '족장들의 연대표'). 야곱은 임종에 직면해 요셉에게 자기를

2166 B.C.	2066	2006	1991	1915	1898	1886	1876	1859	1805
(100년)	(60년)	(15년)	(76년)	(17년)	(12년)	(10년)	(17년)	(54년)	

아브라함이 태어남 (2166 B.C.) — 아브라함이 175세에 죽음 (창 25:7) (1991)

이삭이 태어남 (아브라함이 100세 때임. 창 21:5) (2066) — 이삭이 180세에 죽음(창 35:28) (1886)

야곱이 태어남 (이삭이 60세 때임. 창 25:26) (2006) — 야곱이 130세에 애굽으로 이주함 (요셉은 39세 때임. 창 47:9) (1876) — 야곱이 147세에 죽음 (애굽으로 이주한 지 17년 됨. 창 47:28) (1859)

요셉이 태어남 (1915) — 요셉이 17세에 애굽에 팔림 (창 37:2, 28) (1898) — 요셉이 110세에 죽음 (창 50:26. 따라서 그는 1915년에 태어난 것임) (1859)

그의 조상들이 묻힌 곳(참조, 49:29~33)에 묻을 것을 맹세하라고 요구했다. 물론 그가 얘기한 곳은 아브라함이 매입했던 막벨라 굴이었다(23장). 요셉이 자신의 약속을 실행하는 것을 확실하게 할 필요를 느낀 야곱은 그의 손을 자신의 허벅지 아래에 넣게 했다(참조, 이러한 관습에 대해서는 24장 1~9절의 설명). 야곱(여기서는 이스라엘로 불림)은 죽음에 직면해서도 하나님께 경배하는 것을 잊지 않았다.

48:1~4 야곱은 병든 몸임에도 침상에 앉아 전능하신 하나님이 루스(이곳을 야곱은 벧엘이라고 부름)에서 어떻게 그에게 나타나셨으며 영원한 소유가 될 그 땅에서 헤아릴 수 없이 많은 자손이 생겨날 것이라는 복을 어떻게 약속하셨는가를 상술했다(참조, 28:10~22). 이 약속의 말씀은 순례자의 삶을 사는 야곱에게 희망을 주었으며 후에는 그에게서 생겨난 민족의 희망까지도 북돋아 주었다. 그 말씀은 확실한 하나님의 말씀을 내포하고 있었다.

48:5~7 야곱은 요셉의 두 아들 에브라임과 므낫세(41:51~52)를 장자의 자리까지 높임으로써 요셉에게 장자권을 주었으며, 이로써 그에게 두 배의 몫을 주었다. 에브라임과 므낫세는 레아에게서 태어난 야곱의 첫 아들들인 르우벤과 시므온을 대신했다(대상 5:1~2). 요셉의 이러한 위치는 나중에 여호수아 시대에 땅을 분배하는 일에 영향을 주었다(수 16~17장). 야곱이 요셉의 두 아들을 높여 준 것은 가나안 땅에서 죽은, 그가 사랑했던 아내 라헬(참조, 창 35:16~26)에 대한 기억에 기인했다.

48:8~14 요셉이 그의 두 아들을 나이 많은 야곱에게 데려가자 야곱은

그들을 축복했다. 야곱이 그들을 축복하던 때는 이삭의 경우와 마찬가지로 그의 시력이 좋지 않던 때였다. 그러나 이스라엘은 마땅히 장자인 므낫세를 오른손으로 축복했어야 함에도 불구하고, 그의 양손을 교차하여 오른손을 에브라임의 머리에 얹고 왼손은 므낫세의 머리에 얹은 채로 그들을 축복했다. 이것은 요셉의 의도와는 반대되는 야곱 자신의 결정이었다. 요셉은 다른 많은 사람들과 마찬가지로 하나님이 어떤 일정한 방식으로 행동하시는 것을 기대했으나, 결국에 가서는 하나님이 종종 그러한 방식과는 다르게, 그리고 때때로 관습과는 무관하게 행동하신다는 것을 발견했다. 신앙은 하나님의 방법이 인간의 방법과 다르다는 것을 깨닫게 한다. 야곱의 신앙은 그러한 사실을 깨닫는 데 일생 동안의 훈련을 필요로 했다. 그는 이제 그것을 깨닫고서 형 대신에 동생을 축복했다. 연속해서 네 세대 동안 이러한 역전된 축복 양식이 계속되었다. 이스마엘 대신에 이삭이, 에서 대신에 야곱이, 르우벤 대신에 요셉이, 므낫세 대신에 에브라임이 각각 장자의 복을 받은 것이다.

48:15~20 요셉을 축복함에 있어서 야곱은 세 번 반복해서 하나님을 불렀다. (1) 그의 조상 아브라함 및 이삭과 언약을 맺으신 하나님(이것은 여러 차례 야곱의 믿음을 지탱해 주었다. 28:13; 31:5, 42; 32:9; 46:3), (2) 일생 동안 그의 목자가 되어 주신 하나님(49:24. 참조, 출 6:6; 시 23:1; 사 59~20), (3) 그를 모든 환난에서 건지신 사자(使者. 참조, 창세기 16장 19절의 설명). '건지다'라고 번역된 히브리어 가알(לאג)은 야곱이 환란으로부터 경험했던 보호와 양육을 표현하고 있다. 야곱은 하나님에 대한 이러한 주목할 만한 표현을 사용해 하나님이 요셉의 아들들에게 은혜와 복을 주실 것을 기도했다. 여기에서 우리는 야곱의 믿음을 얼핏 엿볼 수 있다.

요셉은 그의 아버지가 므낫세 대신에 에브라임을 축복하는 것을 보고서 이의를 제기했다. 그러나 "나도 안다. 내 아들아, 나도 안다"는 야곱의 말은 그가 가진 확신을 잘 반영하고 있다. 그는 일반적인 관습을 따르지 않고 하나님의 계획을 따라 그들을 축복했다. 그는 인간이 무엇을 하려고 하든 간에 하나님이 아우에게 복을 주셨음을 알고 있었다. 그는 이것을 요셉의 아들들에게 적용했다. 야곱이 예언했던 바와 같이 후에 에브라임 지파는 므낫세 지파에 훨씬 앞서서 북 왕국을 주도하는 지파가 되었다.

48:21～22 하나님이 그들을 약속의 땅으로 돌아가게 하시리라는 것을 확신하고 있던 야곱은 요셉에게 다른 형제보다 두 배의 몫을 주었다고 말했다. NASB(New American Standard Bible)는 22절 상을 다음과 같이 잘 번역해 놓았다. "내가 네게 다른 형제들 몫보다 하나를 더 주었나니." '몫'이라는 뜻의 히브리어 쉐켐(שְׁכֶם)은 세겜이라는 성읍 이름과 언어유희 관계에 있다. 나중에 요셉은 세겜 지역을 유산으로 물려받은 표시로 그 땅에 묻혔다(수 24:32). 야곱은 세겜 지역을 아모리 족속(산악 지대의 가나안 사람들)에게서 빼앗았으며(이러한 정복에 대한 묘사는 성경에서 여기 한 곳밖에 없음) 거기에 우물을 판 적이 있었다(참조, 수가, 요 4:4～5).

b. 열두 지파에 관한 야곱의 신탁(49:1～28)

하나님의 역사 경륜의 기본 원리는 족장들의 생애와 성품이 후손들에게 영향을 끼쳤다는 데 있다. 하나님은 백성의 다양한 운명을 그들의 도덕적인 특성에 따라 전개하신다. 창세기 49장은 하나님의 그러한 계획을 엿볼 수 있게 해 준다. 이 장은 창세기에 있는 장래에 있을 일들에 대한 예언 – 복, 저주, 심판, 약속 등 – 의 마지막 부분이다. 야곱은 하나님의 언약의 도구로서 믿음으로 이스라엘의 가나안 정복과 정착 및 그것을 넘어서는 보다 영광스러운 시대를 예견했다.

하나님이 그의 백성에게 이러한 예언을 주신 것은 그들로 하여금 그들이 앞으로 겪을 일들의 비참함을 극복할 수 있게 하고, 그들에게 하나님이 그들의 모든 미래를 계획하고 계신다는 것을 보여 주기 위함이었다. 야곱의 가족에게 희망의 미래는 애굽에서 겪을 속박을 넘어서서 약속의 땅에 있었다. 그러한 희망의 복을 누리는 일은 그 일에 참여하는 자들의 신실함에 좌우되기 마련이다. 그리하여 엄숙한 임종의 자리에서 야곱은 그의 아들들을 차례대로 평가했으며 장차 그들에게서 생겨날 지파들까지도 평가의 대상에 포함시켰다.

49:1~2 아들들을 침상으로 부른 **야곱**은 **후일**에 그들이 당할 일을 말해 주었다. 그의 말은 세심한 주의를 기울인 예언자적인 신탁이었다.

49:3~4 야곱은 장자인 르우벤을 위해 많은 축복을 예비해 두었으나 그가 아버지의 **침상**을 더럽힌 일, 곧 야곱의 첩 빌하와 통간한 일(35:22)로 인해 그러한 축복을 철회했다. 르우벤은 장자여서 두 배의 몫을 물려받도록 되어 있었으나(대상 5:1~2) **물의 끓음** 같은 충동을 억제하지 못함으로써 장자의 명분을 상실했다. 사사들의 시대에(삿 5:15~16) 르우벤 지파는 우유부단하다는 특징을 가지고 있었다.

49:5~7 시므온과 레위는 정의의 사람들이라기보다는 폭력의 사람들이요, 사람과 짐승의 생명을 가볍게 여기는 **분노와 혈기의 사람들**이었다. 이

들에 대한 야곱의 신탁은 세겜 족속을 죽인 그들의 행위(34:25~29)에 대한 하나님의 도덕적인 심판의 성격을 가지고 있었다. 하나님은 거룩한 전쟁(聖戰)과 복수를 구별하신다. 이 두 지파는 나중에 흩어짐을 당했다(49:7). 시므온 지파는 크게 분해되었으며(유다 지파의 기업 안에서 땅을 소유함, 수 19:1, 9), 레위 지파는 제사장의 지파인 탓으로 명예롭게 흩어졌다(수 21장).

49:8~12 이 신탁에서 야곱은 유다가 그의 원수들과 그를 찬송할 그의 형제들을 사자처럼 다스릴 것이라고 예언했다. 여기에서 '찬송'(참조, 29:35)을 의미하는 유다라는 이름은 언어유희를 포함하고 있다. 이 신탁은 '~하기까지'(until)라는 말을 중심축으로 삼고 있다(49:10하). 열방을 다스릴 약속된 이가 오시면 세상은 지상 낙원이 될 것이다. 이 신탁은 유다의 왕권을 기대하고 있는데(참조, 요한계시록 5장 5절의 유다 지파), 그 왕권은 메시아의 통치에서 절정에 이르며 열방은 그 메시아에게 순종할 것이다.

NASB는 창세기 49장 10절의 제3행을 '실로가 오시기까지'로 번역하고 있다. 탈굼(Targum: 구약성경을 아람어로 의역한 것)을 비롯한 많은 사본들은 '실로'를 메시아의 칭호로 이해하고 있다. 그러나 쉴로(שִׁילֹה)라는 히브리어는 '그것은 ~의 것'이라는 뜻으로 번역되어야 한다. "그 홀의 주인인 그가 오시기까지(to whom it belongs, NIV) … 홀이 유다를 떠나지 않으리라." 에스겔 21장 27절의 '그것'(면류관, 21:26)을 "마땅히 얻을 자가 이르면"도 비슷한 표현으로서, 유다의 마지막 왕에게 주어진 신탁이다.

메시아가 임함으로써 낙원에서와 같은 찬란함이 이루어질 것이다. 키드너(Kidner)는 창세기 49장 11~12절의 각 행이 "엄청난 풍요에 대해 이야기하고 있다. 그것은 오실 이의 황금시대인 바, 그의 우주적인 통치는 49장 10절에 어렴풋하게 나타나 있다"고 말한다(*Genesis*, p. 219). 유다 지파의 경우 포도나무가 너무 많아서 그 나무들이 나귀를 매는 기둥으로 쓰일 것이며 **포도주**가 빨래하는 물만큼 많아질 것이다. 유다 지파 사람들의 눈은 **포도주**로 인해 붉을 것이며, 그들의 이는 많은 **우유**를 마심으로 인해 하얗게 될 것이다. 이러한 표현들은 유다의 기업이 포도를 재배하는 데 적합하다는 것을 회화적으로 보여 주는 표현들이다. 이러한 풍요로움은 천년왕국에서 분명하게 나타날 것이다(사 61:6~7; 65:21~25; 슥 3:10).

49:13~15 스불론은 해상 무역으로 부요해질 것이다(스불론의 영토는 실제로 지중해에 접해 있지 않다. 참조, 수 19:10~11). 잇사갈 지파는 건장한 나귀같이 다른 사람들을 위해 일하도록 **압제당할** 것이다. 아름답고 넓은 에스드랠론(Esdraelon) 골짜기에 기업을 얻은 잇사갈은 종종 침략군에게 예속되었다.

49:16~17 단은 하나님의 부르심과 그들의 행위 사이에 또 다른 불일치를 보여 주고 있다(참조, 3~4절). 단 지파는 정의를 공급하도록 부름 받았으나('단'은 '심판'을 의미함) 길가의 뱀처럼 배신을 선택했다. 사사들의 시대에 첫 번째로 주요한 우상숭배 행위가 나타난 것은 바로 단 지파에서였다(삿 18:30).

49:18 야곱은 하나님의 구원에 대한 자신의 소망을 중간에 나타냈다. 아마도 그는 간접적으로 그의 아들들에게 그들이 하나님의 도우심을 의

지할 필요가 있음을 상기시켰을 것이다(만일에 그가 그것을 필요로 했다면 분명히 그들 역시 그것을 필요로 했을 것이다). 혹은 모든 환난과 고통으로부터 건짐 받을 메시아적인 소망을 향유하고 싶은 마음에서 그러한 표현을 사용한 것인지도 모른다(참조, 누가복음 2장 38절에서 안나가 바라는 '구속').

49:19~21 19절에 있는 여섯 개의 히브리어 중 세 개는 갓(추적자)이라는 이름에 대한 언어유희를 포함하고 있다. 갓은 일단(一團)의 추격자들에 의해 "추격을 받으나 도리어 그 뒤를 추격하리로다". 가다드(גָּדַד)라는 동사는 '뛰어들다' 또는 '추격하다'의 뜻을 가지고 있다. 요단 강 동편에 정착한 지파들은 종종 접경 지역에서 그러한 추격을 경험했다(예, 대상 5:18~19).

아셀은 기름지고 비옥해져서 풍부한 식물을 공급할 것이다. 아셀 지파는 비옥한 가나안 북쪽 해안을 따라 정착했다. 납달리는 암사슴처럼 자유를 누리는 산지 백성이 될 것이다. 드보라는 납달리 지파의 사람들이 "들의 높은 곳에서"(삿 5:18) 생명을 아끼지 않았다고 노래했다. 납달리 지파는 긴네렛(갈릴리) 바다의 북서쪽에 정착했다.

49:22~26 이 신탁은 야곱의 축복 중 주요 부분으로서 요셉에게 다른 형제들보다 더 많은 양을 할애하고 있다(참조, 대상 5:1~2). 야곱은 요셉의 아들 에브라임('풍요로운'이라는 뜻)의 이름으로부터 풍요의 약속을 이끌어 냈으며, 요셉의 두 지파에게 승리(창 49:23~25상)와 번영(25하)의 약속을 아낌없이 주었다. 에브라임 지파의 여호수아, 드보라, 사무엘 등과 므낫세 지파의 기드온, 입다 등은 전쟁에서 승리를 경험한 사람들이었

다. 이 신탁에서 우리는 하나님에 대한 몇 가지 이상한 칭호들을 발견한다. 야곱의 전능자, 이스라엘의 반석인 목자(참조, 48:15), 네 아비의 하나님, 전능자(샤다이[שַׁדַּי] 엘 샤다이[אֵל שַׁדַּי]. 참조, 17:1) 등이 그것이다. 그는 또한 위로 하늘의 복(곡물 위에 내리는)과 아래로 깊은 샘의 복(개천과 우물) 및 젖 먹이는 복과 태의 복(많은 자손) 등을 내려 주시는 분으로 나타나 있다. 야곱은 요셉이 그의 형제들 중에 뛰어난 자였기 때문에 그를 더 축복해 주었다(참조, 41:41).

49:27~28 베냐민에 대한 신탁은 난폭한 기질의 지파 – 물어뜯는 이리 – 를 언급하고 있다(참조, 잔인한 베냐민 자손에 대해서는 사사기 20장, 베냐민 지파 사람인 사울에 대해서는 사무엘상 9장 1~2절, 19장 10절, 22장 17절).

이상의 모든 신탁은 노아가 자기 아들들에게 베푼 신탁(창 9:24~27)과 유사한 목적을 가지고 있다. 양 신탁은 각각 그들의 시대의 마지막 – 노아의 경우에는 태초의 시대, 야곱의 경우에는 족장 시대 – 에 있을 일들을 예언 형식으로 서술하고 있다.

c. 야곱의 죽음과 장사(49:29~50:14)

49:29~33 야곱이 요셉에게 자기를 애굽에 장사하지 말고 선조와 함께 가나안에 장사하라고 당부함으로써(참조, 47:29~30), 다시금 족장의 무덤에 관한 주제가 중요한 주제로 나타나고 있다. 가나안은 바로 그의 희망이 있는 곳이었다. 헤브론 근처에 있는 **막벨라 굴**(아브라함이 매입한 것임, 23:3~20)에는 사라(23:19), 아브라함(25:8~9), 이삭(35:27~29), 리브

가(이삭의 아내, 49:31), 레아(야곱의 첫 번째 아내, 31절) 등이 장사되어 있었다.

야곱이 투쟁에 가득 찬 그의 삶을 147세에 마감함으로써(47:28) 그의 슬픔도 끝이 났다. 그는 많은 악을 행했고 적지 않은 죄를 범했다. 그러나 야곱은 하나님의 복에 대한 매우 강한 욕구를 가지고 있었다. 그는 어떠한 난관에서도 습관적으로 하나님을 신뢰하는 깊은 경건을 가지고 있었다. 마침내 그는 참된 신앙의 사람으로서 세상을 떠났다. 그는 자신의 생애를 통해서 참된 복이 어디로부터 임하는가를 배웠으며, 하나님과 더불어 그리고 사람과 더불어 싸움으로써 그러한 복을 그의 아들들에게 물려줄 수 있는 특권을 누리게 되었다.

50:1~6 요셉은 울면서 아버지의 죽음을 애통한 후(참조, 요셉이 운 다른 경우들에 대해서는 42장 24절, 43장 30절, 45장 2, 14절, 50장 17절), 전형적인 애굽의 장례 양식을 따라 야곱의 몸에 **향 재료**를 넣으라고 명했다. 향 재료를 넣는 기간은 한 달을 넘지 않는 경우가 거의 없었으며 보통은 40여 일이 소요되었다. 애굽 사람들은 야곱을 위해 70일(2달 반) – 바로를 위한 애곡 기간에 이틀 모자람 – 동안을 애곡했다. 이것은 애굽 사람들이 요셉을 얼마나 존경했는가를 잘 보여 준다. 애곡의 기간이 지난 후 요셉은 **바로**에게 청해 그의 아버지를 가나안에 있는 막벨라 굴에 장사하도록 허락받았다.

50:7~9 요셉은 큰 무리, 곧 애굽의 모든 **장로들**과 그의 온 집과 그의 형제들과 병거와 기병 등을 이끌고 그의 아버지를 장사하기 위해 가나안으로 갔다. 그는 39년 만에 처음으로 고향으로 돌아갔다(그는 야곱이 애굽

으로 오기 전에 이미 거기에 22년 동안 거주하고 있었으며, 야곱은 거기에서 17년을 더 생존했다). 여러 세기 후에 이스라엘 자손은 요셉의 뼈를 가지고서 다시금 애굽을 떠났다. 그러나 여기서 요셉이 약속의 땅으로 가는 것은 잠정적인 것이었다. 그의 열조의 무덤은 약속의 땅에 대한 권리 주장을 대변하는 것이었다. 하나님은 야곱에게 그를 약속의 땅으로 다시 돌아가게 할 것이며 요셉이 그를 장사할 것이라고 말씀하신 적이 있었다(46:4).

50:10~14 가나안으로 가는 길에 요단 강 부근의 타작마당에서 그들이 칠 일 동안 야곱을 위해 애곡한 일은 그 지역의 이름을 '애굽 사람들의 초원'(아벨[אָבֵל])을 의미하는 아벨 미스라임으로 부르게 했다. 그러나 언어 유희에 의해 그것은 '애굽 사람들의 애곡'(에벨[אֵבֶל])이라는 뜻을 내포하게 되었다. 가나안 백성들은 이것을 큰 사건으로 이해했다. 애굽으로 귀환하는 여행은 요셉의 형제들로서는 네 번째 여행이었고 요셉으로서는 두 번째 여행이었다.

d. 약속 성취의 재보증(50:15~26)

50:15~21 야곱이 죽자 요셉의 형들은 그들의 악행(참조, 45:3)으로 인해 요셉이 그들을 난폭하게 대할 것이라고 두려워한 나머지 그에게 용서를 구했다. 다시금 그들은 스스로를 요셉의 종이라고 자칭했다(참조, 37:7). 그러나 요셉은(울고 난 후. 참조, 42:24; 43:30; 45:2, 14; 50:1) 이제까지 발생한 모든 일은 약속된 복(참조, 45:5, 7~9)을 성취하기 위해 하나님이 계획하신 일이라고 말하면서 그들을 안심시켰다(두 번이나 "두

려워하지 마소서”라고 말함, 19, 21절. 참조, 43:23). 요셉은 또한 그들과
그들의 자녀를 기를 것을 약속했으며(참조, 45:11) 그들을 간곡한 말로 위
로했다.

50:22~26 요셉 역시 애굽 땅에서 죽었다. 아버지와 마찬가지로 그는
형제들에게 하나님이 그들을 인도해 내실 때에 그의 **뼈**를 애굽 땅에서
가지고 갈 것을 약속하게 했다(24~25절. 참조, 출 13:19; 수 24:32; 히
11:22). 요셉은 하나님의 인도해 내심이 하나님이 그들의 조상에게 약속
하신 것들을 성취하실 때 이루어질 것이라고 확언했다.

요셉은 에브라임 자손의 삼 대와 므낫세 자손의 이 대를 볼 때까지 생
존했다. 요셉이 자손들의 출생 시에 그들을 무릎 위에 놓은 것(개역개정
에는 “슬하에서 양육되었더라”로 되어 있음 – 역자 주)은 그들이 요셉에
게 속해 있다는 것을 의미하는 동작이었다(참조, 욥 3:12). 요셉은 110세
에 죽었으며 야곱과 마찬가지로 그의 몸에는 **향 재료**가 넣어졌다(아브라
함은 175세까지[25:7] 살았으며 이삭은 180세까지[35:28], 그리고 야곱은
147세까지[47:28] 살았다). 창세기는 아직은 성취되지 않았으나 장차 하
나님이 이루실 땅의 약속으로 끝맺고 있다. 두 번 반복된 요셉의 말 (“ 하
나님이 반드시 당신들을 돌보시리니”[50:25])은 놀랍게도 구약과 신약 전
체에서 두루 표현되어 있는 희망을 요약하고 있다. 믿음을 지키는 자들
은 누구나 약속의 자손, 곧 메시아의 나타남을 기대할 것이다. 그는 저주
를 종결짓고 오랫동안 기다려 온 하나님의 복을 현실 속에 실현시키실 것
이다.

참고 문헌

• Bush, George. *Notes, Critical and Practical, on Genesis.* 2 vols. New York: Ivison, Phinney & Co., 1857. Reprint. Minneapolis: Klock & Klock Christian Publishers, 1981.

• Cassuto, Umberto. *From Adam to Noah: A Commentary on the Book of Genesis.* vol. 1. Translated by Israel Abrahams. Jerusalem: Magnes Press, 1961.

• Cassuto, Umberto. *From Noah to Abraham: A Commentary on the Book of Genesis. vol. 2.* Jerusalem: Magnes Press, 1964.

• Davis, John J. *Paradise to Prison: Studies in Genesis.* Grand Rapids: Baker Book House, 1975.

• Delitzsch, Franz. *A New Commentary on Genesis.* Translated by Sophia Taylor. 2 vols. Edinburgh: T. &. T. Clark, 1899. Reprint. Minneapolis: Klock & Klock Christian Publishers, 1978.

• Dods, Marcus. *The Book of Genesis* (The Expositor's Bible). London: Hodder & Stoughton, 1892.

• Jacob, Benno. *The First Book of the Bible: Genesis.* New York: KTAV

Publishing House, 1934.

• Kidner, Derek. *Genesis*. The Tyndale Old Testament Commentaries. Downers Grove: InterVarsity Press, 1967.

• Leupold, H. C. *Exposition of Genesis*. 2 vols. Grand Rapids: Baker Book House, 1942.

• Phillips, John. *Exposition of Genesis*. Chicago: Moody Press, 1980.

• Speiser, E. A. *Genesis*. The Anchor Bible. Garden City, N.Y.: Double − day & Co., 1964.

• Stigers, Harold G. *A Commentary on Genesis*. Grand Rapids: Zondervan Publishing House, 1976.

• Thomas, W. H. Griffith. *Genesis: A Devotional Commentary*. Grand Rapids: Wm. B. Eerdmans Publishing Co., 1946.

• Westermann, Claus. *Genesis*. Neukirchcn Vluyn: Ncukirchener Vcrlag, 1976.

• Wood, Leon J. *Genesis: A Study Guide Commentary*. Grand Rapids: Zondervan Publishing House, 1975.

전문적인 연구서

• Cassuto. Umberto. *The Documentary Hypothesis and the Composition of the Pentateuch*. Translated by Israel Abrahams. Jerusalem: Magnes Press, 1961.

• Fokkelman, J. P. *Narrative Art in Genesis*. Assen, Amsterdam: Van Gorcum, 1975.

- Kitchen, Kenneth A. *Ancient Orient and Old Testament.* Downers Groves: Inter－Varsity Press, 1966.

- Livingston. G. Herbert. *The Pentateuch in Its Cultural Environment.* Grand Rapids: Baker Book House, 1974.

- Lowenthal. Eric I. *The Joseph Narrative in Genesis.* New York: KTAV Publishing House, 1973.

- Segal, Moses Hirsch. *The Pentateuch: Its Composition and Its Authorship and Other Biblical Studies.* Jerusalem: Magnes Press, 1967.

- Vos, Howard F. *Genesis and Archaeology.* Chicago: Moody Press, 1963.

- Westermann, Claus. *The Promises to the Fathers: Studies on the Patriarchal Narratives.* Translated by David E. Green. Philadelphia: Fortress Press, 1980.